Nº 206

[Ancien 453].

NOMENCLATURE

DES

BUREAUX DE POSTE ET DE TÉLÉGRAPHE,

DES BOULEVARDS, PASSAGES, RUES, ETC.

ET DES PRINCIPAUX ÉTABLISSEMENTS PUBLICS ET INDUSTRIELS

DE LA VILLE DE PARIS.

Mai 1887.

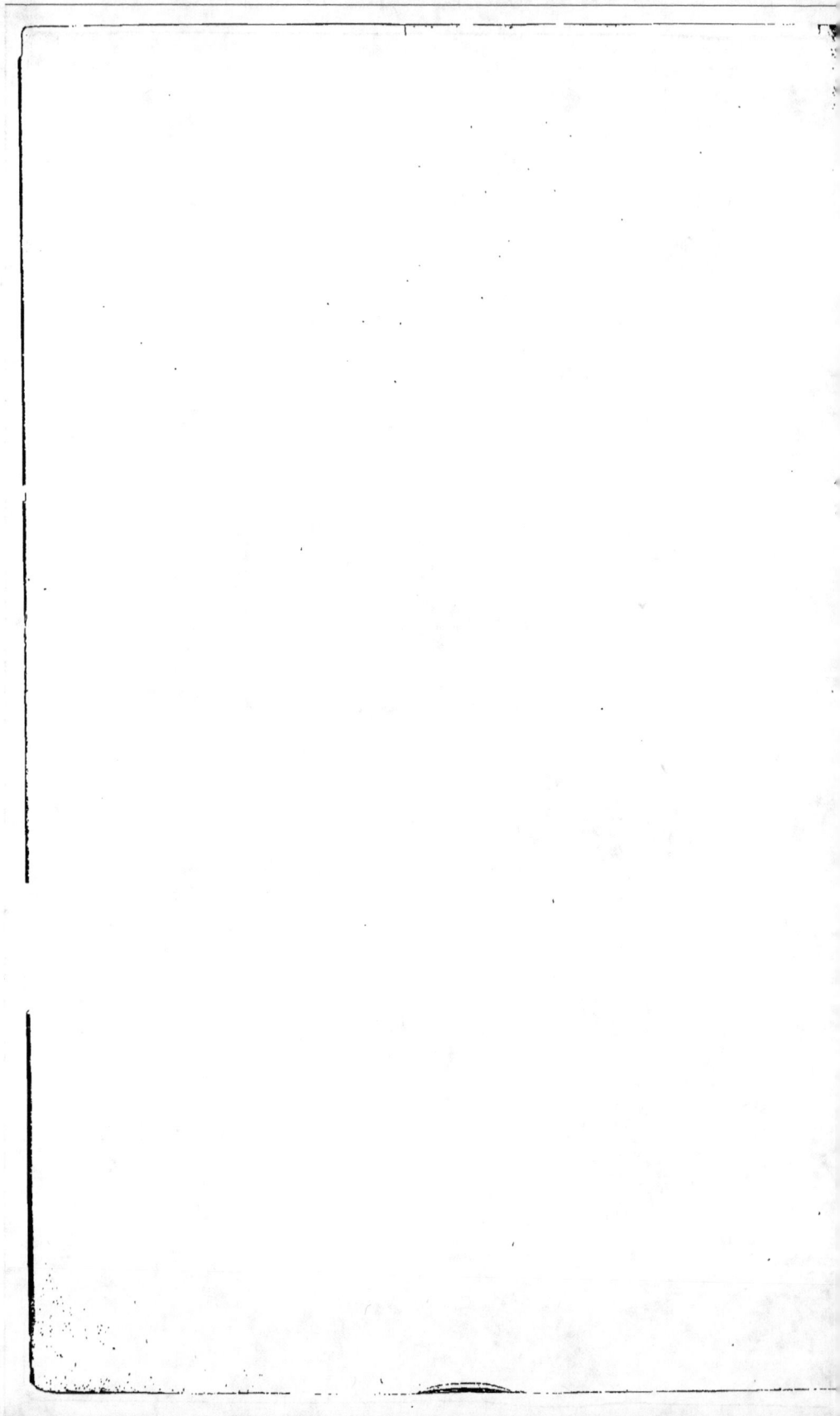

N° 206
[Ancien 453.]
(Décembre 1886.—R. 30.)

MINISTÈRE
DES POSTES
ET
DES TÉLÉGRAPHES.

DIRECTION
DES
SERVICES
SÉDENTAIRES.

BUREAU
DE
LA DISTRIBUTION.

NOMENCLATURE

DES

BUREAUX DE POSTE ET DE TÉLÉGRAPHE,

DES BOULEVARDS, PASSAGES, RUES, ETC.

ET DES PRINCIPAUX ÉTABLISSEMENTS PUBLICS ET INDUSTRIELS

DE LA VILLE DE PARIS.

MAI 1887.

OBSERVATIONS.

La présente nomenclature, établie par ordre alphabétique, est divisée en deux parties.

La première partie comprend les boulevards, passages, rues, *établissements publics*, etc. de la ville de Paris;

La seconde partie indique les voies publiques qui ont changé de dénomination.

Pour éviter toute incertitude dans les recherches, les noms des boulevards, passages, rues, etc. ont été considérés comme indivisibles et ont été classés dans un ordre alphabétique rigoureux; ainsi :

La rue du Grand-Prieuré se trouve à la lettre G;

La rue Neuve-de-la-Chardonnière, à la lettre N;

La rue du Vieux-Colombier, à la lettre V;

Les noms de Saints et de Saintes figurent à la suite de la lettre S.

Les établissements publics ou industriels portant une dénomination commune, tels que les casernes, les écoles, les hôpitaux, les marchés, etc. ont été réunis sous une accolade et classés dans l'ordre alphabétique du nom qui les désigne particulièrement; ainsi :

Casernes	de Babylone. de la rue du Château-d'Eau. d'Enfer. du boulevard de Reuilly. etc., etc.	Marchés	d'Auteuil. aux Blés. du Château-d'Eau. de l'Europe. aux Fleurs. etc., etc.

En tête du volume se trouvent trois tableaux :

Le tableau n° 1 comprend les noms de tous les bureaux de Paris ouverts au public, l'adresse et le numéro indicatif de chacun d'eux.

Les tableaux nᵒˢ 2 et 3 indiquent les bureaux pourvus d'un service de demi-nuit ou d'un service de nuit, et les circonscriptions dans lesquelles ils sont chargés d'assurer la distribution des dépêches.

NOTES IMPORTANTES. Lorsqu'un nom est commun à plusieurs rues situées l'une dans l'ancien Paris, et les autres dans les communes annexées, il y a lieu de diriger sur l'ancien Paris toute lettre sur la suscription de laquelle ne figure aucun renseignement de nature à faire connaître exactement où se trouve située la rue habitée par le destinataire.

Les bureaux ambulants en service montant doivent comprendre dans la dépêche qu'ils adressent au *Rayon central* les chargements originaires des bureaux de l'ancien Paris et renvoyés, pour une cause quelconque, aux destinataires.

Les bureaux ambulants arrivant à Paris le matin doivent comprendre dans la dépêche qu'ils adressent au *Rayon central* les chargements de *toute nature* qu'ils reçoivent aux adresses ci-après :

Abeille (*L'*) compagnie d'assurances, rue Taitbout, 57.

Agent comptable de la fabrication des timbres postes, rue d'Hauteville, n° 36.

M. Albert, éditeur de journaux de modes, rue Favart, 6.

M. Allaire, rue Saint-Martin, 227.

MM. Allard et Cⁱᵉ, banquiers, place de la Bourse, 12.

MM. Alphen, Dauphin et Cⁱᵉ (Comptoir de Lorraine), rue Montmartre, n° 149.

Ami des Campagnes (*L'*), directeur du journal, rue Cassette, 17.

MM. André, Girod et Cⁱᵉ, rue Lafayette, n° 31.

M. Bachelet, agent de change, rue Notre-Dame-des-Victoires, n° 14.

M. Bacot, agent de change, rue Lafayette, n° 13.

MM. Baecque (de) et Beau, banquiers, rue du Faubourg-Poissonnière, 9.

Banque de Paris et des Pays-Bas, rue d'Antin, 3.

M. Baudry, libraire, rue des Saints-Pères, n° 15.

M. Bedoille, agent de change, rue Lafayette, 14.

M. Béjot, agent de change, rue de Richelieu, 89.

M. Berteaux, agent de change, rue du Quatre-Septembre, 2.

M. Blériot, libraire, quai des Grands-Augustins, 55.

Bon Marché (Magasins du), rue du Bac et rue de Sèvres. (V° Boucicaut et C°.)

M. Boyer, agent de change, rue de Grammont, 17.

MM. Braut et Savreau, commissionnaires en bijouterie, rue des Filles-du-Calvaire, n° 10.

M. Brunswick, rue de Richelieu, 29.

M. Brocard, banquier, rue Drouot, 5.

Caisse centrale d'épargne (M. Baze), rue de la Victoire, 56.

Caisse centrale de Paris, rue de la Victoire, 85.

Caisse commerciale, boulevard Poissonnière, n° 23.

Caisse générale d'épargne et de crédit, rue Lafayette, 116.

Caisse des Rentes nationales, rue de Richelieu 82.

Caisse des reports, rue de Richelieu, 59.

Canal de Panama, rue Caumartin, 46.

Canal de Suez (Compagnie du), rue Charras, 9.

MM. Cavaroc et Charles, bijoutiers-horlogers, rue des Archives, 24.

Chambre syndicale des agents de change, rue de Ménars, 6.

MM. Claude-Lafontaine, H. Prévost, Martinet et C°, banquiers, rue de Trévise, n° 32.

Clémentine (La), compagnie d'assurances, rue des Petits-Champs, 99.

M. Collin (Armand), libraire-éditeur, rue de Mézières, 5.

Compagnie des lunetiers, Videpied, Okermans, Poircuitte et C°, rue Pastourelle, 6.

Comptoir général d'Épargne, rue Saint-Denis, 5.

Comptoir Lyon-Allemand, rue de Montmorency, 16.

Comptoir Parisien, rue du Bac, 84.

Confiance (La), compagnie d'assurances, rue Favart, 2.

Conservateur (Le), compagnie d'assurances, rue de la Chaussée-d'Antin, 57.

Crédit des Familles, rue Bergère, 21.

Crédit industriel et commercial (Le), rue de la Chaussée-d'Antin, 66.

Crédit Lyonnais, boulevard des Italiens, 19.

M. Créhange, horloger-bijoutier, rue Saint-Martin, 249.

Crédit populaire, rue Taitbout, 58.

M. Desfossés, rue Vivienne, 31. (Cours de bourse.)

M. Dollfus, agent de change, rue Favart, 6.

M. Douladoure, directeur général d'assurances, rue des Bourdonnais, 38.

M. Dremont, commissionnaire en bijouterie, rue Charlot, 5.

M. Dupont (Paul), imprimeur, rue Jean-Jacques-Rousseau, 41.

M. Duverger, agent de change, avenue de l'Opéra, 27.

MM. Escrivan (d') et C°, banquiers, rue de Nesles, 8.

M. Fache commissionnaire en bijouterie, rue Béranger, 20.

MM. Fleck, au *Tapis rouge*, rue du Faubourg-Saint-Martin, 65.

M. Farne, bijoutier, rue de Turbigo, 75.

M. Faure, agent de change, boulevard Poissonnière, 23.

Foncière (La), compagnie d'assurances, rue Marsollier. (Brisset, directeur.)

France (La), compagnie d'assurances, rue de Grammont, 12.

France Nouvelle (La), rue Cassette, 17.

M. Gauthier, agent de change, rue de Provence, 60.

M. Gautier (Henry), libraire, quai des Grands-Augustins, 55.

M. Gerson Vivante, rue Chauchat, 23.

MM. Girard (G.) et C°, banquier, rue d'Uzès, 8.

M. Goldschmidt, banquier, rue Taitbout, 52.

MM. Goudchaux et C°, rue de la Banque, 16.

MM. Hachette et Cie, libraires-éditeurs boulevard Saint-Germain, 79.

M. Halimbourg, agent de change, rue de Grammont, 11.

MM. Hans et Dessans, banquiers, rue des Saints-Pères, 76 bis.

M. Herbault, agent de change, rue Gaillon, n° 5.

MM. Jaluzot et Cie, boulevard Haussmann, n° 64.

MM. Kœnigswarter et Cie, banquiers, rue de la Chaussée-d'Antin, 47.

M. Kohn-Reinach, banquier, rue de la Bourse, 4.

M. Lacroix, commissionnaire en bijouterie, rue Charlot, 5.

M. Ladevèze, tailleur, rue Jean-Jacques-Rousseau, 56.

M. Laurent, agent de change, rue du Quatre-Septembre, 9.

MM. Le Ber, Lhoste et Poupart, commissionnaires en bijouterie, rue de Turbigo, n° 48.

M. Lecomte, agent de change, rue Laffitte, n° 12.

M. Leger, boulevard Saint-Denis, 13.

Légion d'honneur, rue de Solférino, 1.

M. Lehideux, banquier, rue Drouot, 3.

M. Lepel-Cointet, agent de change, rue Vivienne, 22.

M. Liévin, agent de change, rue Saint-Augustin, 10.

Magasins du Louvre (Les Grands), rue de Rivoli et rue Saint-Honoré.

Ministre de la guerre, rue Saint-Dominique.

Mode française (Journal la), rue de Lille, n° 37 et rue de Grenelle, 67.

Mode pour tous (Journal la), rue du Faubourg-Saint-Martin, 69.

Monde (Journal le), rue Cassette, 17.

M. Nadaud, libraire, rue Bonaparte, 47.

M. Noël (Charles), banquier, rue du Faubourg-Poissonnière, 9.

MM. Offroy et Cie, banquiers, rue du Faubourg-Poissonnière, 60.

M. Orsoni, rue de Lille, 37.

M. Palmé (Victor), libraire-éditeur, rue des Saints-Pères, 76.

Pèlerin (Journal le), rue François Ier, 8.

M. Petit, directeur de journaux de modes, rue des Filles-Saint-Thomas, 5.

Petit Saint-Thomas (Magasins du), rue du Bac, 27. (MM. Villain et Cie).

Phénix (Le), compagnie d'assurances, rue Lafayette, 33.

Printemps (Magasins du), boulevard Haussmann, 64.

M. Raveneau, agent de change, rue de Lafayette, 14.

M. Rochas, commissionnaire en bijouterie, rue de Normandie, 1.

MM. Roger et Gallet, parfumeurs, rue d'Hauteville, 38.

M. Rouff (J.), libraire-éditeur, rue du Cloître-Saint-Honoré, 14.

M. Rousset (Camille), rue des Petits-Hôtels, 9.

M. Rousset, imprimeur-typographe, rue Rochechouart, 7.

Sécurité agricole (La), compagnie d'assurances, rue de Lafayette, 194.

M. Ségeral, rue de Rennes, 97.

Société française de reports et de dépôts, rue Saint-Louis-Le-Grand, 9.

Société générale (La), rue de Provence, 54.

Sœurs de Saint-Vincent-de-Paul, rue du Bac, n° 140.

Société générale de Librairie catholique, rue des Saint-Pères, 76 bis.

M. Toureil, agent de change, rue de Provence, 48.

M. Trencart, agent de change, rue Chauchat, 5.

MM. Vernes et Cie, banquiers, rue Taitbout, n° 29.

Verneuil (M. de), agent de change, rue Montmartre, 129.

MM. Videpied, Okermans, Poircuitte et Cie (Société des lunetiers), rue Pastourelle, 6.

MM. Vilmorin-Andrieux et Cie, grainiers, quai de la Mégisserie, 4.

M. Vincent-Garce, bijoutier, rue des Filles-du-Calvaire, 14.

M. Visseau (Léonard), banquier, rue des Saint-Pères, 76 bis.

M. Weisweiller, banquier, rue Lafayette, n° 36.

MM. Willard frères, bijoutiers-horlogers, rue Saint-Denis, 199.

M. Zagrodski, rue de Viarmes, 17. (Sacs de toile en gros.)

TABLEAU N° 1.

Bureaux de Poste et de Télégraphe dans Paris, par numéros d'ordre, avec indication des Bureaux ou des Rayons par lesquels ils sont desservis.

NUMÉROS DES BUREAUX	ARRONDISSEM¹ de Paris.	ADRESSE DES BUREAUX.	DÉSIGNATION des bureaux	POSTE.	TÉLÉGRAPHE.
00	1ᵉʳ	Hôtel des Postes (place du Carrousel)...	Mixte.		11 (Théâtr.-Fr.)
01	2ᵉ	Place de la Bourse, 4, et rue Feydeau, 5.	Poste.	10.......	01 (Bourse).
01	2ᵉ	Palais de la Bourse................	Télég.	10.......	01 (Bourse).
02	9ᵉ	Rue Milton, 1..................	Mixte.	3.......	02 (Milton).
03	8ᵉ	Boulevard Malesherbes, 6..........	Mixte.	2.......	03 (Madeleine).
04	10ᵉ	Rue d'Enghien, 21.............	Mixte.	4.......	48 (Sainte-Cécile).
05	11ᵉ	Place de la République, 10.........	Mixte.	5.......	05 (Place Républ).
06	6ᵉ	Rue de Vaugirard, 36.............	Poste.	8.......	06 (Luxembourg).
06	6ᵉ	Rue de Vaugirard, 17...........	Télég.	8.......	06 (Luxembourg).
07	3ᵉ	Rue des Haudriettes, 4 et 6........	Mixte.	5.......	07 (Haudriettes).
08	2ᵉ	Rue de Choiseul, 18 et 20..........	Mixte.	2.......	08 (Choiseul).
09	8ᵉ	Rue Montaigne, 26.............	Mixte.	1.......	45 (Champs-Ély).
10	6ᵉ	Rue du Vieux-Colombier, 21........	Mixte.	8.......	10 (Vˣ-Colomb).
11	1ᵉʳ	Avenue de l'Opéra, 2	Mixte.	11.......	11 (Théâtre-Fr.)
12	11ᵉ	Boulevard Beaumarchais, 68........	Mixte.	6.......	21 (Bastille).
13	4ᵉ	Hôtel de Ville	Mixte.	11.......	13 (Hôtel-de-V.)
14	10ᵉ	Rue de Strasbourg, 8 et 10.........	Mixte.	4.......	26 (Gare du Nord).
15	6ᵉ	Rue Bonaparte, 21.............	Mixte.	8.......	15 (Bonaparte).
16	3ᵉ	Rue Réaumur, 47..............	Mixte.	5.......	91 (Bᵈ Sᵗ-Denis).
17	1ᵉʳ	Rue des Halles, 9..............	Mixte.	11.......	17 (Halles).
18	8ᵉ	Rue d'Amsterdam, 19............	Poste.	2.......	18 (Pl. du Havre).
18	8ᵉ	Rue Saint-Lazare, 112............	Télég.	2.......	18 (Pl. du Havre).
19	11ᵉ	Boulevard Richard-Lenoir, 108.......	Mixte.	5.......	05 (Fl. Républ.).
20	7ᵉ	Boulevard Saint-Germain, 242.......	Poste.	9.......	44 (Central).

NUMÉROS DES BUREAUX.	ARRONDISSEM' de Paris.	ADRESSE DES BUREAUX.	DÉSIGNA-TION des bureaux	POSTE.	TÉLÉGRAPHE.
21	4ᵉ	Rue de la Bastille, 2................	Mixte.	6.......	21 (Bastille).
22	9ᵉ	Rue Taitbout, 46.................	Poste.	3.......	02 (Milton).
22	9ᵉ	R. de Provence, 54. (Société générale.).	Télég.	3.......	02 (Milton),
23	12ᵉ	Rue de Cîteaux, 40............,....	Mixte.	6.,,.,.,,	23 (Cîteaux).
24	2ᵉ	Rue de Cléry, 28............,,....	Mixte.	10.......	01 (Bourse),
25	6ᵉ	Boulevard Saint-Germain, 104........	Mixte.	8.......	25 (Saint-Michel).
26	10ᵉ	Gare du Nord................,....	Mixte.	4.......	26 (Gare du Nord).
27	7ᵉ	Rue Saint-Dominique, 86.....,....	Mixte.	9.......	27 (Gros-Caillou).
28	5ᵉ	Rue de Poissy, 9, et Boul. Sᵗ-Germain, 23	Mixte.	7.......	28 (Halle aux vins)
29	5ᵉ	Rue Monge, 104.............	Mixte.	7.......	29 (Monge).
30	12ᵉ	Boulevard Diderot, 19............	Mixte.	6.......	93 (Gare Lyon).
31	7ᵉ	Rue de Bourgogne, 2. (Ch. des députés.)	Mixte.	9.......|	31 (Ch. d. déput.).
32	4ᵉ	Boul. du Palais. (Trib. de commerce.)..	Mixte.	7.......	25 (Sᵗ-Michel).
33	5ᵉ	Boulevard de l'Hôpital, 26....,.....	Mixte.	7.......	33 (Bᵈ de l'Hôp.).
34	16ᵉ	Avenue Marceau, 29............	Mixte.	1.......	34 (Marceau).
35	1ᵉʳ	Rue Cambon, 9................,....	Poste.	1.......	89 (Gᵈ-Hôtel).
35	1ᵉʳ	Place Vendôme, 15............,,....	Télég.	1.......	89 (Gᵈ-Hôtel).
36	11ᵉ	Boulevard Voltaire, 105........,....	Mixte.	5.......	36 (Voltaire).
37	8ᵉ	Boulevard Malesherbes, 101....,....	Mixte.	2.......	37 (Europe),
38	5ᵉ	Rue Claude-Bernard, 77......	Mixte.	7.......	38 (Europe),
39	10ᵉ	Rue des Écluses-Saint-Martin, 4,.....	Mixte.	4.......	39 (Écluses Sᵗ-M.)
40	11ᵉ	Boulevard de Belleville, 45...., ...	Mixte.	B. 55. (Belleville.)	40 (Ménilmont').
41	7ᵉ	Avenue Duquesne, 40............	Mixte.	9.......	41 (Duquesne).
42	8ᵉ	Avenue Friedland, 25.............	Mixte.	1.......	42 (Friedland).
43	6ᵉ	Rue Littré, 22...................	Mixte.	8.......	43 (Littré).
44	7ᵉ	Rue de Grenelle, 103. (Ministère.)....	Mixte.	9.......	44 (Central).
45	8ᵉ	Avenue des Champs-Élysées, 33......	Mixte.	1.......	45 (Champs-Ély.).
46	7ᵉ	École militaire. (Pavillon de l'artillerie.)	Télég.	9.......	46 (École Militʳᵉ).
47	8ᵉ	Boulevard Haussmann, 121..........	Mixte.	1.......	47 (Haussmann).

NUMÉROS DES BUREAUX.	ARRONDISSEM.ⁱ de Paris.	ADRESSE DES BUREAUX.	DÉSIGNA-TION des bureaux	POSTE.	TÉLÉGRAPHE
48	9ᵉ	Rue Stᵉ-Cécile, 7. (Compt. d'escompte.).	Mixte.	3	48 (Sainte-Cécile).
49	2ᵉ	Rue Marsollier................	Mixte.	2	01 (Bourse).
50	1ᵉʳ	Rue Saint-Denis, 90.............	Mixte.	10	17 (Halles).
51	9ᵉ	Rue Lafayette, 35	Mixte.	3	02 (Milton).
52	14ᵉ	Boulevard Montparnasse, 174.......	Mixte.	8	43 (Littré).
53	16ᵉ	Rue Pierre-Guérin, 9...., ...	Mixte.	B. 53 (Auteuil).	53 (Auteuil).
54	17ᵉ	Rue des Batignolles, 42.., ...	Mixte.	B. 54 (Batignolles)..	54 (Batignolles).
55	20ᵉ	Rue des Pyrénées, 397..., ...	Mixte.	B. 55 (Belleville)...	55 (Belleville).
56	12ᵉ	Rue de Charenton, 240...........	Mixte.	B. 56 (Bercy)......	57 (Bercy).
57	12ᵉ	Rue Gallois, 34................	Mixte.	B. 56 (Bercy)......	57 (Bercy).
58	18ᵉ	Rue Doudeauville, 4............, ...	Mixte.	B. 58 (Chapelle)...	58 (La Chapelle).
59	20ᵉ	Rue de Bagnolet, 55...., ...	Mixte.	B. 59 (Charonne)...	59 (Charonne).
60	18ᵉ	Boulevard Ornano, 54...........	Mixte.	B. 60 (Clignancourt)	60 (Clignancourt).
61	17ᵉ	Rue Legendre, 183.............	Mixte.	B. 54 (Batignolles).	61 (Legendre).
62	17ᵉ	Av. de la Grande-Armée, 50 bis.......	Mixte.	B. 74 (Ternes).....	62 (Étoile).
63	13ᵉ	Rue Jeanne-d'Arc, 57...........	Mixte.	B. 03 (Gare d'Ivry).	63 (Jeanne-d'Arc).
64	15ᵉ	Rue Lourmel, 35..............	Mixte.	B. 64 (Grenelle)....	64 (Grenelle).
65	13ᵉ	Avenue d'Italie, 77............	Mixte.	B. 65 (Maison-Bl.).	65 (Gobelins).
66	17ᵉ	Rue Meissonier, 6.............	Mixte.	B. 66 (Monceaux)..	66 (Meissonier).
67	18ᵉ	Place des Abbesses, 8...........	Mixte.	B. 67 (Montmartre).	67 (Abbesses).
68	18ᵉ	Boulevard Rochechouart, 68........	Mixte.	B. 67 (Montmartre).	68 (Rochechouart).
69	14ᵉ	Avenue d'Orléans, 19............	Mixte.	B. 69 (Montrouge)..	69 (Montrouge).
70	16ᵉ	Rue Guichard, 9................	Mixte.	B. 70 (Passy 1ᵉ)...	70 (Passy).
71	16ᵉ	Place Victor-Hugo, 3...........	Mixte.	B. 71 (Passy 2ᵉ)...	71 (Victor-Hugo).
72	14ᵉ	Rue de l'Ouest, 81.............	Mixte.	B. 72 (Plaisance)...	72 (Plaisance).
73	12ᵉ	Rue du Rendez-Vous, 36..........	Mixte.	B. 73 (Sᵗ-Mandé)..	73 (Bel-Air).
74	17ᵉ	Rue Bayen, 16........, ...	Mixte.	B. 74.(Ternes).....	74) Ternes).
75	15ᵉ	Rue Blomet, 93................	Mixte.	B. 75 (Vaugirard)..	75 (Vaugirard).
76	19ᵉ	Rue de Crimée, 174............	Mixte.	B. 76 (Villette 1ᵉ)..	76 (Crimée).

NUMÉROS DES BUREAUX.	ARRONDISSEM.t de Paris.	ADRESSE DES BUREAUX.	DÉSIGNA-TION des bureaux	POSTE.	TÉLÉGRAPHE.
77	19e	Rue d'Allemagne, 139............	Mixte.	B. 77 (Villette 2e) .	99 (Mar. aux Best.).
78	16e	Rue Dufrénoy, 16...............	Mixte.	B. 71 (Passy 1e). ..	78 (Dufrénoy).
79	19e	Rue d'Allemagne, 3............	Mixte.	B. 77 (Villette 2e).	79 (Rotonde Vill.).
80	7e	Rue du Bac, 146..............	Mixte.	9........	44 (Central.)
81	1er	Rue des Capucines, 13...........	Mixte.	2........	81 (Crédit foncier).
82	4e	Rue des Francs-Bourgeois, 29.......	Mixte.	6........	07 (Haudriettes).
83	9e	Rue Bleue, 14................	Mixte.	3........	48 (Ste-Cécile).
84	9e	Boulevard de Clichy, 83...........	Mixte.	B. 67 (Montmartre)	84 (Bd de Clichy).
85	6e	Sénat......................	Mixte.	8........	85 (Sénat).
86	8e	Rue Clément-Marot, 10...........	Mixte.	1........	45 (Champs-Élys.).
87	11e	Rue Alexandre-Dumas, 1.........	Mixte.	6........	87 (Alex. Dumas).
88					
89	9e	Boulevard des Capucines, 12.(Gr.-Hôtel.)	Télég.	2........	89 (Gd-Hôtel).
90	1er	Hôtel des Postes..............	Télég.	11........	90 (Ht des Postes).
91	10e	Boulevard Saint-Denis, 16.	Télég.	4........	91 (Bd St-Denis).
92	8e	Rue Boissy-d'Anglas, 3..........	Télég.	1........	92 (Boissy-d'Angl).
93	12e	Gare de Lyon................	Télég.	6........	93 (Gare de Lyon).
94	6e	Quai Malaquais...............	Télég.	9........	15 (Bonaparte).
95	1er	Place du Louvre, 1............	Télég.	11........	95 (Louvre).
96					
97	1er	R. de Castiglione, 3. (Hôtel Continental.)	Télég.	1........	89 (Gd-Hôtel).
98					
99	19e	R. d'Allemagne, 211............	Télég.	B. 77 (Villette 2e)..	99 (Mar. aux Best.)

TABLEAU N° 2.

Service télégraphique de demi-nuit. (De 9 h. à 11 h. du soir.)

BUREAUX DISTRIBUTEURS.	CIRCONSCRIPTIONS QU'ILS DESSERVENT.
01. (Palais de la Bourse.).......	01, 02, 48, 90, 91.
05. (Place de la République.)....	05, 36, 39, 40, 55, 59, 87.
06. (Rue de Vaugirard.)........	06, 25, 38, 69, 72.
11. (Avenue de l'Opéra.)........	11.
17. (Rue des Halles.)..........	07, 13, 17.
18. (Rue Saint-Lazare.)........	18, 47, 54, 61, 66, 84, 37.
26. (Gare du Nord.)..........	26, 58, 60, 67, 68, 76, 79, 99.
33. (Boulevard de l'Hôpital.)....	28, 29, 33, 63, 65.
44. (Rue de Grenelle)........	10, 15, 27, 41, 43, 44, 46, 64, 75.
45. (Avenue des Champs-Élysées.).	34, 42, 45, 53, 62, 70, 71, 74, 78.
89. (Boulevard des Capucines.)...	03, 89, 92.
93. (Gare de Lyon.)..........	21, 23, 57, 73, 93.

Les bureaux 91 (boulevard Saint-Denis) et 92 (rue Boissy-d'Anglas) sont ouverts pour les dépêches de départ.

TABLEAU N° 3.

Service de nuit.

BUREAUX DISTRIBUTEURS.	CIRCONSCRIPTIONS QU'ILS DESSERVENT.
01. (Palais de la Bourse.)........	01, 02, 03, 05, 07, 11, 13, 17, 18, 21, 23, 26, 36, 37, 39, 40, 47, 48, 54, 55, 57, 58, 59, 60, 61, 66, 67, 68, 73, 76, 79, 84, 87, 89, 90, 91, 92, 93, 99.
44. (Rue de Grenelle.).........	06, 10, 15, 25, 27, 28, 29, 33, 34, 38, 41, 42, 43, 44, 45, 46, 53, 62, 63, 64, 65, 69, 70, 71, 72, 74, 75, 78.

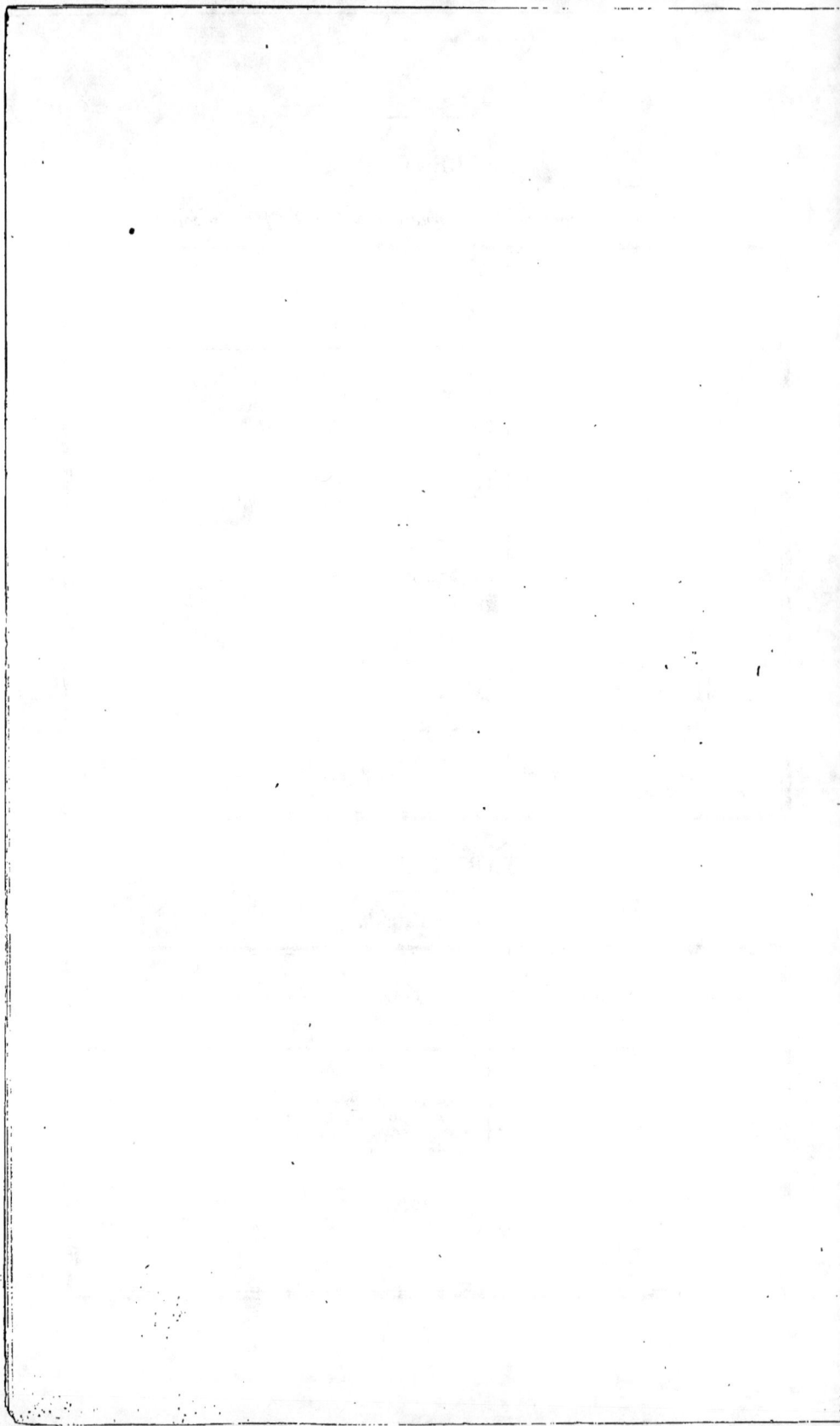

1ʳᵉ PARTIE.

NOMENCLATURE

des Boulevards, Passages, Rues, etc. de la ville de Paris, avec l'indication des rayons ou des bureaux de distribution des correspondances postales, ainsi que des bureaux chargés de la distribution des télégrammes.

NOMS DES RUES, BOULEVARDS, ETC.	RAYONS ou bureaux de distribution des correspondances postales.	BUREAUX DE DISTRIBUTION des télégrammes.
A		
Abattoirs.. { Généraux	B. 76 (Villette 1ᵉ).....	99 (Marché aux Bestiaux).
Grenelle (de)........	9............	41 (Duquesne).
Porcs (aux)	8............	43 (Littré).
Villejuif (de).......	7............	63 (Jeanne-d'Arc).
Abbaye (passage et rue de l').....	8............	15 (Bonaparte).
Abbé-de-l'Épée (rue de l').......	8............	38 (Claude-Bernard).
Abbé-Grégoire (rue de l').......	9............	43 (Littré).
Abbé-Groult (rue de l') :		
1 à 19, 2 à 20..............	B. 64 (Grenelle).	
Au-dessus.................	B. 75 (Vaugirard).	
1 à 49, 2 à 46.............	....	64 (Grenelle).
Au-dessus.................	....	75 (Vaugirard).
Abbesses (passage, place et rue des).	B. 67 (Montmartre)....	67 (Abbesses).
Abbeville (rue d').............	4............	26 (Gare du Nord).
Abel-Laurent (rue).............	B. 56 (Bercy)........	57 (Bercy).
Abel-Leblanc (passage)........	6............	23 (Citeaux).
Aboukir (rue d').............	10............	01 (Bourse).
Abreuvoir (rue de l')..........	B. 60 (Clignancourt)...	67 (Abbesses).
Acacias (impasse, passage et rue des).	B. 74 (Ternes)........	62 (Étoile).

NOMS DES RUES, BOULEVARDS, ETC.	RAYONS OU BUREAUX DE DISTRIBUTION des correspondances postales.	BUREAUX DE DISTRIBUTION des télégrammes.
Académies { Beaux-Arts *(des)* (Institut)....	**8.**	25 (Saint-Michel).
Française (Institut).........	**8.**	25 (Saint-Michel).
Inscriptions et Belles-Lettres (des) (Institut)............	**8.**	25 (Saint-Michel).
Médecine (de)............	**9.**	15 (Bonaparte).
Musique (Nationale de) (Opéra)	**2.**	89 (Grand-Hôtel).
Nationale, agricole, manufacturière et commerciale......	**3.**	02 (Milton).
Paris (de) (Sorbonne).	**8.**	06 (Luxembourg).
Sciences (des) (Institut)	**8.**	25 (Saint-Michel).
Sciences morales et politiques (des) (Institut)	**8.**	25 (Saint-Michel).
Achille (rue)................	B. 59 (Charonne)......	59 (Charonne).
Achille-Martinet (rue)	B. 60 (Clignancourt)...	60 (Clignancourt).
Adolphe-Adam (rue)..........	**11.**	17 (Halles).
Adour (villa de l')..........	B. 55 (Belleville)......	55 (Belleville).
Adrienne (cité).............	B. 59 (Charonne)......	59 (Charonne).
Affre (rue).................	B. 58 (Chapelle).....	58 (La Chapelle).
Aguesseau (rue d')...........	**2.**	03 (Madeleine).
Aguttes (passage)...........	**6.**	21 (Bastille).
Aimée (avenue *ou* villa)........	B. 70 (Passy 1°)......	70 (Passy).
Aisne (rue de l')............	B. 76 (Villette 1°).....	76 (Crimée).
Alain-Chartier (rue)..........	B. 75 (Vaugirard).....	75 (Vaugirard).
Albouy (rue)................	**4.**	05 (Pl. de la République).
Alembert (rue d')...........	B. 69 (Montrouge)....	69 (Montrouge).
Alençon (rue d')............	**8.**	43 (Littré).
Alésia (cité d').............	B. 69 (Montrouge).....	69 (Montrouge).
Alésia (rue d') :		
1 à 9, 2..................	B. 65 (Maison Blanche).	
11 à 207, 4 à 168...........	B. 69 (Montrouge).	
Au-dessus...............	B. 72 (Plaisance).	
1 à 87, 2 à 56.............	. . . .	69 (Montrouge).
Au-dessus...............	. . . .	72 (Plaisance).

NOMS DES RUES, BOULEVARDS, ETC.	RAYONS OU BUREAUX DE DISTRIBUTION des correspondances postales.	BUREAUX DE DISTRIBUTION des télégrammes.
Alexandre (passage), *XV*° *arr*.....	B. 75 (Vaugirard).....	43 (Littré).
Alexandre (passage), *XVIII*° *arr*...	B. 60 (Clignancourt)...	60 (Clignancourt).
Alexandre-Dumas (rue) :		
1 à 57, 2 à 72...............	6............	87 (Alexandre-Dumas).
Au-dessus..................	B. 59 (Charonne)......	59 (Charonne).
Alexandrine (passage).........	6............	87 (Alexandre-Dumas).
Alfred-Stevens (passage et rue)....	3............	67 (Abbesses).
Alger (cour d'), rue de Bercy....	6............	21 (Bastille).
Alger (rue d')...............	1............	89 (Grand-Hôtel).
Alibert (impasse et rue)..........	4............	05 (Pl. de la République).
Aligre (cour ou passage d'), *1*er *arr*.	11............	17 (Halles).
Aligre (place et rue d'), *XII*° *arr*..	6............	23 (Citeaux).
Allemagne (passage d')........	B. 77 (Villette 2°).....	79 (Rotonde-Villette).
Allemagne (rue d')...........	B. 77 (Villette 2°).	
1 à 121, 2 à 110.............	....	79 (Rotonde-Villette).
Au-dessus................	....	99 (Marché aux bestiaux).
Allent (rue)................	9............	15 (Bonaparte).
Alleray (impasse et place d').....	B. 72 (Plaisance)......	75 (Vaugirard).
Alleray (rue d').............	....	75 (Vaugirard).
1 à 49, 2 à 60	B. 75 (Vaugirard).	
Au-dessus................	B. 72 (Plaisance).	
Alma (avenue et place de l')......	1............	34 (Marceau).
Alma (cité de l')..............	9............	27 (Gros-Caillou).
Alombert (passage)...........	5............	07 (Haudriettes).
Alouettes (impasse et rue des)....	B. 55 (Belleville)......	55 (Belleville).
Alpes (place des).............	7............	63 (Jeanne-d'Arc).
Alphand (passage)...........	B. 65 (Maison-Blanche).	65 (Gobelins).
Alphonse (rue)..............	B. 64 (Grenelle)......	64 (Grenelle).
Alsace (rue d')...............	4............	26 (Gare du Nord).
Alsace-Lorraine (cour d')........	6............	23 (Citeaux).
Amandiers (cité des)..........	B. 59 (Charonne)......	40 (Ménilmontant).
Amandiers (impasse des)........	B. 55 (Belleville)......	40 (Ménilmontant).

NOMS DES RUES, BOULEVARDS, ETC.	RAYONS OU BUREAUX DE DISTRIBUTION des correspondances postales.	BUREAUX DE DISTRIBUTION des télégrammes.
Amandiers (rue des)............	....	40 (Ménilmontant).
2 à 52....................	B. 59 (Charonne).	
Le reste................	B. 55 (Belleville).	
Ambassades { Allemagne (d')......	9............	44 (Central).
Angleterre (d').....	1............	92 (Boissy d'Anglas).
Autriche (d')........	1............	34 (Marceau).
Espagne (d').......	9............	44 (Central).
Italie (d').........	1............	03 (Madeleine).
Ottomane.........	B. 71 (Passy 2°).	62 (Étoile).
Russie (de)	9............	44 (Central).
Saint-Siège (du) ...	9............	44 (Central).
Amboise (rue d')...........	10...........	01 (Bourse).
Ambroise-Paré (rue)...........	4............	26 (Gare du Nord).
Amélie (rue)...............	9............	27 (Gros Caillou).
Amelot (impasse)............	5............	21 (Bastille).
Amelot (rue)...............	5.	
1 à 91, 2 à 80.............	....	21 (Bastille).
Au-dessus..............	....	05 (Pl. de la République).
Amiral Courbet (rue de l')......	B. 71 (Passy 2°).	71 (Victor-Hugo).
Amiraux (rue des)...........	B. 60 (Clignancourt).	60 (Clignancourt).
Ampère (rue)..............	B. 66 (Monceaux).	66 (Meissonnier).
Amsterdam (impasse d')........	2............	18 (Place du Havre).
Amsterdam (rue d')...........	2.	
1 à 45, 2 à 58.............	....	18 (Place du Havre).
Au-dessus..............	....	84 (Boulevard de Clichy).
Amyot (rue).	7............	38 (Claude-Bernard).
Anatomie (Amphithéâtre d')......	7............	29 (Monge).
Ancienne-Comédie (rue de l')....	8............	25 (Saint-Michel).
Ancre (passage de l')...........	11............	17 (Halles).
André-del-Sarte (rue)...........	B. 67 (Montmartre).	68 (Rochechouart).
Andrieux (rue), VIII° arr.......	2............	37 (Europe).

NOMS DES RUES, BOULEVARDS, ETC.	RAYONS OU BUREAUX DE DISTRIBUTION des correspondances postales.	BUREAUX DE DISTRIBUTION des télégrammes.
Andrieux (villa), *XVIᵉ arr.*	B. 71 (Passy 2ᵉ)........	62 (Étoile).
Androuët (rue).................	B. 67 (Montmartre)....	67 (Abbesses).
Angélique-Compoint (rue).......	B. 60 (Clignancourt)....	60 (Clignancourt).
Anglais (passage des)..........	B. 76 (Villette 1ᵉ).....	76 (Crimée).
Anglais (rue des).............	7.............	25 (Saint-Michel).
Angoulême (cité, passage et rue d').	5.............	05 (Pl. de la République).
Anjou (quai d')...............	7.............	28 (Halle aux vins).
Anjou (rue d')...............	2.	
1 à 63, 2 à 64................	....	03 (Madeleine).
Au-dessus.................	....	18 (Place du Havre).
Annam (rue d')...............	B. 55 (Belleville)......	55 (Belleville).
Annelets (passage et rue des)....	B. 55 (Belleville)......	55 (Belleville).
Annibal (cité)................	B. 69 (Montrouge)....	69 (Montrouge).
Annonciation (rue de l')........	B. 70 (Passy 1ᵉ).......	70 (Passy).
Anthony (rue)................	5.............	05 (Pl. de la République).
Antilles (impasse des)...........	B. 59 (Charonne)......	59 (Charonne).
Antin (avenue et impasse d')....	1.............	45 (Champs-Élysées).
Antin (cité d'), *IXᵉ arr.*..........	3.............	02 (Milton).
Antin (rue d')..............	2.............	89 (Grand-Hôtel).
Antoine (villa)...............	B. 71 (Passy 2ᵉ).......	71 (Victor-Hugo).
Antoine-Dubois (rue).........	8.............	06 (Luxembourg).
Antoine-Leclaire (cour)........	B. 59 (Charonne)......	59 (Charonne).
Antoinette (rue)...........	B. 67 (Montmartre)....	67 (Abbesses).
Antoine-Vramant (rue)........	7.............	29 (Monge).
Anvers (place d').............	3.............	68 (Rochechouart).
Apennins (rue des)..........	B. 54 (Batignolles).....	61 (Legendre).
Appert (rue)...............	B. 71 (Passy 2ᵉ).......	78 (Dufrénoy).
Aqueduc (rue de l')...........	4.............	26 (Gare du Nord).
Arago (boulevard) :		
1 à 75, 2 à 96................	7.	
Au dessus.................	8.	
1 à 73, 2 à 78................	....	29 (Monge).
Au-dessus.................	....	69 (Montrouge).

NOMS DES RUES, BOULEVARDS, ETC.	RAYONS OU BUREAUX DE DISTRIBUTION des correspondances postales.	BUREAUX DE DISTRIBUTION des télégrammes.
Arbalète (rue de l')............	7...............	29 (Monge).
Arbre-Sec (rue de l')............	11.............	17 (Halles).
Arcade (rue de l').............	2.	
1 à 45, 2 à 44................	....	03 (Madeleine).
Au-dessus.................	....	18 (Place du Havre).
Arc-de-Triomphe (rue de l').....	B. 74 (Ternes)........	62 (Étoile).
Arc de triomphe de l'Étoile (l')....	B. 74 (Ternes)........	62 (Étoile).
Archevéché (l')...............	9.............	44 (Central).
Archevêché (place et quai de l')...	7.............	25 (Saint-Michel).
Archives (rue des).............	5.............	07 (Haudriettes).
Archives nationales (les)..........	6.............	07 (Haudriettes).
Arcole (rue d')...............	7.............	25 (Saint-Michel).
Arcueil (rue d').............	B. 65 (Maison-Blanche).	69 (Montrouge).
Ardennes (rue des)...........	B. 77 (Villette 2°).....	99 (Marché aux Bestiaux).
Argault (cité)................	6..........	87 (Alexandre-Dumas).
Argenson (rue d')..............	1.............	47 (Haussmann).
Argenteuil (rue d')............	1.............	11 (Théâtre-Français).
Argonne (place et rue de l').....	B. 76 (Villette 1°).....	76 (Crimée).
Argout (rue d')...............	10..........	90 (Hôtel des Postes).
Armaillé (rue d').............	B. 74 (Ternes)........	62 (Étoile).
Armand-Carrel (place et rue).....	B. 77 (Villette 2°).....	79 (Rotonde-Villette).
Armorique (rue de l')...........	B. 75 (Vaugirard).....	75 (Vaugirard).
Arquebusiers (rue des).,........	6.............	21 (Bastille).
Arras (rue d')...............	7.............	28 (Halle aux vins).
Arrivée (rue de l')............	8.............	43 (Littré).
Arsenal (l')................	7.............	21 (Bastille).
Arsenal (rue de l')............	7.............	21 (Bastille).
Artistes (rue des).............	B. 69 (Montrouge).....	69 (Montrouge).
Arts (cour des), XI° arr.........	6.............	23 (Citeaux).
Arts (impasse des), XII° arr......	B. 73 (Saint-Mandé)...	73 (Bel-Air).
Arts (passage des), XIV° arr......	B. 69 (Montrouge).....	72 (Plaisance).
Arts (villa des), XVIII° arr........	B. 54 (Batignolles).....	84 (Boulevard de Clichy).

NOMS DES RUES, BOULEVARDS, ETC.	RAYONS OU BUREAUX DE DISTRIBUTION des correspondances postales.	BUREAUX DE DISTRIBUTION des télégrammes.
Asile-Popincourt (passage et rue de l')	**5**	21 (Bastille).
Assas (rue d')	**8.**	
1 à 25, 2 à 30		10 (Vieux-Colombier).
Au-dessus		43 (Littré).
Asselin (passage et rue)	B. 55 (Belleville).	79 (Rotonde Villette).
Assistance publique (l')	**11**	13 (Hôtel de Ville).
Assomption (rue de l')	B. 53 (Auteuil).	53 (Auteuil).
Astorg (rue d')	**2**	03 (Madeleine).
Astrolabe (impasse de l')	**8**	43 (Littré).
Ateliers (passage des)	B. 71 (Passy 2°).	71 (Victor-Hugo).
Athènes (passage d')	**11**	11 (Théâtre-Français)
Athènes (rue d')	**2**	18 (Place du Havre).
Atlas (passage et rue de l')	B. 55 (Belleville).	79 (Rotonde Villette).
Aubé (rue)	**7**	25 (Saint-Michel).
Auber (rue)	**2**	89 (Grand-Hôtel).
Aubervilliers (impasse d')	B. 76 (Villette 1°).	79 (Rotonde Villette).
Aubervilliers (rue d') :		
1 à 17	B. 58 (Chapelle).	
Le reste	B. 76 (Villette 1°).	
1 à 19, 2 à 96		79 (Rotonde Villette)
Au-dessus		76 (Crimée).
Aubigné (rue d')	**7**	21 (Bastille).
Aublet (villa)	B. 74 (Ternes).	74 (Ternes).
Aubriot (rue)	**6**	13 (Hôtel de Ville).
Aubry (cité)	B. 59 (Charonne).	59 (Charonne).
Aubry-le-Boucher (rue)	**11**	17 (Halles).
Aude (impasse et rue de l')	B. 69 (Montrouge).	69 (Montrouge).
Audran (rue)	B. 67 (Montmartre).	67 (Abbesses).
Auger (rue)	B. 59 (Charonne).	73 (Bel-Air).
Auguste-Comte (rue)	**8**	38 (Claude-Bernard).
Auguste-Mie (rue)	B. 69 (Montrouge).	72 (Plaisance).
Aumaire (rue)	**5**	07 (Haudriettes

NOMS DES RUES, BOULEVARDS, ETC.	RAYONS ou BUREAUX DE DISTRIBUTION des correspondances postales.	BUREAUX DE DISTRIBUTION des télégrammes.
Aumale (rue d')...............	3...........	02 (Milton).
Aumont-Thiéville (rue)........	B. 74 (Ternes)........	74 (Ternes).
Aunay (impasse d'), XIᵉ arr.....	6............	36 (Voltaire).
Aunay (passage), XVIIIᵉ arr.....	B. 54 (Batignolles).....	61 (Legendre).
Austerlitz (passage d').........	6............	93 (Gare de Lyon)
Austerlitz (quai d')...........	7............	33 (Boulev. de l'Hôpital).
Auteuil (quai et rue d')........	B. 53 (Auteuil)......	53 (Auteuil).
Auvry (passage).............	B. 76 (Villette 1ᵉ)......	76 (Crimée).
Ave-Maria (rue de l')..........	7............	13 (Hôtel de Ville).
Avenir (cité de l'), XIᵉ arr.....	B. 55 (Belleville).......	40 (Ménilmontant).
Avenir (impasse de l'), XIIIᵉ arr..	B. 63 (Gare d'Ivry).....	63 (Jeanne-d'Arc).
Avenir (impasse de l'), XXᵉ arr...	B. 59 (Charonne)......	59 (Charonne).
Avron (rue d')...............	B. 59 (Charonne).....	73 (Bel-Air).
Azaïs (rue) [projetée].........	B. 67 (Montmartre).....	67 (Abbesses).

B

Babillards (impasse des).......	4............	48 (Sainte-Cécile).
Babille (rue)...............	11...........	90 (Hôtel des Postes).
Babylone (rue de)...........	9.	
1 à 9, 2 à 18................		10 (Vieux-Colombier).
Au-dessus..................		44 (Central).
Bac (rue du)..............	9...........	44 (Central).
Bac-d'Asnières (impasse et rue du).	B. 66 (Monceaux)......	66 (Meissonier).
Bachelet (escalier et rue)........	B. 67 (Montmartre).....	68 (Rochechouart).
Bacon (rue)...............	B. 74 (Ternes)........	74 (Ternes).
Baduel (cour)...............	6............	21 (Bastille).
Bagneux (rue de)............	9............	43 (Littré).
Bagnolet (rue de)............	B. 59 (Charonne)......	59 (Charonne).
Baigneur (impasse du)........	B. 67 (Montmartre).....	68 (Rochechouart).
Baillet (rue)...............	11...........	17 (Halles).
Bailleul (rue)...............	11...........	17 (Halles).
Baillif (rue), Iᵉʳ arr...........	11...........	11 (Théâtre-Français).
Bailly (rue)................	5............	07 (Haudriettes).

NOMS DES RUES, BOULEVARDS, ETC.	RAYONS OU BUREAUX DE DISTRIBUTION des correspondances postales.	BUREAUX DE DISTRIBUTION des télégrammes.
Bains.... { *Henri IV.*	7	25 (Saint-Michel).
Louvre (du)	11	11 (Théâtre-Français).
pont d'Arcole (du)	11	13 (Hôtel de Ville).
pont des Arts (du)	11	11 (Théâtre-Français).
pont Marie (du)	7	13 (Hôtel de Ville).
pont Royal (du), quai d'Orsay	9	15 (Bonaparte).
pont Royal ou Vigier (du)	1	11 (Théâtre-Français).
Samaritaine (de la)	11	17 (Halles).
Terrain (du)	7	28 (Halle aux vins).
Bains (allée et cité des), *XVIIIe arr.*	B. 67 Montmartre)	67 (Abbesses).
Bains (galerie des), *IIe arr.*	10	90 (Hôtel des Postes).
Bains (passage des), *XIe arr.*	6	21 (Bastille).
Bains (passage des), *XIIIe arr.*	7	29 (Monge).
Bains (rue dite des)	B. 67 (Montmartre)	60 (Clignancourt).
Balagny (rue)	B. 54 (Batignolles)	61 (Legendre).
Baleine (impasse de la)	5	05 (Place de la Répub.).
Balkans (rue des)	B. 59 (Charonne)	59 (Charonne).
Ballu (rue)	2	84 (Boulevard de Clichy).
Baltard (rue)	11	17 (Halles).
Balzac (rue et villa de)	1	42 (Friedland).
Banis (cité)	B. 72 (Plaisance)	75 (Vaugirard).
Banque (rue de la)	10	01 (Bourse).
Banque de France (la)	11	01 (Bourse).
Banquier (rue du)	7	29 (Monge).
Bara (rue)	8	43 (Littré).
Barbanègre (rue)	B. 76 (Villette 1°)	76 (Crimée).
Barbès (boulevard) :		
2 à 24	B. 58 (Chapelle).	
Le reste	B. 67 (Montmartre).	
1 à 67, 2 à 86		68 (Rochechouart).
Au-dessus		60 (Clignancourt).

NOMS DES RUES, BOULEVARDS, ETC.	RAYONS OU BUREAUX DE DISTRIBUTION des correspondances postales.	BUREAUX DE DISTRIBUTION des télégrammes.
Barbet-de-Jouy (rue)	9	44 (Central).
Barbette (rue)	6	07 (Haudriettes).
Bardou (impasse)	B. 72 (Plaisance)	75 (Vaugirard).
Bargue (rue)	B. 75 (Vaugirard)	75 (Vaugirard).
Barnier (impasse)	B. 54 (Batignolles)	61 (Legendre).
Baromètre (galerie du)	3	01 (Bourse).
Baron (rue)	B. 54 (Batignolles)	61 (Legendre).
Barouillère (rue de la)	9	43 (Littré).
Barrault (passage et rue)	B. 65 (Maison-Blanche)	65 (Gobelins).
Barrès (rue des)	7	13 (Hôtel de Ville).
Barrier (impasse)	6	23 (Citeaux).
Barrois (passage)	5	07 (Haudriettes).
Barsac (cour ou rue de)	B. 56 (Barcy)	57 (Bercy).
Barthélemy (passage), x⁰ arr	4	26 (Gare du Nord).
Barthélemy (rue), xvᵉ arr	9	41 (Duquesne).
Barye (rue)	B. 66 (Monceaux)	66 (Meissonier).
Basfour (passage)	11	90 (Hôtel des Postes).
Basfroi (passage)	6	21 (Bastille).
Basfroi (rue)	6	36 (Voltaire).
Bassano (rue)	1	34 (Marceau).
Basse-de-la-Providence (rue)	B. 65 (Maison-Blanche)	65 (Gobelins).
Basse-des-Carmes (rue)	7	28 (Halle aux vins).
Basse-du-Rempart (rue)	2	89 (Grand-Hôtel).
Bassins... Arsenal (de l')	6	21 (Bastille).
Combat (du)	4	
Côté Est		39 (Écluses St-Martin).
Côté Ouest		26 (Gare du Nord).
Marais (des)	4	
Côté Est		39 (Écluses St-Martin).
Coté Ouest		05 (Place de la Répub.).
Pantin (de)	4	
Côté Est		79 (Rotonde Villette).

NOMS DES RUES, BOULEVARDS, ETC.	RAYONS OU BUREAUX DE DISTRIBUTION des correspondances postales.	BUREAUX DE DISTRIBUTION des télégrammes.
Bassins.. *(Suite.)* — *Côté Ouest*	....	26 (Gare du Nord).
Récollets (des)	**4.**	
Côté Est	....	39 Écluses St-Martin).
Côté Ouest	....	26 (Gare du Nord).
Temple (du)	**5.**	05 (Place de la Répub.).
Villette (de la)	B. 76 (Villette 1°)......	79 (Rotonde-Villette).
Villette prolongé (de la)	B. 76 (Villette 1°)......	76 (Crimée).
Bassins (rue des).	**1.**	34 (Marceau).
Bassompierre (rue).............	**7.**	21 (Bastille).
Baste (rue)	B. 55 (Belleville)..... .	79 (Rotonde-Villette).
Bastiat (rue).	**1.**	45 (Champs-Élysées).
Bastien-Lepage (rue)............	B. 53 (Auteuil)........	53 (Auteuil).
Bastille (place et rue de la)......	**6.**	21 (Bastille).
Bastion (cité du).............	B. 54 (Batignolles).....	61 (Legendre).
Bastions.. — 1 à 5	B. 56 (Bercy).........	57 (Bercy).
6 à 10	B. 73 (Saint-Mandé)....	73 (Bel-Air).
11	B. 59 (Charonne)......	73 (Bel-Air).
12, 13, 14, 15 et 16..	B. 59 (Charonne)......	59 (Charonne).
17 à 23	B. 55 (Belleville).......	55 (Belleville).
24, 25 et 26	B. 77 (Villette 2°)......	99 (Marché aux bestiaux).
27 à 29 ...	B. 76 (Villette 1°)......	99 (Marché aux bestiaux).
30 et 31...	B. 76 (Villette 1°)......	76 (Crimée).
32, 33 et 34	B. 58 (Chapelle).......	58 (La Chapelle).
35 à 39	B. 60 (Clignancourt)....	60 (Clignancourt).
40 à 43	B. 54 (Batignolles).....	61 (Legendre).
44	B. 54 (Batignolles).....	54 (Batignolles).
45, 46 et 47	B. 66 (Monceaux)......	66 (Meissonnier).
48, 49 et 50	B. 74 (Ternes)........	74 (Ternes).
51	B. 74 (Ternes)........	62 (Étoile).
52, 53 et 54	B. 71 (Passy 2°).......	62 (Étoile).
55, 56 et 57	B. 71 (Passy 2°).......	78 (Dufrénoy).
58 et 59	B. 70 (Passy 1°).......	70 (Passy).

NOMS DES RUES, BOULEVARDS, ETC.	RAYONS ou bureaux de distribution des correspondances postales.	BUREAUX de distribution des télégrammes.
Bastions.. (Suite.) 60 à 67 bis	B. 53 (Auteuil)	53 (Auteuil).
68	B. 64 (Grenelle)	64 (Grenelle).
69	B. 75 (Vaugirard)	64 (Grenelle).
70 à 73	B. 75 (Vaugirard)	75 (Vaugirard).
74 et 75	B. 72 (Plaisance)	75 (Vaugirard).
76, 77 et 78	B. 69 (Montrouge)	72 (Plaisance).
79 à 82	B. 69 (Montrouge)	69 (Montrouge).
83	B. 65 (Maison-Blanche)	69 (Montrouge).
84 à 88	B. 65 (Maison-Blanche)	65 (Gobelins).
89 et 90	B. 63 (Gare d'Ivry)	65 (Gobelins).
91 à 94	B. 63 (Gare d'Ivry)	63 (Jeanne-d'Arc).
Bateaux à charbon du pont des Arts.	11	11 (Théâtre-Français).
Bateaux-Mouches (passage des)	B. 53 (Auteuil)	53 (Auteuil).
Bateaux omnibus (Compagnie des)	B. 53 (Auteuil)	53 (Auteuil).
Batignolles (boulevard des)		84 (Boulevard de Clichy).
1 à 43, 2 à 66	B. 54 (Batignolles).	
Au-dessus	B. 66 (Monceaux).	
Batignolles (place des)	B. 54 (Batignolles)	54 (Batignolles).
Batignolles (rue des)	B. 54 (Batignolles).	
1 à 13, 2 à 12		84 (Boulevard de Clichy).
Au-dessus		54 (Batignolles).
Bâtiments civils et palais nationaux (Direction des)	11	11 (Théâtre-Français).
Battoir (rue du)	7	29 (Monge).
Bauches (rue des)	B. 70 (Passy 1°)	70 (Passy).
Baudelique (rue)	B. 60 (Clignancourt)	60 (Clignancourt).
Baudin (rue)	3	26 (Gare du Nord).
Baudouin (cour)	B. 56 (Bercy)	57 (Bercy).
Baudoyer (place)	7	13 (Hôtel de Ville).
Baudrand (impasse)	B. 65 (Maison-Blanche)	65 (Gobelins).
Baudricourt (imp. ou passage et rue)	B. 63 (Gare d'Ivry)	65 (Gobelins).
Baudroierie (impasse de la)	11	13 (Hôtel de Ville).

NOMS DES RUES, BOULEVARDS, ETC.	RAYONS OU BUREAUX DE DISTRIBUTION des correspondances postales.	BUREAUX DE DISTRIBUTION des télégrammes.
Bauer (cité)...............	B. 69 (Montrouge).....	72 (Plaisance).
Baulant (rue).............	B. 56 (Bercy)........	93 (Gare de Lyon).
Bausset (rue).............	B. 75 (Vaugirard)......	75 (Vaugirard).
Bavière (cour de)...........	6............	21 (Bastille).
Bayard (rue).............	1............	45 (Champs-Élysées).
Bayen (impasse passage et rue)...	B. 74 (Ternes)........	74 (Ternes).
Bayvet (cité).............	6............	21 (Bastille).
Béarn (impasse et rue de)......	6............	21 (Bastille).
Beaubourg (impasse).........	5............	07 (Haudriettes).
Beaubourg (rue)...........	5.	
1 à 19, 2 à 20..............	....	13 (Hôtel de Ville).
Au-dessus	....	07 (Haudriettes).
Beauce (rue de)..........	5............	07 (Haudriettes).
Beaucour (avenue)..........	1............	42 (Friedland).
Beaufils (cité et passage)......	B. 59 (Charonne)......	73 (Bel-Air).
Beaugency (rue de)..........	B. 56 (Bercy).........	57 (Bercy).
Beau-Grenelle (place et passage projeté)..................	B. 64 (Grenelle).......	64 (Grenelle).
Beauharnais (cité)...........	6............	87 (Alexandre-Dumas).
Beaujolais (galerie, péristyle et rue de)	11............	11 (Théâtre-Français).
Beaujolais (passage de)........	10............	11 (Théâtre-Français).
Beaujon (rue et villa)........	1............	42 (Friedland).
Beaulieu (passage)............	B. 56 (Bercy)........	57 (Bercy).
Beaumarchais (boulevard)......	6............	21 (Bastille).
Beaune (rue de)..............	9............	15 (Bonaparte).
Beaunier (rue).............	B. 69 (Montrouge).....	69 (Montrouge).
Beauregard (rue)..........	10............	01 (Bourse).
Beaurepaire (cité), 11ᵉ arr.......	10............	90 (Hôtel des Postes).
Beaurepaire (rue), xᵉ arr........	4............	05 (Place de la Répub.).
Beauséjour (boulevard et villa)...	B. 70 (Passy 1ᵉ).......	70 (Passy).
Beautreillis (rue)............	7............	21 (Bastille).
Beauvau (place)............	1............	92 (Boissy d'Anglas).
Beaux-Arts (Direction des)......	11............	11 (Théâtre-Français).

NOMS DES RUES, BOULEVARDS, ETC.	RAYONS OU BUREAUX DE DISTRIBUTION des correspondances postales.	BUREAUX DE DISTRIBUTION des télégrammes.
Beaux-Arts (rue des)..	8.	15 (Bonaparte).
Beccaria (rue).	6.	23 (Cîteaux).
Becquerel (rue).	B. 67 (Montmartre).	68 (Rochechouart).
Beethoven (rue).	B. 70 (Passy 1°).	70 (Passy).
Bel-Air (avenue et villa du).	B. 73 (Saint-Mandé). . . .	73 (Bel-Air).
Bel-Air (cour du).	6.	21 (Bastille).
Belfort (rue de).	6.	36 (Voltaire).
Belgrand (rue).	B. 59 (Charonne).	59 (Charonne).
Belhomme (rue).	B. 67 (Montmartre)	68 (Rochechouart).
Bélidor (rue).	B. 74 (Ternes).	62 (Étoile).
Bella (rue).	B. 75 (Vaugirard).	75 (Vaugirard).
Bellart (rue).	9.	41 (Duquesne).
Bellechasse (rue de).	9.	44 (Central).
Bellefond (rue).	3.	02 (Milton).
Belles-Feuilles (cité, imp. et rue des)	B. 71 (Passy 2°).	71 (Victor-Hugo).
Belleville (boulevard de).	B. 55 (Belleville).	40 (Ménilmontant).
Belleville (rue de).	B. 55 (Belleville).	
1 à 69, 2 à 64.	. . . .	40 (Ménilmontant).
Au-dessus		55 (Belleville).
Bellevue (avenue de), cité Doré. . .	7.	63 (Jeanne-d'Arc).
Bellevue (villa), xvı° arr.	B. 70 (Passy 1°).	70 (Passy).
Bellevue (rue de).	B. 55 (Belleville).	55 (Belleville).
Belliard (rue).	B. 60 (Clignancourt). . . .	60 (Clignancourt).
Bellièvre (rue de).	7.	33 (Boulev. de l'Hôpital).
Bellini (rue et villa).	B. 70 (Passy 1°).	70 (Passy).
Belloni (rue).	B. 75 (Vaugirard).	75 (Vaugirard).
Bellot (rue).	B. 76 (Villette 1°).	79 (Rotonde-Villette).
Belloy (rue de).	1.	34 (Marceau).
Bel-Respiro (rue du).	1.	42 (Friedland).
Belzunce (rue de).	4.	26 (Gare du Nord).
Bénard (cité).	6.	23 (Cîteaux).
Bénard (rue).	B. 69 (Montrouge).	72 (Plaisance).

NOMS DES RUES, BOULEVARDS, ETC.	RAYONS OU BUREAUX DE DISTRIBUTION des correspondances postales.	BUREAUX DE DISTRIBUTION des télégrammes.
Benjamin-Constant (rue)........	B. 76 (Villette 1°)......	76 (Crimée).
Benouville (rue).............	B. 71 (Passy 2°)........	78 (Dufrénoy).
Béranger (hameau)...........	B. 53 (Auteuil)........	53 (Auteuil).
Béranger (rue).............	5.............	05 (Place de la Républ.).
Bercy (boulevard de)..........	B. 56 (Bercy)........	93 (Gare de Lyon).
Bercy (quai de).............	B. 56 (Bercy)........	57 (Bercy).
Bercy (rue de) :		
1 à 149, 2 à 118.............	B. 56 (Bercy).	
Au-dessus.................	6.	
1 à 129, 2 à 118.............	....	57 (Bercy).
131 à 233, 120 à 238.........	....	93 (Gare de Lyon).
Au-dessus.................	....	21 (Bastille).
Bergame (impasse de)..........	B. 59 (Charonne).....	59 (Charonne).
Berger (rue)...............	11...........	17 (Halles).
Bergère (cité, galerie et rue)....	3............	48 (Sainte-Cécile).
Bergers (rue des)...........	B. 64 (Grenelle)......	64 (Grenelle).
Bérite (rue)...............	9............	43 (Littré).
Berlin (rue de).............	2............	84 (Boulevard de Clichy).
Berlioz (rue).............	B. 71 (Passy 2°)........	62 (Étoile).
Bernardins (rue des).........	7............	28 (Halle aux vins).
Bernard-Palissy (rue)........	8............	10 (Vieux-Colombier).
Berne (rue de).............	2............	84 (Boulevard de Clichy).
Bernkoff (cité).............	B. 76 (Villette 1°)......	76 (Crimée).
Bernouilli (rue).............	2...........	37 (Europe).
Berri (rue de).............	1.	
1 à 41, 2 à 42.............	....	45 (Champs-Élysées).
Au-dessus.................	....	47 (Haussmann).
Berryer (cité).............	1...........	03 (Madeleine).
Berryer (rue).............	1...........	42 (Friedland).
Berthaud (impasse).........	5...........	07 (Haudriettes).
Berthe (rue).............	B. 67 (Montmartre).....	67 (Abbesses).
Berthelines (chemin des).......	B 72 (Plaisance).......	75 (Vaugirard).

NOMS DES RUES, BOULEVARDS, ETC.	RAYONS OU BUREAUX DE DISTRIBUTION des correspondances postales.	BUREAUX DE DISTRIBUTION des télégrammes.
Berthier (boulevard) :		
1 à 11......................	B. 54 (Batignolles......	54 (Batignolles).
13 à 69...	B. 66 (Monceaux).....	66 (Meissonier).
Au-dessus.................	B. 74 (Ternes)........	74 (Ternes).
Berthier (impasse)..............	B. 74 (Ternes)........	74 (Ternes).
Berthollet (rue).............	7............	29 (Monge).
Bertin-Poirée (rue)............	11...........	17 (Halles).
Berton (rue).............	B. 70 (Passy 1°)........	70 (Passy).
Bertrand (cité)............	5...........	36 (Voltaire).
Bertrand (rue)...............	9...........	41 (Duquesne).
Bervic (rue)................	B. 67 (Montmartre).....	68 (Rochechouart).
Berzélius (pass., rue et rue prolongée)	B. 54 (Batignolles).....	61 (Legendre).
Besnard (villa).	B. 64 (Grenelle).....	64 (Grenelle).
Bessières (boulevard et passage)...	B. 54 (Batignolles).....	61 (Legendre).
Béthune (quai de).............	7............	28 (Halle aux vins).
Beudant (rue).............	B. 66 (Monceaux).....	66 (Meissonnier).
Beuret (rue).............	B. 75 (Vaugirard)......	75 (Vaugirard).
Béziers (rue de)..............	B. 56 (Bercy).	57 (Bercy).
Bezout (rue)............	B. 69 (Montrouge).....	69 (Montrouge).
Biberon-Robert (rue)...........	B. 56 (Bercy)........	57 (Bercy).
Bibliothèques { *Arsenal (de l')*...........	7............	21 (Bastille).
École des Beaux-Arts (de l')...	8............	15 (Bonaparte).
Mazarine...............	8............	25 (Saint-Michel).
Nationale................	10...........	01 (Bourse).
Polonaise...............	7............	28 (Halle aux vins).
Sainte-Geneviève.........	7............	06 (Luxembourg).
Université (de l')..........	8............	06 (Luxembourg).
Ville de Paris (de la)........	6............	07 (Haudriettes).
Bichat (rue)...............	4.	
1 à 31 bis, 2 à 38.............	.....	05 (Pl. de la République).
Au-dessus.................	.....	39 (Écluses St-Martin).
Bidassoa (rue de la)...........		55 (Belleville).
1 à 9, 2 à 16..............	B. 59 (Charonne).	
Au-dessus	B. 55 (Belleville).	

NOMS DES RUES, BOULEVARDS, ETC.	RAYONS OU BUREAUX DE DISTRIBUTION des correspondances postales.	BUREAUX DE DISTRIBUTION des télégrammes.
Bidault (ruelle)..............	**6**............	23 (Citeaux).
Bienaimé (cité)............	B. 60 (Clignancourt)....	60 (Clignancourt).
Bienfaisance (rue de la) :		
1 à 15, 2 à 26............	**2.**	
Au-dessus...............	**1.**	
1 à 13, 2 à 22...........	....	18 (Place du Havre).
Au-dessus..............	....	47 (Haussmann).
Bièvre (rue de).............	**7**...........	28 (Halle aux vins).
Bignon (rue)...............	B. 56 (Bercy)........	93 (Gare de Lyon).
Bigorre (rue de)............	B. 69 (Montrouge).....	69 (Montrouge).
Bilcoq (impasse)............	B. 60 (Clignancourt)....	60 (Clignancourt).
Billancourt (rué de).........	B. 53 (Auteuil)........	53 (Auteuil).
Billettes (rue des)..........	**6**...........	13 (Hôtel de Ville).
Billy (quai de).............	**1**...........	34 (Marceau).
Binder (passage)............	B. 77 (Villette 2°)......	79 (Rotonde Villette).
Biot (rue).................	B 54 (Batignolles).....	84 (Boulevard de Clichy).
Birague (rue de)............	**6**...........	21 (Bastille).
Biscornet (rue).............	**6**...........	21 (Bastille).
Bisson (rue)..............	B. 55 (Belleville)......	40 (Ménilmontant).
Bitche (place de)...........	B. 76 (Villette 1°)......	76 (Crimée).
Bizet (rue)................	**1**...........	34 (Marceau).
Blainville (rue)............	**7**...........	38 (Claude-Bernard).
Blaise (rue)..............	**5**...........	36 (Voltaire).
Blanche (cité)..........	B. 69 (Montrouge).....	72 (Plaisance).
Blanche (place)...........	**2**...........	67 (Abbesses).
Blanche (rue)..............	**2.**	
1 à 55, 2 à 66.............	....	02 (Milton).
Au-dessus...............	....	67 (Abbesses).
Blanchisseuses (cour des)......	B. 56 (Bercy)........	57 (Bercy).
Blancs-Manteaux (rue des).....	**6**...........	13 (Hôtel de Ville).
Blaye (rue de).............	B. 56 (Bercy)........	57 (Bercy).

NOMS DES RUES, BOULEVARDS, ETC.	RAYONS OU BUREAUX DE DISTRIBUTION des correspondances postales.	BUREAUX DE DISTRIBUTION des télégrammes.
Bleue (rue).................	3............	48 (Sainte-Cécile).
Bleus (cour des)............	11............	90 (Hôtel des Postes).
Blomet (rue)................	B. 75 (Vaugirard)......	75 (Vaugirard).
Blondel (rue)..............	11............	91 (Boulevard St-Denis).
Blottière (impasse et rue)......	B. 72 (Plaisance)......	72 (Plaisance).
Bluets (cité des).............	5............	40 (Ménilmontant).
Boccador (rue).............	1............	45 (Champs-Élysées).
Bochard-de-Saron (rue)........	3............	68 (Rochechouart).
Bœuf (impasse du), *IV* arr......	11............	13 (Hôtel de Ville).
Bœufs (ancien chemin des)......	B. 75 (Vaugirard)......	75 (Vaugirard).
Bœufs (impasse des), *V* arr.....	7............	28 (Halle aux vins).
Boïeldieu (place)............	11............	01 (Bourse).
Boileau (hameau, imp., rue et villa).	B. 53 (Auteuil)........	53 (Auteuil).
Boinod (rue)...............	B. 60 (Clignancourt)....	60 (Clignancourt).
Bois (avenue du)............	B. 74 (Ternes)........	62 (Étoile).
Bois (rue des)..............	B. 55 (Belleville)......	55 (Belleville).
Bagatelle...............	Neuilly..........	Neuilly.
Cascade ou *Grande-Cascade*.	Neuilly..........	Suresnes.
Cercle des patineurs.......	Neuilly..........	Neuilly.
Chalet des Lacs..........	B. 70 (Passy 1°).......	70 (Passy).
Chalet des Îles...........	B. 70 (Passy 1°)......	70 (Passy).
Champ d'entraînement......	Neuilly..........	Neuilly.
Champ de courses d'Auteuil...	B. 53 (Auteuil)........	53 (Auteuil).
Champ de courses de l'Hippodrome ou de Longchamps.	Neuilly..........	Boulogne.
Collections (Les)..........	B. 53 (Auteuil)........	53 (Auteuil).
Corps de garde...........	B. 53 (Auteuil)........	70 (Passy).
Île de la Folie...........	Neuilly..........	Neuilly.
Île des Cèdres...........	Neuilly..........	Neuilly.
Jardin d'Acclimatation.....	Neuilly..........	Neuilly.
Moulin à vent de Longchamps.	Neuilly..........	Suresnes.
Parc aux Daims..........	Neuilly..........	70 (Passy).

Bois de Boulogne.

NOMS DES RUES, BOULEVARDS, ETC.	RAYONS ou BUREAUX DE DISTRIBUTION des correspondances postales.	BUREAUX DE DISTRIBUTION des télégrammes.
Parc aux Princes.........	Boulogne.........	Boulogne.
Pavillon d'Armenonville.....	Neuilly........	Neuilly.
Pavil. de l'avenue de Snt-Cloud	B. 53 (Auteuil).......	53 (Auteuil).
Pavillon des Gardes........	Neuilly.........	Neuilly.
Photographie hippique.......	Neuilly.........	70 (Passy).
Pompe à feu............	Neuilly.........	Neuilly.
Auteuil (d').......	B. 53 (Auteuil).......	53 (Auteuil).
Bagatelle (de)......	Neuilly..........	Neuilly.
Boulogne (de).....	Boulogne.........	Boulogne.
Dauphine (1)........	B. 71 (Passy 2°).......	71 (Victor-Hugo).
Hippodrome (de l') ou de Longchamps....	Boulogne.........	Boulogne.
Madrid (de).......	Neuilly..........	Neuilly.
Maillot..........	Neuilly..........	Neuilly.
Muette (de la) (1)....	B. 70 (Passy 1°).......	70 (Passy).
Neuilly (de) (2).....	Neuilly..........	Neuilly.
Passy (de) (1).......	B. 70 (Passy 1°).......	70 (Passy).
Princes (des).......	Boulogne.........	Boulogne.
Sablons (des)......	Neuilly.........	Neuilly.
Seine (de la).......	Neuilly..........	Neuilly.
Suresnes (de)......	Neuilly..........	Suresnes.
Saint-Cloud (de) (2)..	Boulogne.........	Boulogne.
Saint-James (de)....	Neuilly..........	Neuilly.
Pré-Catelan ou Catalan....	Neuilly..........	70 (Passy).
Restaurant ou Pavillon chinois	Neuilly..........	Neuilly.
Rivières (Kiosque des).....	Neuilly..........	70 (Passy).
Rond des Mélèzes..........	Neuilly.........	70 (Passy).
Tribunes du champ de courses d'Auteuil..........	B. 53 (Auteuil).......	53 (Auteuil).
Tribunes du champ de courses de Longchamps.........	Neuilly..........	Suresnes.

Bois de Boulogne. (Suite.) — *Portes*

(1) Fait partie de l'enceinte des fortifications.
(2) Il existe à Paris une autre porte de ce nom.

NOMS DES RUES, BOULEVARDS, ETC.	RAYONS OU BUREAUX DE DISTRIBUTION des correspondances postales.	BUREAUX DE DISTRIBUTION des télégrammes.
Bois-de-Boulogne (avenue du)....	B. 71 (Passy 2°).	
Nᵒˢ impairs	....	71 (Victor-Hugo).
Nᵒˢ pairs	....	62 (Étoile).
Bois-de-Boulogne (passage du)...	4............	91 (Boulevard St-Denis).
Boislevent (rue)...............	B. 70 (Passy 1°).......	70 (Passy).
Boissière (impasse),...........	B. 71 (Passy 2°)........	71 (Victor-Hugo).
Boissière (rue) :		
1 à 33, 2 à 34.............	1............	34 (Marceau).
Au-dessus..................	B. 71 (Passy 2°).....	71 (Victor-Hugo).
Boissieu (rue)	B. 67 (Montmartre).....	68 (Rochechouart).
Boissonade (rue).............	8............	69 (Montrouge).
Boissy-d'Anglas (rue)	1.	
1 à 17, 2 à 14.............	....	92 (Boissy d'Anglas).
Au-dessus,.................	....	03 (Madeleine).
Boiton (passage).............	B. 65 (Maison-Blanche)..	65 (Gobelins).
Bolivar (rue).................	B. 55 (Belleville).	
1 à 53, 2 à 40.............	....	55 (Belleville).
Au-dessus	....	79 (Rotonde Villette).
Bonaparte (rue)...............	8.	
1 à 37, 2 à 46.............	....	15 (Bonaparte).
Au-dessus.................	....	10 (Vieux-Colombier).
Bondy (rue de) :		
N° 74....................	4.	
Le reste..................	5.	
2 à 50...................	....	05 (Pl. de la République).
Tous les autres numéros	....	91 (Boulevard St-Denis).
Bonhoure (cité).............	4............	26 (Gare du Nord).
Bonne (rue de la)	B. 67 (Montmartre).....	68 (Rochechouart).
Bonne-Graine (passage de la) ...	6............	21 (Bastille).
Bonne-Nouvelle (boulevard).....	4.	
Nᵒˢ impairs................	....	01 (Bourse).
Nᵒˢ pairs	....	48 (Sainte-Cécile).

NOMS DES RUES, BOULEVARDS, ETC.	RAYONS OU BUREAUX DE DISTRIBUTION des correspondances postales.	BUREAUX DE DISTRIBUTION des télégrammes.
Bonne-Nouvelle (impasse)	4	48 (Sainte-Cécile).
Bonnet (rue)	B. 60 (Clignancourt)	60 (Clignancourt).
Bon-Secours (cité de)	6	87 (Alexandre-Dumas).
Bons-Enfants (rue des)	11	11 (Théâtre-Français).
Bony (cour ou impasse)	2	18 (Place du Havre).
Borda (rue)	5	91 (Boulevard St-Denis).
Bordeaux (rue de), V^e arr. (Entrepôt)	7	28 (Halle aux Vins).
Bordeaux (rue de), XIIe arr.	B. 56 (Bercy)	57 (Bercy).
Borrégo (rue du)	B. 55 (Belleville)	55 (Belleville).
Borromée (rue)	B. 75 (Vaugirard)	75 (Vaugirard).
Bosio (rue)	B. 53 (Auteuil)	53 (Auteuil).
Bosquet (avenue, passage et villa)	9	27 (Gros-Caillou).
Bossuet (rue)	4	26 (Gare du Nord).
Bossut (rue)	B. 56 (Bercy)	93 (Gare de Lyon).
Botzaris (rue)	B. 55 (Belleville)	55 (Belleville).
Bouchardon (rue)	4	91 (Boulevard St-Denis).
Bouchardy (passage)	5	40 (Ménilmontant).
Boucher (rue)	11	17 (Halles).
Boucherie centrale des hôpitaux	7	65 (Gobelins).
Bouchet (impasse)	B. 55 (Belleville)	79 (Rotonde Villette).
Boucry (rue)	B. 58 (Chapelle)	58 (La Chapelle).
Boudin (passage)	B. 59 (Charonne)	59 (Charonne).
Boudon (avenue)	B. 53 (Auteuil)	53 (Auteuil).
Boudreau (rue)	2	89 (Grand Hôtel).
Boufflers (avenue de)	B. 53 (Auteuil)	53 (Auteuil).
Bougainville (rue)	9	27 (Gros-Caillou).
Boulainvilliers (hameau et rue de)	B. 70 (Passy 1°)	70 (Passy).
Bouland (impasse)	B. 59 (Charonne)	59 (Charonne).
Boulangerie commune de la Ville	7	28 (Halle aux Vins).
Boulangerie des hospices	7	29 (Monge).
Boulangers (rue des)	7	28 (Halle aux vins).
Boulard (rue)	B. 69 (Montrouge)	69 (Montrouge).

NOMS DES RUES, BOULEVARDS, ETC.	RAYONS OU BUREAUX DE DISTRIBUTION des correspondances postales.	BUREAUX DE DISTRIBUTION des télégrammes.
Boulay (passage et rue)	B. 54 (Batignolles)	61 (Legendre).
Boule-Blanche (passage de la)	6.	21 (Bastille).
Boule-Rouge (rue de la)	3.	48 (Sainte-Cécile).
Boulets (rue des)	6.	
1 à 19, 2 à 20		23 (Citeaux).
21 à 109, 22 à 108		87 (Alexandre-Dumas).
Au-dessus		36 (Voltaire).
Boulle (rue)	5.	21 (Bastille).
Boulnois (place)	B. 74 (Ternes)	74 (Ternes).
Bouloi (rue du)	11.	90 (Hôtel des Postes) . .
Bouquet-de-Longchamp (rue du) . .	1.	34 (Marceau).
Bourbon (Palais)	9.	31 (Chambre des Députés)
Bourbon (passage)	B. 75 (Vaugirard)	75 (Vaugirard).
Bourbon (quai)	7.	28 (Halle aux vins).
Bourbon-le-Château (rue de)	8.	15 (Bonaparte).
Bourdaloue (rue)	3.	02 (Milton).
Bourdin (impasse)	1.	45 (Champs-Élysées).
Bourdon (boulevard)	7.	21 (Bastille).
Bourdonnais (impasse et rue des) .	11.	17 (Halles).
Bouret (rue)		79 (Rotonde Villette).
1 à 21, 2 à 34	B. 55 (Belleville).	
Au-dessus	B. 77 (Villette 2°).	
Bourgeois (rue)	B. 72 (Plaisance)	72 (Plaisance).
Bourg-l'Abbé (passage), *II° arr.* . .	11.	90 (Hôtel des Postes).
Bourg-l'Abbé (rue), *III° arr.*	11.	17 (Halles).
Bourgogne (rue de)	9.	44 (Central).
Bourgoin (impasse et passage) . .	B. 63 (Gare d'Ivry)	65 (Gobelins).
Bourgon (rue)	B. 65 (Maison-Blanche) . .	65 (Gobelins).
Bourg-Tibourg (rue du)	6.	13 (Hôtel de Ville).
Bourguignonne (cité)	B. 63 (Gare d'Ivry)	63 (Jeanne-d'Arc).
Bournisien (passage)	B. 72 (Plaisance)	72 (Plaisance).
Boursault (impasse)	B. 54 (Batignolles)	84 (Boulevard de Clichy).

NOMS DES RUES, BOULEVARDS, ETC.	RAYONS OU BUREAUX DE DISTRIBUTION des correspondances postales.	BUREAUX. DE DISTRIBUTION des télégrammes.
Boursault (rue).................	B. 54 (Batignolles).	
1 à 17, 2 à 18...............	....	84 (Boulevard de Clichy).
Au-dessus	....	54 (Batignolles).
Bourse (galerie, place et rue de la).	10...........	01 (Bourse).
Bourse (Palais de la)...........	10...........	01 (Bourse).
Boutarel (rue)................	7...........	28 (Halle aux vins).
Boutebrie (rue)	7...........	25 (Boul. Saint-Michel).
Boutin (rue)..................	B. 65 (Maison Blanche).	69 (Montrouge).
Boutron (impasse)	4...........	26 (Gare du Nord).
Bouvines (avenue et rue de)......	6.-........	87 (Alex.-Dumas).
Boyer (rue)...................	B. 55 (Belleville)......	55 (Belleville).
Brady (passage)................	4...........	91 (Boul. Saint-Denis).
Brancion (impasse et rue)	B. 72 (Plaisance).......	75 (Vaugirard).
Brantôme (rue)................	5...........	07 (Haudriettes).
Braque (rue de)................	5...........	07 (Haudriettes).
Bras-d'Or (cour ou passage du)...	6...........	21 (Bastille).
Bréa (rue de)	8...........	43 (Littré).
Brèche-aux-Loups (rue de la).....	B. 56 (Bercy)	57 (Bercy).
Bréda (place et rue)...........	3...........	02 (Milton).
Bréguet (rue).................	5...........	21 (Bastille).
Brémant (passage).............	B. 59 (Charonne)......	59 (Charonne).
Brémontier (rue)	B. 66 (Monceaux)......	66 (Meissonnier).
Bretagne (rue de)	5...........	07 (Haudriettes).
Breteuil (avenue et place de)	9...........	41 (Duquesne).
Breton (impasse), XIIIᵉ ARR......	B. 65 (Maison-Blanche).	65 (Gobelins).
Bretonneau (rue)..............	B. 59 (Charonne)......	59 (Charonne).
Bretons (cour des), Xᵉ ARR.......	5...........	40 (Ménilmontant).
Bretonvilliers (rue de)	7...........	28 (Halle aux vins).
Brey (rue)...................	B. 74 (Ternes)........	62 (Étoile).
Brezin (rue)..................	B. 69 (Montrouge)	69 (Montrouge).
Briare (impasse)..............	3...........	02 (Milton).

NOMS DES RUES, BOULEVARDS, ETC.	RAYONS ou BUREAUX DE DISTRIBUTION des correspondances postales.	BUREAUX DE DISTRIBUTION des télégrammes.
Bridaine (rue)	B, 54 (Batignolles).....	54 (Batignolles).
Brie (passage de la)...........	B. 77 (Villette 2ᵉ)......	79 (Rotonde Villette).
Brignolle (rue de),............	1............	34 (Marceau),
Briquet (passage ou petite rue et rue)	B. 67 (Montmartre)......	68 (Rochechouart).
Briqueterie (rue de la)	B. 69 (Montrouge)......	72 (Plaisance).
Brise-Miche (rue)	11...........	13 (Hôtel de Ville).
Brissac (rue de)	7...........	21 (Bastille).
Brochant (rue)...............	B. 54 (Batignolles).....	54 (Batignolles).
Brongniart (rue).,..........	10.........	01 (Bourse),
Brosse (rue de)	7..........	13 (Hôtel de Ville).
Broussais (rue).............	B, 69 (Montrouge).....	69 (Montrouge).
Bruant (rue)................	7..........	33 (Boul. de l'Hôpital).
Bruion (cité ou passage)	6...........	23 (Citeaux).
Brune (boulevard)............	B. 69 (Montrouge).....	
1 à 89, 2 à 4................	....	72 (Plaisance).
Au-dessus	....	69 (Montrouge).
Brune (passage).............	B. 69 (Montrouge)......	72 (Plaisance),
Brunel (rue)................	B. 74 (Ternes)	62 (Étoile).
Brunoy (passage).............	6...........	93 (Gare de Lyon),
Bruxelles (rue de),...........	2...........	84 (Boul. de Clichy),
Bûcherie (rue de la)...........	7...........	25 (Saint-Michel).
Buci (rue de)	8...........	25 (Saint-Michel).
Budé (rue).................	7...........	28 (Halle aux vins).
Buffault (rue)	3...........	02 (Milton).
Buffon (rue de) .,..........	7..........	33 (Boul. de l'Hôpital).
Bugeaud (avenue, rond-point et rue)	B. 71 (Passy 2ᵉ).......	71 (Victor-Hugo,)
Buis (rue du)...............	B. 53 (Auteuil)........	53 (Auteuil).
Buisson-Saint-Louis (impasse, passage et rue du)............	4...........	40 (Ménilmontant).
Bullant (rue)	B. 65 (Maison-Blanche)..	69 (Montrouge).
Bullourde (passage)..........	6..........	21 (Bastille).

NOMS DES RUES, BOULEVARDS, ETC.	RAYONS OU BUREAUX DE DISTRIBUTION des correspondances postales.	BUREAUX DE DISTRIBUTION des télégrammes.
Buot (rue)................	B. 65 (Maison-Blanche)..	65 (Gobelins).
Bureau (passage du)...........	6............	87 (Alex.-Dumas).
Bureau des longitudes (le)........	8............	25 (Saint-Michel).
Bureaux de Poste (voir p. 5 et suivantes)................		
Burnouf (rue).,..........	B. 55 (Belleville).......	79 (Rotonde Villette).
Burq (cité et rue)...........	B. 67 (Montmartre).....	67 (Abbesses).
Butte-aux-Cailles (rue de la)......	B. 65 (Maison-Blanche)..	65 (Gobelins).
Buttes (rue des)............	6............	23 (Citeaux).
Buzelin (rue).............	B. 58 (Chapelle).......	58 (Chapelle).
Buzenval (rue de).,..........	B. 59 (Charonne).......	59 (Charonne).

C

Cabanis (impasse et rue).,........	B. 65 (Maison-Blanche)..	69 (Montrouge).
Cacheux (rue),.............	B. 65 (Maison-Blanche)..	65 (Gobelins).
Cadet (rue),.............	3............	48 (Sainte-Cécile).
Cadot (ruelle).,..........	B. 75 (Vaugirard).....	75 (Vaugirard).
Cadran (impasse du)...........	B. 67 (Montmartre).....	68 (Rochechouart).
Cafarelli (rue).........	5............	05 (Pl. de la République).
Cahors (rue de).............	B. 56 (Bercy)..........	57 (Bercy).
Cail (cité)..............	B. 64 (Grenelle)........	64 (Grenelle).
Cail (rue).............	4............	26 (Gare du Nord).
Cailar (cour).............	6............	21 (Bastille).
Caillaux (rue).............	B. 65 (Maison-Blanche)..	65 (Gobelins).
Caillié (rue).............	B. 58 (Chapelle).......	58 (La Chapelle).
Caire (passage, place et rue du)...	10............	01 (Bourse).
Caisses... { Amortissement (d')....	9............	44 (Central).
Caisses... { Centrale du Trésor....	1............	11 (Théâtre-Français).
Caisses... { Chemins vicinaux (des).	1............	11 (Théâtre-Français).

NOMS DES RUES, BOULEVARDS, ETC.	RAYONS OU BUREAUX DE DISTRIBUTION des correspondances postales.	BUREAUX DE DISTRIBUTION des télégrammes.
Caisses (Suite.) — Dépôts et Consignations (des).	9............	44 (Central).
Caisses (Suite.) — Épargne (d').	10............	90 (Hôtel des Postes).
Caisses (Suite.) — Invalides de la Marine (des).	1............	92 (Boissy-d'Anglas).
Caisses (Suite.) — Municipale	11............	13 (Hôtel de Ville).
Calais (rue de)	2............	84 (Boulevard de Clichy).
Californie (cité de la)	B. 69 (Montrouge)	43 (Littré).
Callot (rue)	B. 53 (Auteuil)	53 (Auteuil).
Calmels (impasse et rue)	B. 60 (Clignancourt)	60 (Clignancourt).
Calvaire (passage et place du)	B. 67 (Montmartre)	67 (Abbesses).
Cambacérès (rue)	1............	03 (Madeleine).
Cambodge (rue du)	B. 59 (Charonne)	55 (Belleville).
Cambon (rue)	1............	89 (Grand-Hôtel).
Cambrai (rue de)	B. 76 (Villette 1ᵉ)	76 (Crimée).
Cambronne (impasse)	B. 75 (Vaugirard)	75 (Vaugirard).
Cambronne (place)	B. 75 (Vaugirard)	64 (Grenelle).
Cambronne (rue)	B. 75 (Vaugirard).	
1 à 85, 2 à 82	....	64 (Grenelle).
Au-dessus	....	75 (Vaugirard).
Camille-Desmoulins (rue)	6............	36 (Voltaire).
Camou (rue)	9............	27 (Gros-Caillou).
Campagne-Première (rue)	8............	69 (Montrouge).
Campo-Formio (rue de)	7............	63 (Jeanne-d'Arc).
Camulogène (rue)	B. 72 (Plaisance)	75 (Vaugirard).
Camus (impasse)	B. 69 (Montrouge)	72 (Plaisance).
Canada (rue du)	B. 58 (Chapelle)	58 (La Chapelle).
Canal-de-l'Ourcq (passage du)	B. 76 (Villette 1ᵉ)	99 (Marché aux bestiaux).
Canal-Saint-Denis (passage du)	B. 76 (Villette 1ᵉ)	76 (Crimée).
Canal-Saint-Martin (rue du)	4............	26 (Gare du Nord).
Canart (impasse)	B. 73 (Saint-Mandé)	23 (Citeaux).
Canaux de l'Ourcq et de Saint-Denis (partie intra-muros)	B. 76 (Villette 1ᵉ)	99 (Marché aux bestiaux).

NOMS DES RUES, BOULEVARDS, ETC.	RAYONS ou BUREAUX DE DISTRIBUTION des correspondances postales.	BUREAUX DE DISTRIBUTION des télégrammes.
Candolle (rue)................	7............	29 (Monge).
Canettes (rue des).............	8............	06 (Luxembourg).
Canivet (rue du)...............	8............	06 (Luxembourg).
Canonge (cour)...............	B. 56 (Bercy)..........	93 (Gare de Lyon).
Cantal (cour du)...............	6............	21 (Bastille).
Caplat (rue)................	B. 58 (Chapelle).......	58 (La Chapelle).
Capron (rue)................	B. 54 (Batignolles).....	84 (Boulevard de Clichy).
Capsulerie de Guerre (à l'Arsenal)..	7............	21 (Bastille).
Capucines (boulevard et rue des)..	2............	89 (Grand-Hôtel).
Cara de Vaux (impasse au passage).	B. 72 (Plaisance).......	75 (Vaugirard).
Carcel (rue)................	B. 75 (Vaugirard)......	75 (Vaugirard).
Cardinale (rue)...............	8............	15 (Bonaparte).
Cardinal-Lemoine (imp. ou cité et rue).	7............	28 (Halle aux vins).
Cardinet (passage)............	B. 66 (Monceaux)......	66 (Meissonnier).
Cardinet (rue) :		
1 à 145, 2 à 144.............	B. 66 (Monceaux)......	66 (Meissonnier).
Au-dessus................	B. 54 (Batignolles).....	54 (Batignolles).
Carlier (impasse).............	B. 72 (Plaisance).......	75 (Vaugirard).
Carmes (rue des).............	7............	25 (Saint-Michel).
Carnavalet (Hôtel)...........	6............	07 (Haudriettes).
Carnot (avenue).............	B. 74 (Ternes)........	62 (Bastille).
Caroline (passage et rue)........	B. 54 (Batignolles).....	84 (Boulevard de Clichy).
Caron (rue)................	6............	13 (Hôtel de Ville).
Carré-Sainte-Geneviève (place du)..	7............	28 (Halle aux vins).
Carrières (cbe. et imp. des), xixe ar.	B. 55 (Belleville)......	79 (Rotonde Villette).
Carrières (impasse des), xvie ar..	B. 70 (Passy 1e).......	70 (Passy).
Carrières-d'Amérique (rue des)...	B. 77 (Villette 2e)......	55 (Belleville).
Carrousel (place du)...........	1............	11 (Théâtre-Français).
Cascades (rue des)............	B. 55 (Belleville)......	55 (Belleville).
Casernes.. { Babylone (de).......	9............	44 (Central).
{ Banque (de la) (Garde rép.)	10............	01 (Bourse).

NOMS DES RUES, BOULEVARDS, ETC.	RAYONS ou BUREAUX DE DISTRIBUTION des correspondances postales.	BUREAUX DE DISTRIBUTION des télégrammes.
Bellechasse (de)	9.	44 (Central).
Blanche (de la rue) (Sap.-pomp.) .	2.	02 (Milton).
Célestins (des) (Garde républicaine).	7.	21 (Bastille).
Chaligny. (Sapeurs-pompiers.)	6.	23 (Citeaux).
Château-d'Eau (de la rue du). (Sapeurs-pompiers.)	4.	91 (Boul. Saint-Denis).
Château-Landon. (Sap.-pompiers.).	4.	26 (Gare du Nord).
Cité (de la). (Garde républicaine.) . .	7.	25 (Saint-Michel).
Dupleix ou de Grenelle	9.	46 (École-Militaire).
École-Militaire (de l')	9.	46 (Ecole-Militaire).
École-Militaire (annexe de l').	9.	41 (Duquesne).
Enfer (d'). (Garde républicaine.) . .	B. 69 (Montrouge)	69 (Montrouge).
Entrepreneurs (de la rue des). (Sapeurs-pompiers.)	B. 64 (Grenelle)	64 (Grenelle).
Gendarmerie du bastion 56 (de).	B. 71 (Passy 2e)	78 (Dufrénoy).
Grenelle (de)	9.	46 (Ecole Militaire).
Jean-Jacques-Rousseau (de la rue). (Sapeurs-pompiers.)	11.	90 (Hôtel des Postes).
Latour-Maubourg	9.	27 (Gros-Caillou).
Lobau. (Garde républicaine.)	7.	13 (Hôtel de Ville).
Lourcine (de).	7.	29 (Monge).
Mare (de la rue de la). (Sap-pomp.)	B. 55 (Belleville)	55 (Belleville).
Minimes (des) (Gendarmes)	6.	21 (Bastille).
Mouffetard. (Garde républicaine.) . .	7.	29 (Monge).
Napoléon. (Garde républicaine.)	7.	13 (Hôtel de Ville).
Nouvelle-France (de la).	4.	48 (Sainte-Cécile).
Orsay (du quai d').	9.	44 (Central).
Penthièvre (de).	1.	47 (Haussmann).
Pépinière (de la).	2.	18 (Place du Havre.)
Poissy (de) (Sapeurs-pompiers.) . . .	7.	28 (Halle aux vins.)
Pomard (de la rue de). (Sap-pomp.)	B. 56 (Bercy)	57 (Bercy).
Prince-Eugène (du).	5.	05 (Pl. de la République).

Casernes.. (Suite.)

NOMS DES RUES, BOULEVARDS, ETC.	RAYONS OU BUREAUX DE DISTRIBUTION des correspondances postales.	BUREAUX DE DISTRIBUTION des télégrammes.
Remonte (de la compagnie de) ..	B. 69 (Montrouge)......	69 (Montrouge).
Réservoirs (de la rue des) .(Sap.-po.)	B. 70 (Passy 1°).......	70 (Passy).
Reuilly (de)	6.........	23 (Citeaux).
Reuilly (du boul. de) .(Sap.-pom.).	B. 56 (Bercy)	93 (Gare de Lyon).
Schomberg	7...........	21 (Bastille).
Sévigné. (Sapeurs-pompiers.)......	6...........	13 (Hôtel de Ville).
Saint-Pierre du bastion 53....	B. 71 (Passy 2°).......	62 (Étoile).
Saint-Pierre du quai de Billy .	1...........	34 (Marceau).
Tourelles (des)	B. 55 (Belleville)......	55 (Hôtel de Ville).
Tournon (de). (Garde républicaine.).	8............	06 (Luxembourg).
Vieux-Colombier (de la rue du) (Sapeurs-pompiers.)	8............	10 (Vieux-Colombier).
Casimir-Delavigne (rue)........	8............	06 (Luxembourg).
Casimir-Périer (rue)	9.........	44 (Central).
Caspienne (impasse)...........	B. 59 (Charonne)......	73 (Bel-Air).
Cassette (rue)......	8............	10 (Vieux-Colombier.)
Cassini (rue)	8............	38 (Claude-Bernard.)
Casteggio (impasse de)........	B. 59 (Charonne)......	59 (Charonne).
Castellane (rue de)...........	2............	03 (Madeleine).
Castex (rue)...............	7............	21 (Bastille).
Castiglione (rue de)	1...........	89 (Grand-Hôtel).
Catacombes (les)	B. 69 (Montrouge).....	69 (Montrouge).
Catinat (rue)...............	11...........	01 (Bourse).
Cauchois (impasse et rue)......	B. 67 (Montmartre).....	67 (Abbesses).
Cauchy (rue)...............	B. 64 (Grenelle).......	64 (Grenelle).
Caulaincourt (rue)	B. 67 (Montmartre).....	60 (Clignancourt).
Caumartin (rue de)	2............	
1 à 49, 2 à 38...........	....	89 (Grand-Hôtel).
Au-dessus...........		18 (Place du Havre).
Cavalerie (rue de la)........	9............	40 (École Militaire).
Cavé (rue)...............	B. 58 (Chapelle)......	58 (La Chapelle).
Cavendish (rue).............	B. 77 (Villette)........	55 (Belleville).

NOMS DES RUES, BOULEVARDS, ETC.	RAYONS OU BUREAUX DE DISTRIBUTION des correspondances postales.	BUREAUX DE DISTRIBUTION des télégrammes.
Caves { Chemin de fer de ceinture (du)	B. 56 (Bercy)	57 (Bercy).
Caves { Hospices (générales des) ...	7, ...	28 (Halle aux vins).
Ceinture (impasse de la).........	B. 69 (Montrouge)......	72 (Plaisance).
Célestin (impasse)	B. 55 (Belleville).......	40 (Ménilmontant).
Célestins (quai des)............	7, ...	
2 à 22.................	....	21 (Bastille).
Au-dessus	....	13 (Hôtel de Ville).
Cels (rue).................	B. 69 (Montrouge)......	69 (Montrouge).
Cendriers (rue des)	B. 55 (Belleville).......	40 (Ménilmontant).
Censier (rue).................	7, ...	29 (Monge).
Cepré (passage)...............	B. 75 (Vaugirard)......	64 (Grenelle).
Cerisaie (impasse de la), XIIIᵉ arr..	B. 63) Gare d'Ivry).....	63 (Jeanne d'Arc.)
Cerisaie (rue de la), IVᵉ arr	7, ...	21 (Bastille).
Cerisoles (rue de)	1, ...	45 (Champs-Élysées).
Cette (rue de).................	B. 56 (Bercy)	57 (Bercy).
Cévennes (rue des)	B. 64 (Grenelle).......	64 (Grenelle).
Chabanais (rue de).............	11............	01 (Bourse).
Chablis (rue de)...............	B. 56 (Bercy)........	57 (Bercy).
Chabrand (cité)	11............	89 (Grand-Hôtel).
Chabrier (cour). (Entrepôt.)......	B. 56 (Bercy)	57 (Bercy).
Chabrol (cité et rue de).........	4............	26 (Gare du Nord).
Chaeper (impasse).............	B. 60 (Clignancourt)....	60 (Clignancourt).
Chaillot (rue de)	1............	34 (Marceau).
Chalet (rue du)	4............	39 (Écluses-St-Martin).
Chalets (avenue des)...........	B. 70 (Passy 1ᵉ).......	70 (Passy).
Chalgrin (rue).................	B. 71 (Passy 2ᵉ).......	62 (Étoile).
Chaligny (rue)	6............	23 (Citeaux).
Châlon (impasse et rue de)	6............	93 (Gare de Lyon).
Chamaillards (rue des)	B. 63 (Gare d'Ivry).....	63 (Jeanne d'Arc).
Chambertin (rue de)............	B. 56 (Bercy)........	57 (Bercy).
Chambéry (rue de),.............	B. 72 (Plaisance).......	75 (Vaugirard).
Chambiges (rue)	1............	45 (Champs-Élysées).

NOMS DES RUES, BOULEVARDS, ETC.	RAYONS OU BUREAUX DE DISTRIBUTION des correspondances postales.	BUREAUX DE DISTRIBUTION des télégrammes.
Chambres { *Agents de change (des).*	**11**............	01 (Bourse).
Avocats (des)........	**7**............	25 (Saint-Michel).
Avoués (des)........	**7**............	25 (Saint-Michel).
Commerce (de)......	**10**...........	01 (Bourse).
Huissiers (des)......	**11**............	90 (Hôtel des Postes).
Notaires (des).......	**11**...........	17 (Halles).
Chamonard (cour)............	B. 56 (Bercy)..........	57 (Bercy).
Champagne (rue de), *v* arr. (Entre.)	**7**............	28 (Halle aux vins).
Champagne (rue de). *xii* arr. (Et.)	B. 56 (Bercy)..........	57 (Bercy).
Champagny (rue de)...........	**9**............	44 (Central).
Champ-d'Asile (passage et rue du)	B. 69 (Montrouge).....	69 (Montrouge).
Champ-de-l'Alouette (rue du)....	**7**............	29 (Monge).
Champ de Mars (le)...........	**9**............	46 (École Militaire).
Champ-de-Mars (rue du)........	**9**............	27 (Gros-Caillou).
Championnet (passage)........	B. 60 (Clignancourt)....	60 (Clignancourt).
Championnet (rue)............	B. 60 (Clignancourt)....	
1 à 217, 2 à 192...............	....	60 (Clignancourt).
Au-dessus..................	....	61 (Legendre).
Champlain (cité et rue)........	B. 55 (Belleville).......	40 (Ménilmontant).
Champ-Marie (le) et (passage du).	B. 60 (Clignancourt)....	60 (Clignancourt).
Champollion (rue)............	**8**............	06 (Luxembourg).
Champs-Élysées (av. et rond-pt. des).	**1**............	45 (Champs-Elysées).
Champs-Élysées (les).........	**1**............	92 (Boissy-d'Anglas).
Chanaleilles (rue de)...........	**9**............	44 (Central).
Chancellerie de France (la)......	**1**............	89 (Grand-Hôtel).
Chandon (impasse)...........	B. 75 (Vaugirard)......	75 (Vaugirard).
Chanez (rue)...............	R. 53 (Auteuil)........	53 (Auteuil).
Chanoinesse (rue)............	**7**............	25 (Saint-Michel).
Chantier (cour ou p. du), *xii* arr.	**6**............	21 (Bastille).
Chantiers (rue des), *v* ARR.....	**7**............	28 (Halle aux vins).
Chantres (rue des)............	**7**............	25 (Saint-Michel).
Chanudet (rue)..............	B. 69 (Montrouge).....	72 (Plaisance).

NOMS DES RUES, BOULEVARDS, ETC.	RAYONS OU BUREAUX DE DISTRIBUTION des correspondances postales.	BUREAUX DE DISTRIBUTION des télégrammes.
Chanut (cour)	**6**.	21 (Bastille).
Chapelle (avenue de la)	B. 74 (Ternes)	62 (Étoile).
Chapelle (boul., cité, impasse, pl. et rue de la)	B. 58 (Chapelle)	58 (La Chapelle).
Chapon (rue)	**11**.	07 (Haudriettes).
Chappe (rue)	B. 67 (Montmartre)	67 (Abbesses).
Chaptal (rue)	**2**.	67 (Abbesses).
Charbonnière (rue de la)	B. 58 (Chapelle)	58 (La Chapelle).
Charbonniers (pas des), XV° ARR. .	B. 75 (Vaugirard)	64 (Grenelle).
Charbonniers (rue des), XII° ARR. .	**6**.	93 (Gare de Lyon).
Chardin (rue)	B. 70 (Passy 1°)	70 (Passy).
Charente (quai de la)	B. 76 (Villette 1°)	99 (Marché aux bestiaux).
Charenton (rue de) :		
1 à 189 bis, 2 à 202	**6**.	
Au-dessus	B. 56 (Bercy)	
1 à 85, 2 à 70	. . . .	21 (Bastille).
87 à 191, 72 à 196	. . . .	23 (Citeaux).
193 à 211, 198 à 230	. . . .	93 (Gare de Lyon).
Au-dessus	. . . .	57 (Bercy).
Chariot-d'Or (cour du)	**6**.	21 (Bastille).
Charlemagne (passage et rue)	**7**.	13 (Hôtel de Ville).
Charles-Albert (impasse)	B. 60 (Clignancourt)	60 (Clignancourt).
Charles-Bertheau (passage)	B. 63 (Gare d'Ivry)	65 (Gobelins).
Charles-Dallery (passage)	**6**.	21 (Bastille).
Charles-Nodier (rue)	B. 67 (Montmartre)	68 (Rochechouart).
Charles V (rue)	**7**.	21 (Bastille).
Charlet (rue)	**8**.	43 (Littré).
Charlot (rue)	**5**.	
1 à 37, 2 à 44	. . . .	07 (Haudriettes).
Au-dessus	. . . .	05 (Pl. de la République).
Charmilles (impasse des)	B. 72 (Plaisance)	75 (Vaugirard).
Charolais (passage et rue du) . . .	B. 56 (Bercy)	93 (Gare de Lyon).

NOMS DES RUES, BOULEVARDS, ETC.	RAYONS OU BUREAUX DE DISTRIBUTION des correspondances postales.	BUREAUX DE DISTRIBUTION des télégrammes.
Charonne (boulevard de):		
1 à 7, 2 à 10...............	B. 75 (Saint-Mandé).	
Au-dessus...............	B. 59 (Charonne).	
1 à 83, 2 à 44...........	....	73 (Bel-Air).
Au-dessus............	....	87 (Alexandre-Dumas).
Charonne (rue de)........	6.	
1 à 69, 2 à 78.........	....	21 (Bastille).
Au-dessus...........	....	87 (Alexandre-Dumas).
Charonne (villa de)........	B. 59 (Charonne).......	59 (Charonne).
Charras (rue)..........	2............	18 (Place du Havre).
Charraud (cité).........	B. 55 (Belleville).......	79 (Rotonde Villette).
Chartière (impasse ou rue)......	7............	06 (Luxembourg).
Chartres (galerie et péristyle de)..	11............	11 (Théâtre-Français).
Chartres (rue de)..........	B. 58 (Chapelle).......	58 (La Chapelle).
Chartreux (rue des)........	8............	38 (Claude-Bernard).
Chasseloup-Laubat (rue projetée)..	B. 67 (Montmartre).....	60 (Clignancourt).
Chasseurs (avenue des).........	B. 66 (Monceaux).......	66 (Meissonnier).
Château (rue du):		
1 à 39, 2 à 40.............	B. 75 (Vaugirard).	
41 à 123, 42 à 122...........	B. 72 (Plaisance).	
Au-dessus...............	B. 69 (Montrouge).	
1 à 45, 2 à 44...........	....	43 (Littré).
Au-dessus............	....	72 (Plaisance).
Châteaubriand (rue et villa de)...	1............	42 (Friedland).
Château-d'Eau (rue du).........	4............	
1 à 11, 2 à 14.............	....	05 (Pl. de la République).
Au-dessus............	....	91 (Boulev. Saint-Denis).
Château-des-Rentiers (rue du)....	B. 63 (Gare d'Ivry).....	63 (Jeanne d'Arc).
Châteaudun (rue de)..........	3............	02 (Milton).
Château-Laffitte (rue de)........	B. 56 (Bercy)..........	57 (Bercy).
Château-Landon (rue de)........	4............	26 (Gare du Nord).
Château-Rouge (place du).......	B. 67 (Montmartre).....	68 (Rochechouart).
Châtelain (rue)..............	B. 72 (Plaisance).......	72 (Plaisance).

NOMS DES RUES, BOULEVARDS, ETC.	RAYONS OU BUREAUX DE DISTRIBUTION des correspondances postales.	BUREAUX DE DISTRIBUTION des télégrammes.
Châtelet (impasse et passage)	B. 54 (Batignolles).	61 (Legendre).
Châtelet (place du).	11.	17 (Halles).
Châtillon (avenue et impasse de). .	B. 69 (Montrouge).	69 (Montrouge).
Chat-qui-pêche (rue du).	7.	25 (Saint-Michel).
Chauchat (rue).	3.	01 (Bourse).
Chaudron (rue).	4.	26 (Gare du Nord).
Chaufourniers (impasse et rue des).	B. 55 (Belleville).	79 (Rotonde Villette).
Chaume (rue du).	6.	13 (Hôtel de Ville).
Chaussée-d'Antin (rue de la).	2.	
1 à 13, 2 à 26.	. . . .	89 (Grand Hôtel).
Au-dessus.		18 (Place du Havre).
Chaussin (passage).	B. 73 (Saint-Mandé)	73 (Bel-Air).
Chausson (impasse).	4.	39 (Écluses Saint-Martin).
Chausson (passage).	4.	05 (Pl. de la République).
Chauveau-Lagarde (rue).	2.	03 (Madeleine).
Chauvelot (boulevard et rue)	B. 72 (Plaisance).	75 (Vaugirard).
Chazelles (rue de).	B. 66 (Monceaux).	66 (Meissonnier).
Chemins de fer (Direction générale des)	9, ...	44 (Central).
Administration.	4.	26 (Gare du Nord).
Ateliers.	B. 58 (Chapelle)	58 (La Chapelle).
Embarcadère.	4.	26 (Gare du Nord).
de l'Est. Gare d'Aubervilliers . . .	B. 76 (Villette 1°).	76 (Crimée).
Gare aux charbons. . . .	B. 58 (Chapelle).	58 (La Chapelle).
Gare des marchandises.	B. 76 (Villette 1°).	79 (Rotonde-Villette).
Station de l'Est-Ceinture.	B. 76 (Villette 1°).	76 (Crimée).
de l'État. Administration.	3.	02 (Milton).
Administration	2.	18 (Place du Havre).
de Lyon-Méditerranée. Ateliers et dépôt	B. 56 (Bercy).	93 (Gare de Lyon).
Embarcadère.	6.	93 (Gare de Lyon).
Gare des marchandises.	B. 56 (Bercy).	57 (Bercy).
Service de la voie	6.	93 (Gare de Lyon).
Stat. de Bercy-Ceinture.	B. 56 (Bercy).	57 (Bercy).

NOMS DES RUES, BOULEVARDS, ETC.	RAYONS OU BUREAUX DE DISTRIBUTION des correspondances postales.	BUREAUX DE DISTRIBUTION des télégrammes.
Chemins de fer (Suite.)		
du Midi. *Administration*	**2**	89 (Grand Hôtel).
du Nord. *Administration*	**4**	26 (Gare du Nord).
Embarcadère	**4**	26 (Gare du Nord).
Gare aux charbons	B. 58 (Chapelle).	58 (La Chapelle).
Gare des marchandises	B. 58 (Chapelle).	58 (La Chapelle).
Station de Nord-Ceinture	B. 58 (Chapelle).	58 (La Chapelle).
d'Orléans. *Administration*	**2**	18 (Place du Havre).
Bureau central	**11**	90 (Hôtel des Postes).
Direction et exploitation	**7**	33 (Boulev. de l'Hôpital).
Embarcadère	**7**	33 (Boulev. de l'Hôpital).
Gare des marchandises	B. 63 (Gare d'Ivry).	63 (Jeanne d'Arc).
Station d'Orléans-Ceinture	B. 63 (Gare d'Ivry).	63 (Jeanne d'Arc).
de l'Ouest. **St-Laz.** *Administration*	**2**	18 (Place du Havre).
Embarcadère	**2**	18 (Place du Havre).
Gare des marchandises	B. 54 (Batignolles).	54 (Batignolles).
Mt-Parn. *Embarcadère*	**8**	43 (Littré).
Gare des marchandises	B. 75 (Vaugirard).	75 (Vaugirard).
Station de l'Ouest-Ceint.	B. 69 (Montrouge).	72 (Plaisance).
Versail. *Embarcadère. Rive droite*	**2**	18 (Place du Havre).
Embarcadère. Rive gauche	**8**	43 (Littré).
Saint-Germain. — *Embarcadère*	**2**	18 (Place du Havre).
Champ de Mars. — *Embarcadère*	**9**	64 (Grenelle).
de Paris à Sceaux et à Limours. *Administration*	**2**	18 (Place du Havre).
Embarcadère	B. 69 (Montrouge).	69 (Montrouge).
Station de Sceaux-Ceinture	B. 65 (Maison-Blanche).	69 (Montrouge).
de Vincennes. *Administration*	**4**	26 (Gare du Nord).
Embarcadère	**6**	21 (Bastille).
Stations Bel-Air	B. 73 (Saint-Mandé).	73 (Bel-Air).
Stations Reuilly	B. 56 (Bercy).	23 (Citeaux).

NOMS DES RUES, BOULEVARDS, ETC.	RAYONS OU BUREAUX DE DISTRIBUTION des correspondances postales.	BUREAUX DE DISTRIBUTION des télégrammes.
Administration	2	18 (Place du Havre).
Auteuil	B. 53 (Auteuil)	53 (Auteuil).
Avenue de Clichy	B. 54 (Batignolles)	61 (Legendre).
Avenue de St-Ouen	B. 54 Batignolles)	61 (Legendre).
Avenue du Trocadéro	B. 71 (Passy 2e)	78 (Dufrénoy).
Avenue de Vincennes	B. 73 (Saint-Mandé)	73 (Bel-Air).
Batignolles (les)	B. 66 (Monceaux)	66 (Meissonnier).
Bel-Air-Ceinture	B. 73 (Saint-Mandé)	73 (Bel-Air).
Belleville-Villette	B. 77 (Villette 2e)	99 (Marché aux bestiaux).
Boulevard Ornano	B. 60 (Clignancourt) . . .	60 (Clignancourt).
Chapelle-St-Denis (la)	B. 58 (Chapelle)	58 (La Chapelle).
Charonne	B. 59 (Charonne)	59 (Charonne).
Charonne (marchandises) . .	B. 73 (Saint-Mandé)	73 (Bel-Air).
Courcelles-Ceinture	B. 66 (Monceaux)	66 (Meissonnier).
Courcelles-Levallois	B. 66 (Monceaux)	66 (Meissonnier).
Est-Ceinture	B. 76 (Villette 1e)	76 (Crimée).
Glacière-Gentilly (la)	B. 65 (Maison-Blanche) . .	65 (Gobelins).
Grenelle	B. 64 (Grenelle)	64 (Grenelle).
Maison-Blanche (la)	B. 65 (Maison-Blanche) . .	65 (Gobelins).
Ménilmontant	B. 55 (Belleville)	55 (Belleville).
Montrouge	B. 69 (Montrouge)	69 (Montrouge).
Neuilly-Porte-Maillot	B. 74 (Ternes)	62 (Étoile).
Nord-Ceinture	B. 58 (Chapelle)	58 (La Chapelle).
Orléans-Ceinture	B. 63 (Gare d'Ivry)	63 (Jeanne-d'Arc).
Ouest-Ceinture	B. 69 (Montrouge)	72 (Plaisance).
Passy-la-Muette	B. 70 (Passy 1e)	70 (Passy).
Point-du-Jour (le)	B. 53 (Auteuil)	53 (Auteuil).
Pont-de-Flandre (le)	B. 76 (Villette 1e)	76 (Crimée).
Porte-Dauphine (la)	B. 71 (Passy 2e)	78 (Dufrénoy).
Rapée-Bercy (la)	B. 56 (Bercy)	57 (Bercy).
Vaugirard-Issy	B. 75 (Vaugirard)	75 (Vaugirard).
Villette-Marchandises	B. 77 (Villette 2e)	79 (Rotonde-Villette).

Chemin de fer de Ceinture.

Gares ou stations.

NOMS DES RUES, BOULEVARDS, ETC.	RAYONS ou BUREAUX DE DISTRIBUTION des correspondances postales.	BUREAUX DE DISTRIBUTION des télégrammes.
Chemin-Vert (passage du).......	5.....	21 (Bastille).
Chemin-Vert (rue du).........	5.	
1 à 51, 2 à 56.............	....	21 (Bastille).
Au-dessus...............	....	36 (Voltaire).
Chêne-Vert (cour du).........	6.....	21 (Bastille).
Chénier (rue)...'.........	10........	01 (Bourse).
Cher (rue du).............	B. 59 (Charonne)......	59 (Charonne).
Cherbourg (galerie ou passage de).	2...........	18 (Place du Havre).
Cherche-Midi (rue du).........	9.	
1 à 49, 2 à 54.............	....	10 (Vieux-Colombier).
Au-dessus...............	....	43 (Littré).
Chéreau (rue).............	B. 65 (Maison-Blanche).	65 (Gobelins).
Chéroy (rue de)...........	B. 66 (Monceaux)......	66 (Meissonnier).
Chérubini (rue)...........	11............	01 (Bourse).
Cheval-Blanc (cour ou passage du).	6...........	21 (Bastille).
Chevaleret (rue du)..........	B. 63 (Gare d'Ivry).....	63 (Jeanne-d'Arc).
Chevaliers (impasse des)........	B. 55 (Belleville).......	55 (Belleville).
Chevert (rue).............	9...........	27 (Gros-Caillou).
Cheverus (rue de)..........	2...........	18 (Place du Havre).
Chevet (rue du)...........	5...........	05 (Pl. de la République).
Chevreul (rue).............	6...........	23 (Citeaux).
Chevreuse (rue de)..........	8...........	43 (Littré).
Cheysson (passage)...........	B. 53 (Auteuil)........	53 (Auteuil).
Chimay (cité).............	B. 60 (Clignancourt)....	60 (Clignancourt).
Chine (impasse de la)..........	B. 59 (Charonne)......	55 (Belleville).
Chine (rue de la).............	....	
De 1 à 29, 2 à 24.............	B. 59 (Charonne).	
Au-dessus................	B. 55 (Belleville).	
1 à 3, 2 à 4.............	....	59 (Charonne).
Au-dessus................	....	55 (Belleville).
Choiseul (passage et rue de)....	2............	01 (Bourse).

NOMS DES RUES, BOULEVARDS, ETC.	RAYONS ou BUREAUX DE DISTRIBUTION des correspondances postales.	BUREAUX DE DISTRIBUTION des télégrammes.
Choisy (avenue de)...............	....	65 (Gobelins).
Numéros impairs.............	B. 65 (Maison-Blanche).	
Numéros pairs..............	B. 63 (Gare d'Ivry).	
Chomel (rue)...................	9...............	10 (Vieux-Colombier).
Choquet (impasse).............	B. 76 (Villette 1ᵉ)......	76 (Crimée).
Choron (rue)...................	3..............	02 (Milton).
Christi (impasse)...............	B. 54 (Batignolles)....	61 (Legendre).
Christiani (rue)...............	B. 67 (Montmartre).....	68 (Rochechouart).
Christine (rue)................	8..............	25 (Saint-Michel).
Christophe-Colomb (rue)........	1.............	34 (Marceau).
Cibiel (impasse)..............	B. 75 (Vaugirard)......	75 (Vaugirard).
Cicé (rue de)..................	8...............	43 (Littré).
Cimarosa (rue)................	B. 71 (Passy 2ᵉ).......	71 (Victor-Hugo).
Cimetières Auteuil (d').............	B. 53 (Auteuil)........	53 (Auteuil).
Belleville (de).............	B. 55 (Belleville)......	55 (Belleville).
Bercy (de)...............	B. 56 (Bercy).........	57 (Bercy).
Chapelle-Saint-Denis (de la)...	B. 58 (Chapelle).......	58 (La Chapelle).
Charonne (de).............	B. 59 (Charonne).....	59 (Charonne).
Est (de l') ou du Père-Lachaise.	B. 59 (Charonne)......	59 (Charonne).
Grenelle (de).............	B. 64 (Grenelle).......	64 (Grenelle).
Nord (du) ou Montmartre.....	B. 67 (Montmartre).....	84 (Boulevard de Clichy).
Passy (de)...............	B. 70 (Passy 1ᵉ).......	70 (Passy).
Saint-Vincent-de-Montmartre...	B. 60 (Clignancourt)....	60 (Clignancourt).
Sud (du) ou Mont-Parnasse....	B. 69 (Montrouge).....	43 (Littré).
Vaugirard (de).............	B. 75 (Vaugirard)......	75 (Vaugirard).
Villette (de la).............	B. 77 (Villette 2ᵉ).....	99 (Marché aux bestiaux).
Cimetière-du-Nord (avenue du)...	B. 67 (Montmartre).....	84 (Boulevard de Clichy).
Cimetière-Saint-Benoît (rue du)...	7.............	06 (Luxembourg).
Cinq-Diamants (rue des)........	B. 65 (Maison-Blanche)..	65 (Gobelins).
Cinq-Maisons (carrefour des).....	B. 64 (Grenelle).......	64 (Grenelle).
Cirque (rue du).............	1.............	92 (Boissy-d'Anglas).
Ciseaux (rue des).............	8.............	15 (Bonaparte).

NOMS DES RUES, BOULEVARDS, ETC.	RAYONS ou BUREAUX DE DISTRIBUTION des correspondances postales.	BUREAUX DE DISTRIBUTION des télégrammes.
Cité (quai et rue de la)..........	7.............	25 (Saint-Michel).
Cîteaux (rue de)..............	6...........	23 (Cîteaux).
Civiale (rue).................	4...........	40 (Ménilmontant).
Civry (rue de)...............	B. 53 (Auteuil)........	53 (Auteuil).
Clairaut (rue)................	B. 54 (Batignolles).....	54 (Batignolles).
Clairvaux (impasse de).........	11............	17 (Halles).
Clapeyron (rue)...............	2............	84 (Boulevard de Clichy).
Claude-Bernard (rue)..........	7.	
1 à 43, 2 à 70.............	....	29 (Monge).
Au-dessus...............	....	38 (Claude-Bernard).
Claude-Decaen (rue)..........	B. 56 (Bercy)........	57 (Bercy).
Claude-Lorrain (avenue, impasse et rue).................	B. 53 (Auteuil)........	53 (Auteuil).
Claude-Pouillet (rue)...........	B. 66 (Monceau).......	66 (Meissonnier).
Claude-Vellefaux (rue)..........	4...........	39 (Écluse Saint-Martin).
Clauss (impasse).............	B. 55 (Belleville).....	55 (Belleville).
Clauzel (rue).................	3...........	02 (Milton).
Clavel (rue)..................	B. 55 (Belleville)......	55 (Belleville).
Clef (rue de la)..............	7............	29 (Monge).
Clément (rue)................	8............	06 (Luxembourg).
Clément-Marot (rue)..........	1............	45 (Champs-Élysées).
Cler (rue)...................	9...........	27 (Gros-Caillou).
Cléry (rue de)...............	10..........	01 (Bourse).
Clichy (avenue de)............	B. 54 (Batignolles)....	
1 à 55, 2 à 64.............	....	84 (Boulevard de Clichy).
Au-dessus...............	....	54 (Batignolles).
Clichy (boulevard de)..........	B. 67 (Montmartre)....	
1 à 57, 2 à 80.............	....	67 (Abbesses).
Au-dessus...............	....	84 (Boulevard de Clichy).
Clichy (impasse, passage et place de).	B. 54 (Batignolles).....	84 (Boulevard de Clichy).
Clichy (rue de)...............	2.	
1 à 37, 2 à 46.............	....	18 (Place du Havre).
Au-dessus...............	....	84 (Boulevard de Clichy).

NOMS DES RUES, BOULEVARDS, ETC.	RAYONS OU BUREAUX DE DISTRIBUTION des correspondances postales.	BUREAUX DE DISTRIBUTION des télégrammes.
Clignancourt (rue de):		
1 à 89, 2 à 84..............	B. 67 (Montmartre).....	68 (Rochechouart).
Au-dessus..............	B. 60 (Clignancourt)....	60 (Clignancourt).
Clignancourt (impasse)	B. 60 (Clignancourt).	60 (Clignancourt).
Clisson (rue)...............	B. 63 (Gare d'Ivry).....	63 (Jeanne-d'Arc).
Cloche (rue de la)............	B. 59 (Charonne)......	55 (Belleville).
Cloche-Perce (rue)............	7............	13 (Hôtel de Ville)
Cloître-Notre-Dame (rue du)......	7............	25 (Saint-Michel).
Cloître-Saint-Merri (rue du)......	11............	13 (Hôtel de Ville).
Clopin (impasse et rue).........	7............	28 (Halle aux vins).
Clos (rue du)	B. 59 (Charonne)......	59 (Charonne).
Clos-Bruneau (passage du).......	7............	28 (Halle aux vins).
Clos-Feuquières (passage du).....	B. 75 (Vaugirard).,....	75 (Vaugirard).
Clos-Payen (le) et (passage du) ...	7............	29 (Monge).
Clos-Vougeot (rue du)..........	B. 56 (Bercy)........	57 (Bercy.)
Clotaire (rue)...............	7............	06 (Luxembourg).
Clotilde (rue)...............	7............	06 (Luxembourg).
Clotilde (villa)	B. 53 (Auteuil).......	53 (Auteuil).
Clovis (rue)...............	7............	28 Halle aux vins).
Cloys (impasse, passage et rue des).	B. 60 (Clignancourt)...	60 (Clignancourt).
Cluny (rue de).............	8............	25 (Saint-Michel).
Cochin (rue)...............	7............	28 (Halle aux Vins).
Coëtlogon (rue).............	8............	10 (Vieux-Colombier).
Cœur-de-Vey (impasse).........	B. 69 (Montrouge).....	69 (Montrouge).
Cognac (rue de).	B. 56 (Bercy)........	57 (Bercy).
Colbert (galerie, passage et rotonde).	11............	01 (Bourse).
Colbert (rue)	10............	01 (Bourse).
Coligny (rue de) projetée........	7............	21 (Bastille).
Colin (cité), xₑ arr	6............	36 (Voltaire).
Colisée (rue du).............	1............	45 (Champs-Élysées).
Collèges ou Lycées. Chaptal...........	B. 66 (Monceaux)......	84 (Boulevard de Clichy).
Collèges ou Lycées. Charlemagne........	6............	13 (Hôtel de Ville),
Collèges ou Lycées. Condorcet (petit collège).	2............	84 (Boulevard de Clichy).

NOMS DES RUES, BOULEVARDS, ETC.	RAYONS ou BUREAUX DE DISTRIBUTION des correspondances postales.	BUREAUX DE DISTRIBUTION des télégrammes.
Condorcet *(Fontanes)* ..	2.	18 (Place du Havre).
Fénélon	8.	25 (Saint-Michel).
France *(de)*	7.	06 (Luxembourg).
Henri IV *(Corneille)* ..	7.	28 (Halle aux Vins).
Irlandais *(des)*	7.	38 (Claude-Bernard).
Jansoh-de-Sailly	B. 71 (Passy 2°)	71 (Victor-Hugo).
Louis-le-Grand *(Descartes)*	8.	06 (Luxembourg).
Louis-le-Grand *(Petit Collège)*	8.	38 (Claude-Bernard).
Rollin.	3.	68 (Rochechouart).
Sévigné.	8.	06 (Luxembourg).
Stanislas.	8.	43 (Littré).
Sainte-Barbe	7.	06 (Luxembourg).
Saint-Louis *(Monge)* ..	8.	06 (Luxembourg).
Collège-de-France (place du)	7.	25 (Saint-Michel).
Collégiale (rue de la)	7.	29 (Monge).
Collin (passage), *ix° arr.*	3.	67 (Abbesses).
Collineau (impasse ou rue)	B. 72 (Plaisance)	75 (Vaugirard).
Colmar (rue de)	B. 77 (Villette 2°)	99 (Marché aux bestiaux).
Colombe (rue de la)	7.	25 (Saint-Michel).
Colonel Oudot (rue du)	B. 73 (Saint-Mandé) . . .	73 (Bel-Air).
Colonie (rue de la)	B. 65 (Maison-Blanche) .	65 (Gobelins).
Colonnes (rue des)	10.	01 (Bourse).
Colonnes-du-Trône (rue des)	B. 73 (Saint-Mandé)	73 (Bel-Air).
Combes (rue)	9.	27 (Gros-Caillou).
Comète (rue de la)	9.	27 (Gros-Caillou).
Commaille (rue de)	9.	10 (Vieux-Colombier).
Commandant-Rivière (rue du)	1.	45 (Champs-Élysées).
Commandeur (passage et rue du) ..	B. 69 (Montrouge)	69 (Montrouge).
Commerce (place et rue du)	B. 64 (Grenelle)	64 (Grenelle).
Commerce-Charenton (cour du), ..	6.	21 (Bastille).

Collèges ou Lycées (Suite.)

4.

NOMS DES RUES, BOULEVARDS, ETC.	RAYONS OU BUREAUX DE DISTDIBUTION des correspondances postales.	BUREAUX DE DISTRIBUTION des télégrammes.
Commerce-du-Temple (cour du)...	5............	05 (Pl. de la République).
Commerce-Saint-André (cour et pass. ou galerie du)..............	8............	25 (Saint-Michel).
Commines (rue)...............	5............	05 (Pl. de la République).
Commissaires-priseurs (Hôtel des)...	3............	01 (Bourse).
Compans (cité ou villa, imp. et rue).	B. 55 (Belleville)......	55 (Belleville).
Compiègne (rue de)...........	4............	26 (Gare du Nord).
Compoint (impasse)...........	B. 54 (Batignolles).....	61 Legendre).
Compoint-Jeune (impasse).......	B. 54 (Batignolles).....	61 (Legendre).
Conard (impasse).............	B. 72 (Plaisance)......	75 (Vaugirard).
Concorde (place de la).........	1............	92 (Boissy-d'Anglas).
Condé (rue de)...............	8............	06 (Luxembourg).
Condillac (rue)...............	5............	40 (Ménilmontant).
Condition des laines et des soies.....	10............	01 (Bourse).
Condorcet (cité et rue)	3............	68 (Rochechouart).
Conférence (quai de la)........	1............	92 Boissy-d'Anglas).
Confiance (impasse de la).......	B. 59 (Charonne)......	59 (Charonne).
Congo (rue du)...............	B. 56 (Bercy)........	93 (Gare de Lyon).
Conseil d'État................	11............	11 (Théâtre Français).
Conseil de Préfecture...........	7............	25 (Saint-Michel).
Conseil de santé des armées.......	9............	44 (Central).
Conseil de guerre..............	9............	10 (Vieux-Colombier).
Conservatoire (rue du).........	3............	48 (Sainte-Cécile).
Conservatoire de Musique........	4............	48 (Sainte-Cécile).
Conservatoire des Arts et Métiers....	11............	91 (Boulevard St-Denis).
Consistoires { *Central israélite*	3............	02 (Milton).
Israélite de la circonsc.ᵉᵛ de Paris.	3............	05 (Pl. de la République).
Protestants de la confession d'Augsbourg ou Luthériens (des)..............	3............	01 (Bourse).
Protestants réformés ou Calvinistes (des)............	11............	11 (Théâtre Français).
Constance (avenue). [Cité Doré]...	7............	63 (Jeanne-d'Arc).

NOMS DES RUES, BOULEVARDS, ETC.	RAYONS OU BUREAUX DE DISTRIBUTION des correspondances postales.	BUREAUX DE DISTRIBUTION des télégrammes.
Constance (rue)............	B. 67 (Montmartre)....	67 (Abbesses).
Constance (villa).............	B. 71 (Passy 2ᵉ).......	62 (Étoile).
Constantine (rue de)	9............	44 (Central).
Constantinople (rue de)	2............	37 (Europe).
Constant-Philippe (av.). [Cité Doré].	7............	63 (Jeanne-d'Arc).
Angleterre (d')...........	1............	92 Boissy-d'Anglas).
Argentine (de la Confédération).	1............	01 (Bourse).
Autriche-Hongrie (d')......	3............	02 (Milton).
Belgique (de).............	1............	45 (Champs-Élysées).
Bolivie (de).............	4............	48 (Sainte-Cécile).
Brésil (du).............	3............	02 (Milton).
Chili (du).............	1............	42 (Friedland).
Colombie (de)	9............	10 (Vieux-Colombier).
Costa-Rica (de)...........	4............	26 (Gare du Nord).
Danemark (de)...........	4............	48 (Sainte Cécile).
Dominicaine (de la République).	2............	18 (Pl. du Havre).
Équateur (de l')...........	3............	89 (Grand-Hôtel).
Espagne (d')............	9............	44 (Central).
États-Unis (des)...........	2............	01 (Bourse).
États-Unis mexicains (des)...	3............	02 (Milton).
Grèce (de).............	3............	01 (Bourse).
Guatemala (de)...........	3............	01 (Bourse).
Haïti (d').............	3............	02 (Milton).
Hawaï (d').............	2............	89 (Grand-Hôtel).
Honduras (de)...........	B. 71 (Passy 2ᵉ)......	71 (Victor Hugo)
Italie (d').............	1............	37 (Europe).
Libéria (de).............	4............	26 (Gare du Nord).
Luxembourg (du)..........	1............	89 (Grand-Hôtel)
Nicaragua (de)	2............	02 (Milton).
Paraguay (du)............	3............	02 (Milton).
Pays-Bas (des)	1............	27 (Gros-Caillou).
Pérou (du)	1............	18 (Pl. du Havre).

Consulats

NOMS DES RUES, BOULEVARDS, ETC.	RAYONS OU BUREAUX DE DISTRIBUTION des correspondances postales.	BUREAUX DE DISTRIBUTION des télégrammes.
Perse (de)..............	**1**............	45 (Champs-Élysées).
Portugal (de)...........	**1**............	45 (Champs-Élysées).
Russie (de).............	**9**............	44 (Central).
San-Salvador (de).......	**3**............	02 (Milton).
Siam (de)...........	**1**............	47 (Haussmann).
Suède et Norvège (de)......	**2**............	03 (Madeleine).
Turquie (de)..........	**1**............	02 (Milton).
Uruguay (de l')..	**1**............	34 (Montceau).
Vénézuela (de)...........	**2**............	03 (Madeleine).
Zanzibar (de)...........	**3**............	02 (Milton).
Conté (rue).............	**5**............	91 (Boulevard St-Denis).
Conti (impasse et quai de).......	**8**............	25 (Saint-Michel).
Contrescarpe (boulevard de la)....	**6**............	21 (Bastille).
Contrescarpe (place de la).......	**7**............	28 (Halle aux vins).
Contributions directes (Direction générale des).................	**1**............	11 (Théâtre-Français).
Contributions directes du département de la Seine (Direction des)......	**7**............	28 (Halle aux vins).
Contributions indirectes (Direction générale des).................	**1**............	11 (Théâtre-Français).
Contributions indirectes du département de la Seine (Direction des)	**11**............	03 (Madeleine).
Cope (impasse)	**B. 54** (Batignolles).....	61 (Legendre).
Copenhague (rue de)..........	**2**............	37 (Europe).
Copernic (rue et villa)..........	**B. 71** (Passy 2°).......	71 (Victor Hugo).
Copreau (rue).............	**B. 75** (Vaugirard)......	75 (Vaugirard).
Coq (avenue du), IXᵉ _arr_.......	**2**............	18 (Place du Havre).
Coq (cour du), XIᵉ _arr_..........	**5**............	21 (Bastille).
Coq (impasse ou rue du), IVᵉ _arr_..	**7**............	13 (Hôtel de Ville).
Coq-Héron (rue)..............	**10**............	90 (Hôtel des Postes).
Coquillière (rue).............	**11**............	90 (Hôtel des Postes).
Corbeau (passage et rue)........	**4**............	05 (Pl. de la République).
Corbes (passage).............	**B. 56** (Bercy)........	57 (Bercy).

Consulats (Suite.) — (bracket covering the first ten rows: Perse to Zanzibar)

NOMS DES RUES, BOULEVARDS, ETC.	RAYONS ou BUREAUX DE DISTRIBUTION des correspondances postales.	BUREAUX DE DISTRIBUTION des télégrammes.
Corbineau (rue)..............	B. 56 (Bercy).........	57 (Bercy).
Cordelières (rue des)...........	7.............	29 (Monge).
Corderie (rue de la)...........	5.............	05 (Pl. de la République).
Cordiers (rue des)............	8.............	06 (Luxembourg).
Corneille (rue)...............	8.............	06 (Luxembourg).
Cornes (rue des).............	7.............	29 (Monge).
Corot (rue).................	B. 53 (Auteuil).......	53 (Auteuil).
Corton (rue de).............	B. 56 (Bercy)........	57 (Bercy).
Cortot (rue)................	B. 60 (Clignancourt)...	67 (Abbesses).
Corvetto (rue)...............	1.............	47 (Haussmann).
Corvisart (rue)..............	7.............	29 (Monge).
Cossonnerie (rue de la)........	11............	17 (Halles).
Côte-d'Or (rue de la).........	7.............	28 (Halle aux Vins).
Cotentin (rue du)............	B. 75 (Vaugirard)......	75 (Vaugirard).
Cothenet (impasse)	B. 71 (Passy 2°).......	78 (Dufrenoy).
Cotte (rue de)..............	6.............	23 (Citeaux).
Cottin (passage).............	B. 67 (Montmartre)....	68 (Rochechouart).
Coudriers (impasse des)	B. 59 (Charonne)......	55 (Belleville).
Couesnon (rue)..............	B. 69 (Montrouge).....	72 (Plaisance).
Coulmiers (rue de)...........	B. 69 (Montrouge)....	69 (Montrouge).
Couprie (rue)...............	B. 69 (Montrouge)....	72 (Plaisance).
Courat (rue)................	B. 59 (Charonne)......	59 (Charonne).
Courcelles (boulevard de) :		
1 à 53, 2 à 96..............	B. 66 (Monceaux)......	
Au-dessus.................	B. 74 (Ternes)........	
1 à 51, 2 à 92..............	....	66 (Meissonnier).
Au-dessus.................	....	74 (Ternes).
Courcelles (rue de) :		
1 à 77, 2 à 94..............	1.............	
Au-dessus.................	B. 74 (Ternes)........	
1 à 45, 2 à 46..............	....	47 (Haussmann).
47 à 77, 48 à 94............	....	42 (Friedland).
Au-dessus.................	....	74 (Ternes).

NOMS DES RUES, BOULEVARDS, ETC.	RAYONS OU BUREAUX DE DISTRIBUTION des correspondances postales.	BUREAUX DE DISTRIBUTION des télégrammes.
Cour-des-Fontaines (passage de la) .	11	11 (Théâtre-Français).
Cour-des-Miracles (passage de la) . .	10	01 (Bourse).
Cour-des-Noues (rue de la)	B. 59 (Charonne)	59 (Charonne).
Couronnes (impasse et rue des) . . .	B. 55 (Belleville)	40 (Ménilmontant).
Cours . . . . { Appel (d')	7	25 (Saint-Michel).
Cassation (de)	7	25 (Saint-Michel).
Comptes (des)	11	11 (Théâtre-Français).
Cours-la-Reine (le)	1	45 (Champs-Élysées).
Courtalon (rue)	11	17 (Halles).
Courtois (passage)	6	87 (Alexandre-Dumas).
Courty (rue de)	9	44 (Central).
Coustou (rue)	B. 67 (Montmartre)	67 (Abbesses).
Coutellerie (rue de la)	11	13 (Hôtel de ville).
Coutures-Saint-Gervais (rue des) . .	6	07 (Haudriettes).
Couvents. { Abbaye-aux-Bois (de l')	9	10 (Vieux-Colombier).
Dames Saint-Michel (des)	8	38 (Claude-Bernard).
Lazaristes (des)	9	44 (Central).
Oiseaux (des)	9	44 (Central).
Sacré-Cœur (du)	9	44 (Central).
Saint-Joseph-de-Cluny	7	69 (Montrouge).
Saint-Thomas-de-Villeneuve . . .	9	10 (Vieux-Colombier).
Saint-Vincent-de-Paul ou des Filles-de-la-Charité	9	44 (Central).
Visitation (de la)	8	43 (Littré).
Coypel (rue)	7	65 (Gobelins).
Crébillon (rue de)	8	06 (Luxembourg).
Crédit Foncier de France	2	81 (Crédit Foncier).
Crédit Lyonnais	2	08 (Choiseul).
Crépier (cour)	B. 56 (Bercy)	57 (Bercy).
Crespin (rue)	5	40 (Ménilmontant).
Crétet (rue)	3	68 (Rochechouart).
Crevaux (rue)	B. 71 (Passy 2°)	71 (Victor-Hugo).
Crillon (rue de)	7	21 (Bastille).

NOMS DES RUES, BOULEVARDS, ETC.	RAYONS OU BUREAUX DE DISTRIBUTION des corespondances postales.	BUREAUX DE DISTRIBUTION des télégrammes.
Crimée (passage de)	B. 76 (Villette 1°)	76 (Crimée).
Crimée (rue de) :		
1 à 35, 2 à 60	B. 55 (Belleville)	
79 à 157, 80 à 158	B. 77 (Villette 2°)	
Au-dessus	B. 76 (Villette 1°)	
1 à 31, 2 à 88	. . . .	55 (Belleville).
33 à 157, 90 à 158		79 (Rotonde-Villette).
Au-dessus		76 (Crimée).
Crins (impasse des)	B. 59 (Charonne)	59 (Charonne).
Croisades (rue des)	B. 72 (Plaisance)	72 (Plaisance).
Croissant (rue du)	10	01 (Bourse).
Croix-des-Petits-Champs (rue). . . .	11	90 (Hôtel des Postes).
Croix-Jarry (impasse de la)	B. 63 (Gare d'Ivry)	63 (Jeanne-d'Arc).
Croix-Nivert (passage)	B. 75 (Vaugirard)	64 (Grenelle).
Croix-Nivert (rue) :		
1 à 81, 2 à 150	B. 64 (Grenelle)	
Au-dessus	B. 75 (Vaugirard)	
1 à 185, 2 à 194	. . . .	64 (Grenelle).
Au-dessus	. . . .	75 (Vaugirard).
Croix-Rouge (carrefour ou place de la)	9	10 (Vieux-Colombier).
Croix-Saint-Simon (rue de la)	B. 59 (Charonne)	59 (Charonne).
Crouin (passage)	7	63 (Jeanne-d'Arc).
Croulebarbe (rue)	7	65 (Gobelins).
Crouslé (allée)	B. 67 (Montmartre)	67 (Abbesses).
Crozatier (impasse et rue)	6	23 (Citeaux).
Crussol (cité et rue de)	5	05 (Pl° de la République).
Cugnot (rue)	B. 58 (Chapelle)	58 (La Chapelle).
Cujas (rue)	8	06 (Luxembourg).
Le n° 2 seulement	7	
Cultes (Administration des)	9	44 (Central).
Cunin-Gridaine (rue)	11	07 (Haudriettes).
Cure (impasse et rue de la)	B. 53 (Auteuil)	53 (Auteuil).

NOMS DES RUES, BOULEVARDS, ETC.	RAYONS ou BUREAUX DE DISTRIBUTION des correspondances postales.	BUREAUX DE DISTRIBUTION des télégrammes.
Curé (impasse ou ruelle du)......	B. 58 (Chapelle).......	58 (La Chapelle).
Curial (rue).................	B. 76 (Villette 1°)......	76 (Crimée).
Custine (rue)................	B. 67 (Montmartre)....	68 (Rochechouart).
Cuvier (rue).................	7.............	28 (Halle aux vins).
Cygne (rue du)................	10............	17 (Halles).
Cygnes (allée ou ile des).......	B. 64 (Grenelle).......	64 (Grenelle).
D		
Dagorno (passage)........	B. 59 (Charonne)......	59 (Charonne).
Daguerre (rue et villa).........	B. 69 (Montrouge).....	69 (Montrouge).
Dalayrac (rue)................	2............	01 (Bourse).
Dames (rue des).............		
1 à 89, 2 à 78.............	B. 54 (Batignolles).....	
Au-dessus..................	B. 66 (Monceaux)......	
1 à 79, 2 à 76.............	....	54 (Batignolles).
Au-dessus	....	66 (Meissonier).
Dames (villa des)............	8............	43 (Littré).
Damesme (impasse et rue)........	B. 65 (Maison-Blanche)..	65 (Gobelins).
Damiette (rue de)............	10............	01 (Bourse).
Damoye (cour *ou* passage)........	6............	21 (Bastille).
Dampierre (rue).............	B. 76 (Villette 1°)......	76 (Crimée).
Damrémont (rue).............	....	60 (Clignancourt).
1 à 49, 2 à 50	B. 67 (Montmartre).....	
Au-dessus	B. 60 (Clignancourt)....	
Dancourt (cité et place)........	B. 67 (Montmartre)....	68 (Rochechouart).
Dancourt (rue)...............	B. 67 (Montmartre).....	67 (Abbesses).
Dangeau (rue)...............	B. 53 (Auteuil).......	53 (Auteuil).
Danger (impasse).............	B. 60 (Clignancourt)....	60 (Clignancourt).
Dantzig (passage de)........	B. 72 (Plaisance)......	75 (Vaugirard).
Dantzig (rue de).............	....	75 (Vaugirard).
1, 2 et 3.................	B. 75 (Vaugirard).....	
Au-dessus.................	B. 72 (Plaisance)......	

NOMS DES RUES, BOULEVARDS, ETC.	RAYONS OU BUREAUX DE DISTRIBUTION des correspondances postales.	BUREAUX DE DISTRIBUTION des télégrammes.
Danube (place du)............	B. 55 (Belleville).......	55 (Belleville).
Danville (rue)...............	B. 69 (Montrouge).....	69 (Montrouge).
Dany (impasse)..............	2............	18 (Place du Havre).
Darboy (rue)................	5............	05 (Pl⁰ de la République).
Darcet (rue)................	B. 54 (Batignolles).....	84 (Boulevard de Clichy.
Darcy (rue).................	B. 55 (Belleville).......	55 (Belleville).
Dareau (passage et rue)........	B. 69 (Montrouge).....	69 (Montrouge).
Daru (rue)...............	1............	42 (Friedland).
Darwin (rue)...............	B. 60 (Clignancourt)....	60 (Clignancourt).
Daubenton (rue)...........	7............	29 (Monge).
Daubigny (avenue et rue)........	B. 66 (Montceaux).....	66 (Meissonnier).
Daudin (passage)............	B. 75 (Vaugirard)......	64 (Grenelle).
Daumesnil (avenue) [1] :		
1 à 133, 2 à 126,.............	6............	
135 à 253, 128 à fin pairs......	B. 56 (Bercy).........	
255 à fin impairs............	B. 73 (Saint-Mandé)....	
1 à 25, 2 à 26.............	....	21 (Bastille).
27 à 197, 28 à 174...........	....	93 (Gare de Lyon).
Au-dessus.............	....	73 (Bel-Air).
Daumesnil (place)............	B. 56 (Bercy)........	93 (Gare de Lyon).
Daumesnil (villa).............	B. 56 (Bercy)........	73 (Bel-Air).
Daumier (rue)...............	B. 53 (Auteuil)........	53 (Auteuil).
Daunou (rue)...............	2............	89 (Grand-Hôtel).
Dauphine (passage et rue).......	8............	25 (Saint-Michel).
Dauphine (place).............	7............	25 (Saint-Michel).
Dautancourt (rue)...........	B. 54 (Batignolles).....	61 (Legendre).
Daval (rue)...............	5............	21 (Bastille).
David-d'Angers (rue).........	....	55 (Belleville).
1, 3, 5 et 4................	B. 77 (Villette 2°).....	
Le reste................	B. 55 (Belleville)......	

[1] Il existe une nouvelle série de numéros en dehors des fortifications.

NOMS DES RUES, BOULEVARDS, ETC.	RAYONS OU BUREAUX DE DISTRIBUTION des correspondances postales.	BUREAUX DE DISTRIBUTION des télégrammes.
Davoust (boulevard) :		
N° 5.....................	B. 73 (Saint-Maudé).....	
Le reste..................	B. 59 (Charonne)......	
2 à 32...................	....	59 (Charonne).
Le reste..................	....	73 (Bel-Air).
Davy (passage et rue)..........	B. 54 (Batignolles).....	61 (Legendre).
Débarcadère (rue du).........	B. 74 (Ternes)........	62 (Étoile).
Debelleyme (rue)............	5............	
1 à 25, 2 à 34............	....	07 (Haudriettes).
Au-dessus.................	....	05 (Plᵉ de la République).
Deberghe (cité)...........	B. 73 (Saint-Mandé)...	73 (Bel-Air)
Debille (cour ou impasse), XIᵉ arr...	6...........	36 (Voltaire).
Debille (passage), XIIIᵉ arr.....	B. 63 (Gare d'Ivry).....	63 (Jeanne-d'Arc).
Debrousses (rue)............	1...........	34 (Marceau).
Decamps (rue).............	....	71 (Victor-Hugo).
1 à 27, 2 à 16..............	B. 71 (Passy 2°)......	
Au-dessus.................	B. 70 (Passy 1°)......	
Dechambre (passage)........	8...........	43 (Littré).
Déchargeurs (rue des)........	11...........	17 (Halles).
Decrès (impasse et rue)........	B. 72 (Plaisance).....	72 (Plaisance).
Défense (impasse de la).......	B. 54 (Batignolles).....	84 (Boulevard Clichy).
Defis (cour)...............	B. 56 (Bercy)........	57 (Bercy).
Degrés (rue des)............	10...........	01 (Bourse).
Deguerry (rue).............	5...........	05 (Place République).
Dejean (rue)...............	B. 67 (Montmartre).....	68 (Rochechouart).
De la Barre (rue)...........	B. 67 (Montmartre)....	
1 à 33, 2 à 32............	....	68 (Rochechouart).
Au-dessus.................	....	67 (Abbesses).
Delaborde (place)..........	2.........	18 (Place du Havre).
Delaborde (rue).............	2.	
1 à 13, 2 à 10............	....	18 (Place du Havre).
Au-dessus.................	....	47 (Haussmann).
Delaître (rue).............	B. 55 (Belleville)......	40 (Ménilmontant).

NOMS DES RUES, BOULEVARDS, ETC.	RAYONS ou BUREAUX DE DISTRIBUTION des correspondances postales.	BUREAUX DE DISTRIBUTION des télégrammes.
Delambre (rue)..................	8............	43 (Littré).
Delanos (passage).............	4............	26 (Gare du Nord).
Delaroche (rue)...............	B. 70 (Passy 1ᵉ).......	70 (Passy).
Delaunay (impasse)............	6............	87 (Alex. Dumas).
Delbet (rue).................	B. 69 (Montrouge)....	72 (Plaisance).
Delecourt (avenue)............	B. 64 (Grenelle).......	64 (Grenelle).
Delépine (cᵉ), rue de Charonne, 37.	6............	21 (Bastille).
Delépine (impᵉˢ), rue des Boulets, 48	6............	87 (Alex.-Dumas).
Delessert (avenue ou bᵈ), xvɪᵉ arr..	B. 70 (Passy 1ᵉ).......	70 (Passy).
Delessert (passage), xᵉ arr........	4............	26 (Gare du Nord).
Deligny (impasse ou passage)	B. 54 (Batignolles).....	61 (Legendre).
Delorme (passage).............	1............	11 (Théâtre-Français).
Delouvain (rue)...............	B. 55 (Belleville).......	55 (Belleville).
Delta (rue du)................	4............	68 (Rochechouart).
Demarquay (rue)..............	4............	26 (Gare du Nord).
Demours (rue)................	B. 74 (Ternes)........	74 (Ternes).
Denain (boulevard de)..........	4............	26 (Gare du Nord).
Denfert-Rochereau (place)........	B. 69 (Montrouge).....	69 (Montrouge).
Denfert-Rochereau (rue)..........	8............	
1 à 53 2 à 66.............	....	38 (Claude-Bernard).
Au-dessus.................	....	69 (Montrouge).
Denoyez (rue)................	B. 55 (Belleville).......	40 (Ménilmontant).
Deparcieux (rue)	B. 69 (Montrouge).....	69 (Montrouge).
Départ (impasse et rue du)	8............	43 (Littré).
Département (rue du):		
1 à 19 ter, 2 à 18.............	B. 76 (Villette 1ᵉ).....	79 (Rotonde Villette).
Au-dessus.................	B. 58 (Chapelle).......	58 (La Chapelle).
Dépôt.. { Artillerie (d').........	9............	15 (Bonaparte).
Fortifications (des)	9............	44 (Central).
Guerre (de la)..........	9............	44 (Central).
Marine (de la)	9............	15 (Bonaparte).
Dépotoir (impasse et passage du)..	B. 77 (Villette 2ᵉ)......	99 (Marché aux bestiaux).

NOMS DES RUES, BOULEVARDS, ETC.	RAYONS OU BUREAUX DE DISTRIBUTION des correspondances postales.	BUREAUX DE DISTRIBUTION des télégrammes.
Dépotoir municipal	B. 77 (Villette 2°).	99 (Marché aux bestiaux).
Derame (cité *ou* cour)	7.	29 (Monge).
Deroche (couloir)	B. 56 (Bercy).	57 (Bercy).
Desaix (rue), ...	9.	64 (Grenelle).
Desange (cité).	7.	29 (Monge).
Désaugiers (rue)	B. 53 (Auteuil).	53 (Auteuil).
Desbordes-Valmore (rue).	B. 70 (Passy 1°).	70 (Passy).
Descartes (rue).	7.	28 (Halle aux vins).
Deschamps (passage).	B. 55 (Belleville).	40 (Ménilmontant).
Descombes (rue)	B. 74 (Ternes).	74 (Ternes).
De Sèze (rue).	2.	03 (Madeleine).
Desgenettes (rue)	9.	27 (Gros-Caillou).
Desgrais (passage).	B. 76 (Villette 1°).	76 (Crimée).
Désir (passage du).	4.	91 (B^d Saint-Denis).
Désiré (impasse), *xixe arr.*	B. 77 (Villette 2°).	99 (Marché aux bestiaux).
Désirée (impasse), *xiiie arr.*	B. 65 (Maison-Blanche). .	65 (Gobelins).
Désirée (rue), *xxe arr.*	B. 59 (Charonne).	40 (Ménilmontant).
Desnouettes (rue)	B. 75 (Vaugirard).	75 (Vaugirard).
Desprez (rue)	B. 72 (Plaisance).	72 (Plaisance).
Desrenaudes (rue)	B. 74 (Ternes).	74 (Ternes).
Dessort (cour).	B. 56 (Bercy).	57 (Bercy.)
Dessous-des-Berges (rue du).	B. 63 (Gare d'Ivry).	63 (Jeanne-d'Arc).
Deux-Anges (impasse des).	8.	15 (Bonaparte).
Deux-Boules (rue des)	11.	17 (Halles).
Deux-Cousins (impasse des).	B. 74 (Ternes).	74 (Ternes).
Deux-Écus (rue des).	11.	90 (Hôtel des Postes).
Deux-Frères (ch. des) *Q^r Gr.-Carrièr.*	B. 67 (Montmartre). . .	67 (Abbesses).
Deux-Frères (c. et i. des) *Q^r Clignan^t.*	B. 60 (Clignancourt). . . .	60 (Clignancourt).
Deux-Gares (rue des).	4.	26 (Gare du Nord).
Deux-Lions (impasse des)	B. 69 (Montrouge).	69 (Montrouge).
Deux-Nèthes (impasse et pass. des). .	B. 54 (Batignolles).	84 (Boulevard de Clichy).
Deux-Pavillons (passage des)	11.	11 (Théâtre-Français).

NOMS DES RUES, BOULEVARDS, ETC.	RAYONS OU BUREAUX DE DISTRIBUTION des correspondances postales.	BUREAUX DE DISTRIBUTION des télégrammes.
Deux-Ponts (rue des)............	7............	28 (Halle aux vins).
Deux-Portes (impasse des), xx⁰ arr.	B. 59 (Charonne)......	59 (Charonne).
Deux-Portes (rue des), iv⁰ arr.....	7............	13 (Hôtel-de-Ville).
Deux-Sœurs (passage des)........	3............	02 (Milton).
Devillers (allée)................	B. 67 (Montmartre).....	67 (Abbesses).
Dhéron (impasse)...............	B. 55 (Belleville).......	55 (Belleville).
Dhuys (rue de la).............	B. 59 (Charonne)......	59 (Charonne).
Diard (rue)..................	B. 60 (Clignancourt)....	60 (Clignancourt).
Diderot (boulevard)............	6............	
1 à 31, 2 à 40..............	....	93 (Gare de Lyon).
Au-dessus....	....	23 (Citeaux).
Didot (passage et rue)..........	B. 69 (Montrouge).....	72 (Plaisance).
Dietz-Monin (Passage)..........	B. 53 (Auteuil).......	53 (Auteuil).
Dieu (passage), xx⁰ arr........	B. 59 (Charonne)......	59 (Charonne).
Dieu (rue), x⁰ arr..........	4............	05 (Place République).
Dijon (rue de)...............	B. 56 (Bercy)........	57 (Bercy).
Docteur (rue du).............	B. 54 (Batignolles).....	61 (Legendre).
Doisy (passage)................	B. 74 (Ternes)......	62 (Étoile).
Dolléans (cour)...............	B. 56 (Bercy)........	57 (Bercy).
Dolomieu (rue)...............	7............	29 (Monge).
Domaines (Direction des)........	10............	01 (Bourse).
Domat (rue)..................	7............	25 (Saint-Michel).
Dombasle (passage et rue).......	B. 75 (Vaugirard)......	75 (Vaugirard).
Dôme (rue du)................	B. 71 (Passy 2⁰)......	71 (Victor-Hugo).
Domrémy (rue de).............	B. 63 (Gare d'Ivry).....	63 (Jeanne-d'Arc).
Donizetti (rue)...............	B. 53 (Auteuil)........	53 (Auteuil).
Doré (cité et passage)..........	7............	63 (Jeanne-d'Arc).
Dorée (villa)................	1............	45 (Champs-Élysées).
Dorian (rue).................	6............	73 (Bel-Air).
Dosne (rue).................	B. 71 (Passy 2⁰).......	71 (Victor-Hugo).
Douai (rue de)...............	3............	
1 à 35, 2 à 38..............	....	67 (Abbesses).
Au-dessus...................	....	84 (Boulevard de). Clichy

NOMS DES RUES, BOULEVARDS, ETC.	RAYONS OU BUREAUX DE DISTRIBUTION des correspondances postales.	BUREAUX DE DISTRIBUTION des télégrammes.
Douane (rue de la)	4	05 (Pl⁰ de la République).
Douane de Paris	4	05 (Pl⁰ de la République).
Douanes (Direction générale des)	1	11 (Théâtre-Français).
Doudeauville (passage)	B. 58 (Chapelle)	58 (La Chapelle).
Doudeauville (rue) :		
1 à 63, 2 à 74	B. 58 (Chapelle)	58 (La Chapelle).
Au-dessus	B. 67 (Montmartre)	68 (Rochechouart).
Douze-Maisons (imp. *ou* passage des)	1	45 (Champs-Élysées).
Dragon (cour *ou* passage et rue du)	9	10 (Vieux-Colombier).
Dressage (rue du)	B. 69 (Montrouge)	69 (Montrouge).
Drevet (rue)	B. 67 (Montmartre)	67 (Abbesses).
Driancourt (passage)	6	23 (Citeaux).
Drouait (passage)	B. 72 (Plaisance)	75 (Vaugirard).
Drouot (rue)	3	01 (Bourse).
Druinot (impasse)	6	23 (Citeaux).
Dubail (passage)	4	26 (Gare du Nord).
Duban (rue)	B. 70 (Passy 1⁰)	70 (Passy).
Du Bellay (rue)	7	28 (Halle aux vins).
Dubois (passage), *xix⁰ arr*	B. 77 (Villette 2⁰)	79 (Rotonde-Villette).
Dubois (villa), *xiii⁰ arr*	B. 63 (Gare d'Ivry)	63 (Jeanne-d'Arc).
Dubrunfaut (rue)	B. 56 (Bercy)	93 (Gare de Lyon).
Ducange (rue)	B. 72 (Plaisance)	72 (Plaisance).
Duclos (cité), *xx⁰ arr*	B. 55 (Belleville)	55 (Belleville).
Duclos (passage), *xv⁰ arr*	B. 72 (Plaisance)	75 (Vaugirard).
Ducouëdic (rue)	B. 69 (Montrouge)	69 (Montrouge).
Ducruix (cour)	B. 56 (Bercy)	57 (Bercy).
Dudouy (impasse)	5	36 (Voltaire).
Duée (passage et rue de la)	B. 55 (Belleville)	55 (Belleville).
Dufrénoy (rue)	B. 71 (Passy 2⁰)	78 (Dufrénoy).
Dugommier (rue)	B. 56 (Bercy)	93 (Gare de Lyon).
Duguay-Trouin (rue)	8	43 (Littré).
Duguesclin (passage et rue)	9	46 (École militaire).

NOMS DES RUES, BOULEVARDS, ETC.	RAYONS OU BUREAUX DE DISTRIBUTION des correspondances postales.	BUREAUX DE DISTRIBUTION des télégrammes.
Duhesme (passage et rue)........	B. 60 (Clignancourt) ...	60 (Clignancourt).
Dulac (passage)	8.	43 (Littré).
Dulaure (rue) projetée.........	B. 67 (Montmartre)....	67 (Abbesses).
Dulong (rue)	B. 66 (Monceaux)......	66 (Meissonnier).
Dumas (passage)..............	6.	87 (Alex. Dumas).
Duméril (rue)....'............	7.	29 (Monge).
Dumont-d'Urville (rue).........	1.	54 (Marceau).
Dunes (rue des)	B. 55 (Belleville).......	55 (Belleville).
Dunkerque (rue de)	4.	
1 à 47, 2 à 36..............		26 (Gare du Nord).
Au-dessus..............		68 (Rochechouart).
Dunois (rue)................	B. 63 (Gare d'Ivry).....	63 (Jeanne-d'Arc).
Duperré (rue)................	3.	67 (Abbesses).
Dupetit-Thouars (cité et rue).....	5.	05 (Pl. de la République).
Duphot (rue)	11.	03 (Madeleine).
Dupin (rue)................	9.	10 (Vieux-Colombier).
Dupleix (place, rue et ruelle).....	9.	46 (École militaire).
Dupont (cité), xi° arr..........	5.	36 (Voltaire).
Dupont (villa), xvi° arr.........	B. 71 (Passy 2°).......	62 (Étoile).
Dupuis (impasse), xx° arr........	B 55 (Belleville)......	40 (Ménilmontant).
Dupuis (rue)................	5.	05 (Pl. de la République).
Dupuis (ruelle), xviii° arr.......	B. 60 (Clignancourt) ...	60 (Clignancourt).
Dupuy (cité B), xi° arr..........	6.	21 (Bastille).
Dupuy (impasse), xviii° arr......	B. 58 (Chapelle).......	58 (La Chapelle).
Dupuytren (rue)..............	8.	06 (Luxembourg).
Duquesne (avenue)............	9.	41 (Duquesne).
Durance (rue de la).	B. 56 (Bercy).........	57 (Bercy).
Duranti (rue)................	5.	36 (Voltaire).
Durantin (rue)	B. 67 (Montmartre)....	67 (Abbesses).
Duranton (passage ou rue).......	B. 75 (Vaugirard)......	64 (Grenelle).
Duras (rue de)	2.	03 (Madeleine).

NOMS DES RUES, BOULEVARDS, ETC.	RAYONS OU BUREAUX DE DISTRIBUTION des correspondances postales.	BUREAUX DE DISTRIBUTION des télégrammes.
Durchon (impasse)............	B. 64 (Grenelle).......	64 (Grenelle).
Durel (cité et impasse)........	B. 60 (Clignancourt)....	60 (Clignancourt).
Duret (cité et rue)............	B. 71 (Passy 2°).......	62 (Étoile).
Duris (rue).................	B. 55 (Belleville).......	40 (Ménilmontant).
Durmar ou Dumar-Truillot (cité).	5............	40 (Ménilmontant).
Duroc (rue).................	9............	41 (Duquesne).
Durouchoux (rue)............	B. 69 (Montrouge).....	69 (Montrouge).
Dury (impasse).............	B. 72 (Plaisance).......	75 (Vaugirard).
Du Sommerard (rue)..........	8............	25 (Saint-Michel).
Dussoubs (rue)..............	10............	90 (Hôtel des Postes).
Duthy (villa)...............	B. 69 (Montrouge).....	72 (Plaisance).
Dulot (rue).................	....	75 (Vaugirard).
1 à 45, 2 à 46.............	B. 75 (Vaugirard).	
Au-dessus.............	B. 72 (Plaisance).	
Duvivier (rue)..............	9............	27 (Gros-Caillou).
E		
Ecux (Compagnie générale des)...	2............	03 (Madeleine).
Eaux (passage des)...........	B. 70 (Passy 1°).......	70 (Passy).
Ebelmen (rue)..............	6............	23 (Citeaux).
Éblé (rue).................	9............	41 (Duquesne).
Èbre (rue de l')..............	B. 65 (Maison-Blanche)..	69 (Montrouge).
Échaudé (rue de l')..........	8............	15 (Bonaparte).
Échelle (rue de l')...........	11............	11 (Théâtre Français).
Échiquier (rue de l')..........	4............	48 (Sainte-Cécile).
Écluses-Saint-Martin (rue des)....	4.	
1 à 17, 2 à 30.............	....	39 (Écluses Saint-Martin).
Au-dessus.............	....	26 (Gare du Nord).
Écoles.... Accouchement (d')....	7............	38 (Claude-Bernard).
Alsacienne..........	8............	43 (Littré).
Ameublem. (profess. d').	6............	23 (Citeaux).
Arago (supér. municip)	6............	73 (Bel-Air).

NOMS DES RUES, BOULEVARDS, ETC.	RAYONS OU BUREAUX DE DISTRIBUTION des correspondances postales.	BUREAUX DE DISTRIBUTION des télégrammes.
Architecture (spéciale d')	8	43 (Littré).
Arts décoratifs (des).	8	06 (Luxembourg).
Beaux-arts (des)	8	15 (Bonaparte).
Carmes (des)	8	06 (Luxembourg).
Centrale des Arts et Manufact.	5	91 (Porte Saint-Denis).
Chartes (des)	6	07 (Haudriettes).
Colbert (supérieure municipale)	4	26 (Gare du Nord).
Commerce (supérieure de)	5	05 (Pl. de la République).
Commerciale	3	68 (Rochechouart).
Diderot (municipale d'apprentis)	B. 55 (Belleville)	39 (Écluses Saint-Martin).
Dressage (de)	B. 69 (Montrouge)	69 (Montrouge).
Droit (de)	7	06 (Luxembourg).
Génie maritime (d'application du)	7	28 (Halle aux vins).
Guerre (supérieure de)	9	46 (École militaire).
Hautes études (des)	8	06 (Luxembourg).
Hautes études commerciales (des)	B. 66 (Monceaux)	66 (Meissonier).
Horlogerie de Paris (d')	5	40 (Ménilmontant).
Immaculée-Conception (de l')	B. 75 (Vaugirard)	75 (Vaugirard)
Institut agronomique	11	91 (Boul. Saint-Denis).
Institut catholique	8	06 (Luxembourg).
Jean-Baptiste-Say (supér. munic)	B. 53 (Auteuil)	53 (Auteuil).
Jeunes filles (supér. municip. de)	7	13 (Hôtel de ville).
Langues orientales (des)	9	15 (Bonaparte).
Lavoisier (municipale)	8	38 (Claude-Bernard).
Médecine (de)	8	06 (Luxembourg).
Médecine et de pharmacie militaires (d'application de)	8	38 (Claude-Bernard).
Mines (des)	8	06 (Luxembourg).
Monge	B. 66 (Monceaux)	66 (Meissonier).
Natation (de). (Voir Bains.)		
Normale primaire d'institutrices	B. 54 (Batignolles)	84 (Boul. de Clichy).
Normale primaire d'instituteurs	B. 53 (Auteuil)	53 (Auteuil).

Écoles.. (Suite.)

5.

NOMS DES RUES, BOULEVARDS, ETC.	RAYONS ou BUREAUX DE DISTRIBUTION des correspondances postales.	BUREAUX DE DISTRIBUTION des télégrammes.
Normale supérieure	7	38 (Claude-Bernard).
Pharmacie (supérieure de)	8	38 (Claude-Bernard).
Physique et de chimie (munic. de)	7	38 (Claude-Bernard).
Polytechnique	7	28 (Halle aux vins).
Ponts et Chaussées (des)	9	15 (Bonaparte).
Professionnelle des jeunes aveugles	B. 69 (Montrouge)	72 (Plaisance).
Sciences politiques (libre des)	9	10 (Vieux-Colombier).
Sainte-Geneviève	7	38 (Claude-Bernard).
Tabacs (d'application des)	9	27 (Gros-Caillou).
Turgot (supérieure municipale)	11	05 (Pl. de la République).
École (place de l')	11	17 (Halles).
École-de-Médecine (place et rue de l')	8	06 (Luxembourg).
École-Polytechnique (rue de l')	7	28 (Halle aux vins).
Écoles (rue des)	7	
1 à 35, 2 à 28		28 (Halle aux vins).
Au-dessus		25 (Saint-Michel).
Écoliers (passage des)	B. 64 (Grenelle)	64 (Grenelle).
Écosse (rue d')	7	06 (Luxembourg).
Écouffes (rue des)	6	13 (Hôtel de ville).
Écuries (passage des)	B. 71 (Passy 2ᵉ)	71 (Victor-Hugo).
Écuries-d'Artois (rue des)	1	45 (Champs-Élysées).
Écuries nationales (les)	9	27 (Gros-Caillou).
Écuyers (sentier des)	B. 59 (Charonne)	59 (Charonne).
Edgar-Quinet (boulevard)	B. 69 (Montrouge)	43 (Littré).
Édimbourg (rue d')	2	37 (Europe).
Edm-Guillout	8	43 (Littré).
Edmond Valentin (rue)	B. 65 (Maison-Blanche)	65 (Gobelins).
Éginhard (rue)	7	13 (Hôtel de Ville).
Églantiers (rue des)	B. 55 (Belleville)	40 (Menilmontant).
Églises, chapelles, et temples — *Abbaye-aux-Bois (de l')*	9	10 (Vieux-Colombier).
Américaine	1	34 (Marceau).
Annonciation (de l')	B. 70 (Passy 1ᵉ)	70 (Passy).

NOMS DES RUES, BOULEVARDS, ETC.	RAYONS OU BUREAUX DE DISTRIBUTION des correspondances postales.	BUREAUX DE DISTRIBUTION des télégrammes.
Assomption (de l')............	11............	92 (Boissy-d'Anglas).
Batignolles (calvin.)..........	B. 54 (Batignolles).....	84 (Boul. de Clichy).
Batignolles (luth.)...........	B. 66 (Monceaux)......	66 (Meissonnier).
Belleville (calvin.)...........	B. 55 (Belleville).......	40 (Ménilmontant).
Billettes (des) (luth.)........	6............	13 (Hôtel de Ville).
Bon-Secours (du) (luth.)......	6............	36 (Voltaire).
Bons-Enfants (baptistes).......	11............	11 (Théâtre Français).
Carmes (des)................	8............	10 (Vieux-Colombier.
Chapelle expiatoire...........	2............	03 (Madeleine).
Étoile (de l') (prot. libres)......	B. 74 (Ternes)........	62 (Étoile).
Gallicane (catholique).......	7............	28 (Halle aux vins).
Glacière (de la) (calvin.)......	B. 65 (Maison-Blanche)..	69 (Montrouge).
Gros-Caillou (du) (luth.)......	9............	27 (Gros Caillou).
Immaculée-Conception (de l')..	B. 73 (Saint-Mandé)....	73 (Bel-Air).
Lille (de la rue de) (bapt.).....	9............	15 (Bonaparte).
Luxembourg (du) (prot. libres).	8............	10 (Vieux-Colombier).
Madeleine (de la)............	2............	03 (Madeleine).
Maison-Blanche (de la) (luth.)..	B. 65 (Maison-Blanche)..	65 (Gobelins).
Malesherbes (méthodistes)......	1............	03 (Madeleine).
Milton (calvinistes)...........	3............	02 (Milton).
Missions étrangères (des).......	9............	44 (Central).
Montmartre (de) (calv.)......	B. 67 (Montmartre).....	67 (Abbesses).
Montmartre (de) (luth.)......	B. 67 (Montmartre).....	68 (Rochechouart).
Montsouris (de).............	B. 69 (Montrouge).....	69 (Montrouge).
Nord (du) (prot. libres).......	4............	26 (Gare du Nord).
Notre-Dame (métropole)......	7............	25 (Saint-Michel).
Notre-Dame-d'Auteuil.......	B. 53 (Auteuil)........	53 (Auteuil).
Notre-Dame-de-Bercy.........	B. 56 (Bercy).........	57 (Bercy).
Notre-Dame-de-Bonne-Nouvelle..	10............	01 (Bourse).
Notre-Dame-de-Bon-Secours....	8............	43 (Littré).
Notre-Dame-de-Clignancourt...	B. 60 (Clignancourt)....	60 (Clignancourt).
Notre-Dame-de-la-Croix.......	B. 55 (Belleville)......	55 (Belleville)

Églises, chapelles et temples (Suite.)

NOMS DES RUES, BOULEVARDS, ETC.	RAYONS OU BUREAUX DE DISTRIBUTION des correspondances postales.	BUREAUX DE DISTRIBUTION des télégrammes.
Notre-Dame-de-la-Gare	B. 63 (Gare d'Ivry).....	63 (Jeanne-d'Arc).
Notre-Dame-de-Lorette........	3.............	02 (Milton).
Notre-Dame-de-Plaisance.......	B. 72 (Plaisance)......	72 (Plaisance).
Notre-Dame-des-Blancs-Mant...	6.............	13 (Hôtel de ville).
Notre-Dame-des-Champs.......	8.............	43 (Littré).
Notre-Dame-de-Sion..........	8.............	43 (Littré).
Notre-Dame-des-Victoires......	10............	01 (Bourse).
Oratoire (de l') (calvin.)......	11............	11 (Théâtre-Français).
Passy (de) (calvinistes).......	B. 70 (Passy 1°).......	70 (Passy).
Pentemont (de) (calvin.).......	9.............	44 (Central).
Plaisance (de) (calvin.)......	B. 72 (Plaisance)......	72 (Plaisance).
Rédemption (de la) (luth.).....	3.............	01 (Bourse).
Résurrection (de la) (luth.).....	B. 64 (Grenelle).......	64 (Grenelle).
Roumaine (chapelle).........	7.............	25 (Saint-Michel).
Russe...................	1.............	42 (Friedland).
Sacré-Cœur (du).........	B. 67 (Montmartre)....	67 (Abbesses).
Scandinave...............	B. 60 (Clignancourt)...	60 (Clignancourt).
Sorbonne (de la)...........	8.............	06 (Luxembourg).
Saint-Alexandre...........	B. 64 (Grenelle).......	64 (Grenelle).
Saint-Ambroise............	5.............	36 (Voltaire).
Sainte-Anne, XIIIᵉ arr........	B. 65 (Maison-Blanche).	65 (Gobelins).
Sainte-Anne, XXᵉ arr.........	B. 59 (Charonne)......	59 (Charonne).
Saint-Antoine (prot. libres).....	6.............	21 (Bastille).
Saint-Ant. ou des Quinze-Vingts.	6.............	21 (Bastille).
Saint-Augustin............	2.............	18 (Place du Havre).
Saint-Bernard............	B. 58 (Chapelle).......	58 (La Chapelle).
Sainte-Chapelle (la).........	7.............	25 (Saint-Michel).
Sainte-Clotilde............	9,............	44 (Central).
Saint-Denis..............	B. 58 (Chapelle)......	58 (La Chapelle).
Saint-Denis-du-Saint-Sacrement.	6.............	07 (Haudriettes).
Sainte-Élisabeth...........	5.............	05 (Pl. de la République).

Églises, chapelles et temples (Suite.)

NOMS DES RUES, BOULEVARDS, ETC.	RAYONS ou BUREAUX DE DISTRIBUTION des correspondances postales.	BUREAUX DE DISTRIBUTION des télégrammes.
Saint-Éloi..	6.	23 (Citeaux).
Saint-Esprit (du) (calv.)	1.	03 (Madeleine).
Saint-Étienne-du-Mont	7.	28 (Halle aux vins).
Saint-Eugène	3.	48 (Sainte-Cécile).
Saint-Eustache	10.	90 (Hôtel des Postes).
Saint-Ferdinand	B. 74 (Ternes)	62 (Étoile).
Saint-François-de-Sales	B. 66 (Monceaux)	66 (Meissonnier).
Saint-François-Xavier, VIIᵉ arr.	9.	41 (Duquesne).
St-Franç.-Xavier (chap.), XIᵉ arr.	6.	36 (Voltaire).
Sainte-Geneviève	7.	06 (Luxembourg).
Saint-Georges	B. 55 (Belleville)	79 (Rotonde-Villette).
Saint-Germain	B. 59 (Charonne)	59 (Charonne).
Saint-Germain-des-Prés	8.	15 (Bonaparte).
Saint-Germain-l'Auxerrois	11.	17 (Halles).
Saint-Gervais	7.	13 (Hôtel de ville).
Saint-Honoré	B. 71 (Passy 2ᵉ)	71 (Victor-Hugo).
Saint-Honoré (prot. libres)	1.	03 (Madeleine).
Saint-Jacques-du-Haut-Pas	8.	38 (Claude-Bernard).
Saint-Jacques-Saint-Christophe..	B. 76 (Villette 1ᵉ)	76 (Crimée).
Saint-Jean-Baptiste, XVᵉ arr.	B. 64 (Grenelle)	64 (Grenelle).
Saint-Jean-Baptiste, XIXᵉ arr.	B. 55 (Belleville)	55 (Belleville).
Saint-Jean-Saint-François	5.	07 (Haudriettes).
Saint-Joseph	5.	05 (Pl. de la République).
Saint-Joseph-des-Allemands	4.	26 (Gare du Nord).
Saint-Julien-le-Pauvre	7.	25 (Saint-Michel).
Saint-Lambert	B. 75 (Vaugirard)	75 (Vaugirard).
Saint-Laurent	4.	26 (Gare du Nord).
Saint-Leu-Saint-Gilles	11.	17 (Halles).
Saint-Louis-d'Antin	2.	18 (Place du Havre).
Saint-Louis-des-Invalides	9.	44 (Central).

Églises, chapelles et temples (Suite).

NOMS DES RUES, BOULEVARDS, ETC.	RAYONS OU BUREAUX DE DISTRIBUTION des correspondances postales.	BUREAUX DE DISTRIBUTION des télégrammes.
Saint-Louis-en-l'Île............	7.............	28 (Halle aux vins).
Saint-Marcel................	7.............	33 (Boul. de l'Hôpital).
Saint-Marcel-Gentilly........	B. 65 (Maison-Blanche).	65 (Gobelins).
Saint-Marcel (luthériens)......	7.............	38 (Claude-Bernard).
Sainte-Marguerite	6.............	87 (Alexandre-Dumas).
Sainte-Marie-des-Batignolles...	B. 54 (Batignolles).....	54 (Batignolles).
Sainte-Marie (calvinistes)......	6.............	21 (Bastille).
Saint-Martin...............	4.............	05 (Pl. de la République).
Saint-Maur (protest. libres)....	5.............	05 (Pl. de la République).
Saint-Médard..............	7.............	29 (Monge).
Saint-Merry	7.............	17 (Halles).
Saint-Michel	B. 54 (Batignolles).....	61 (Legendre).
Saint-Nicolas-des-Champs......	11.............	91 (Boul. Saint-Denis).
Saint-Nicolas-du-Chardonnet....	7.............	28 (Halle aux vins).
Saint-Paul-Saint-Louis........	7.............	13 (Hôtel de ville).
Saint-Philippe-du-Roule	1.............	45 (Champs-Élysées).
Saint-Pierre-de-Chaillot ..,....	1.............	34 (Marceau).
Saint-Pierre-de-Montmartre.....	B. 67 (Montmartre).....	67 (Abbesses).
Saint-Pierre-de-Montrouge.....	B. 69 (Montrouge)....	69 (Montrouge).
Saint-Pierre-du-Gros-Caillou....	9.............	27 (Gros-Caillou).
Saint-Roch	1.............	11 (Théâtre Français).
Sainte-Rosalie	B. 65 (Maison-Blanche)..	65 (Gobelins).
Saint-Séverin..............	7.............	25 (Saint-Michel).
Saint-Sulpice..............	8.............	06 (Luxembourg).
Saint-Thomas-d'Aquin	9.............	15 (Bonaparte).
Saint-Vincent-de-Paul	4.............	26 (Gare du Nord).
Saint-Vinc.-de-Paul (Lazaristes).	9.............	44 (Central).
Taitbout (protest. libres).......	3.............	02 (Milton).
Ternes (des) (méthodistes).....	B. 74 (Ternes)........	62 (Étoile).
Trinité (de la)..............	2.............	18 (Place du Havre).
Villette (de la) (luthér)......	B. 77 (Villette 2°)....	79 (Rotonde-Villette).

Églises, chapelles et temples (Suite.)

NOMS DES RUES, BOULEVARDS, ETC.	RAYONS OU BUREAUX DE DISTRIBUTION des correspondances postales.	BUREAUX DE DISTRIBUTION des télégrammes.
Église (impasse, pourtour et rue de l')	B. 64 (Grenelle)......	64 (Grenelle).
Égout (impasse de l')..........	4	91 (Boul. Saint-Denis).
Élie (cité ou impasse).........	B. 64 (Grenelle)......	64 (Grenelle).
Élisabeth (impasse)...........	B. 63 (Gare d'Ivry)....	65 (Gobelins).
Élisa-Borey (rue)............	B. 55 (Belleville)......	40 (Ménilmontant).
Élisa-Lemonnier (rue).........	B. 56 (Bercy)........	93 (Gare de Lyon).
Éloi-Thiébault (impasse).......	B. 72 (Plaisance)......	75 (Vaugirard).
Élysée (Palais de l')	1	92 (Boissy-d'Anglas).
Élysée (cité de l')...........	B. 55 (Belleville)......	55 (Belleville).
Élysée (rue de l')............	1	92 (Boissy-d'Anglas).
Élysée-des-Beaux-Arts (passage de l')	B. 67 (Montmartre).....	67 (Abbesses).
Elzévir (rue)...............	6	07 (Haudriettes).
Embarcadère (place de l')......	B. 53 (Auteuil).......	53 (Auteuil).
Émélie (impasse)............	B. 76 (Villette 1ᵉ).....	76 (Crimée).
Émeriau (rue)..............	B. 64 (Grenelle)......	64 (Grenelle).
Émile-Lepeu (rue)...........	6	87 (Alex. Dumas.).
Émile Meyer (passage)........	B. 53 (Auteuil).......	53 (Auteuil).
Emmery (rue)..............	B. 55 (Belleville)......	55 (Belleville).
Enfant-Jésus (impasse de l')....	8	43 (Littré).
Enfer (boulevard d') :		
1 et 3, 2 à 14...............	9.	
Au-dessus..................	8.	
1 à 105, 2 à 90.............	....	10 (Vieux-Colombier).
105 bis à 199, 92 à 200.......	....	43 (Littré).
Au-dessus.................	....	69 (Montrouge).
Enfer (passage d')...........	8	69 (Montrouge).
Enghien (rue d')............	4	48 (Sainte-Cécile).
Enregistrement et des domaines (Direction générale de l').........	1	11 (Théâtre Français).
Enregistrement (Direction du département de la Seine)	10.	01 (Bourse).
Entrepôt (rue de l')...........	4	05 (Pl. de la République).

NOMS DES RUES, BOULEVARDS, ETC.	RAYONS OU BUREAUX DE DISTRIBUTION des correspondances postales.	BUREAUX DE DISTRIBUTION des télégrammes.
Entrepôts { Bercy (de).............	B. 56 (Bercy)...........	57 (Bercy).
Douanes (généraux des)	B. 77 (Villette 2ᵉ)......	79 (Rotonde-Villette).
Liquides de la ville de Paris (général des)..	7.............	28 (Halle aux vins).
Magas. généraux de Paris (et) : douanes et octrois.	B. 77 (Villette 2ᵉ)......	79 (Rotonde-Villette).
Sels (des)..........	B. 77 (Villette 2ᵉ)......	79 (Rotonde-Villette).
Sucres indigènes (des)..	B. 76 (Villette 1ᵉ)......	79 (Rotonde-Villette).
Entrepreneurs (passage et rue des).	B. 64 (Grenelle).......	64 (Grenelle).
Envierges (cité et rue des)......	B. 55 (Belleville).......	55 (Belleville).
Épargne (passage de l').........	B. 77 (Villette 2ᵉ)......	79 (Rotonde-Villette).
Épée-de-Bois (rue de l')........	7.............	29 (Monge).
Éperon (rue de l')..............	8.............	25 (Saint-Michel).
Épinettes (imp., pass. te rue des)..	B. 54 (Batignolles).....	61 (Legendre).
Équerre (rue de l').............	B. 55 (Belleville)......	55 (Belleville).
Érard (rue)..................	6.............	23 (Citeaux).
Erfurth (rue d')..............	8.............	15 (Bonaparte).
Erlanger (rue d').............	B. 53 (Auteuil)........	53 (Auteuil).
Ermitage (cité ou villa et rue de l').	B. 55 (Belleville).......	55 (Belleville).
Ernest (rue).................	B. 65 (Maison-Blanche).	69 (Montrouge).
Ernestine (rue)...............	B. 58 (Chapelle).......	58 (La Chapelle).
Escalier de pierre (passages de l'), Palais-Royal.................	11.............	11 (Th. Français).
Escaut (rue de l').............	B. 76 (Villette 1ᵉ)......	76 (Crimée).
Espérance (rue de l')...........	B. 65 (Maison-Blanche)..	65 (Gobelins).
Esquirol (rue)................	7.............	63 (Jeanne d'Arc).
Essai (rue de l')..............	7.............	33 (Boul. Hôpital).
Est (rue de l')...............	B. 55 (Belleville).......	55 (Belleville).
Estrapade (rue de l')..........	7.............	38 (Claude-Bernard).
Estrées (rue d')..............	9.............	41 (Duquesne).
États-Unis (place des)..........	1.............	34 (Marceau).
Étienne-Dolet (rue)...........	B. 55 (Belleville).......	40 (Ménilmontant).

NOMS DES RUES, BOULEVARDS, ETC.	RAYONS OU BUREAUX DE DISTRIBUTION des correspondances postales.	BUREAUX DE DISTRIBUTION des télégrammes.
Étienne-Marcel (rue)............	**11.**	
1 à 17, 2 à 12................	....	17 (Halles).
Au-dessus................	....	90 (Hôtel des Postes).
	1............	
Étoile (place de l')..............	B. 71 (Passy 2e).......	62 (Étoile).
	B. 74 (Ternes).......	
Étoile (rue de l')...............	B. 74 (Ternes).......	62 (Étoile).
Étoile-d'Or (cour de l').........	**6............**	21 (Bastille).
Étuves-Saint-Martin (rue des)....	**11............**	13 (Hôtel de Ville).
Eugène-Delacroix (rue)..........	B. 70 (Passy 1e).......	70 (Passy).
Eugène-Flachat (rue)..........	B. 66 (Monceaux)......	66 (Meissonnier).
Eugène-Gibez (rue)............	B. 75 (Vaugirard)......	75 (Vaugirard).
Eugène-Sue (rue).............	B. 60 (Clignancourt)...	60 (Clignancourt).
Euler (rue).................	**1............**	34 (Marceau).
Eupatoria (passage et rue d').....	B. 55 (Belleville).......	55 (Belleville).
Eure (rue de l')...............	B. 69 (Montrouge).....	72 (Plaisance).
Europe (place de l')...........	**2............**	84 (Boul. de Clichy).
Évangile (rue de l')...........	B. 58 (Chapelle).......	58 (La Chapelle).
Éveillard (impasse)............	B. 59 (Charonne)......	59 (Charonne).
Évette (rue)................	B. 77 (Villette 2e)......	99 (Marché aux bestiaux).
Exelmans (boulevard et villa).....	B. 53 (Auteuil)........	53 (Auteuil).
Exposition (rue de l')...........	**9............**	27 (Gros-Caillou).
Eylau (villa et avenue d')........	B. 71 (Passy 2e).......	71 (Victor-Hugo).
F		
Fabert (rue)................	**9............**	27 (Gros Caillou).
Fabre-d'Églantine (rue).........	**6............**	73 (Bel-Air).
Fabriques (cour des)..........	**5............**	05 (Pl. de la République).
Facultés.. { catholiques.........	**8,............**	06 (Luxembourg).
de droit............	**7............**	06 (Luxembourg).
de médecine........	**8............**	06 (Luxembourg).

NOMS DES RUES, BOULEVARDS, ETC.	RAYONS OU BUREAUX DE DISTRIBUTION des correspondances postales.	BUREAUX DE DISTRIBUTION des télégrammes.
Facultés.. (Suite.) { *des sciences et des lettres.*	8.	06 (Luxembourg).
de théologie.	8.	06 (Luxembourg).
de théologie protestante.	8.	69 (Montrouge).
Fagon (rue).	7.	63 (Jeanne-d'Arc).
Faisanderie (rue de la).	B. 71 (Passy 2ᵉ).	78 (Dufrénoy).
Falaise (cité ou impasse).	B. 60 (Clignancourt). . . .	60 (Clignancourt).
Falaises (sentier des).	B. 59 (Charonne).	59 (Charonne).
Faldony (impasse)	B. 66 (Monceaux).	66 (Meissonnier).
Fallempin (passage).	B. 64 (Grenelle).	64 (Grenelle).
Fanny-Benoît (impasse)	B. 59 (Charonne).	40 (Ménilmontant).
Faraday (rue).	B. 74 (Ternes).	74 (Ternes).
Faubourg-du-Temple (rue du). . .	5.	
1 à 91, 2 à 78.		05 (Pl. de la République).
Au-dessus		40 (Ménilmontant).
Faubourg-Montmartre (rue du). .	3.	
1 à 49, 2 à 48.		01 (Bourse).
Au-dessus		02 (Milton).
Faubourg-Poissonnière (rue du). .	4.	
1 à 91, 2 à 84.		48 (Sainte-Cécile).
Au-dessus.		26 (Gare du Nord).
Faubourg-Saint-Antoine (rue du).	6.	
1 à 183, 2 à 160.		21 (Bastille).
Au-dessus.		23 (Citeaux).
Faubourg-Saint-Denis (rue du). . .	4.	
1 à 95, 2 à 94.		91 (Boul. Saint-Denis).
Au-dessus		26 (Gare du Nord).
Faubourg-Saint-Honoré (rue du).	1.	
1 à 79, 2 à 114.		92 (Boissy-d'Anglas).
81 à 165, 116 à 190.		45 (Champs-Élysées).
Au-dessus.		42 (Friedland).

NOMS DES RUES, BOULEVARDS, ETC.	RAYONS OU BUREAUX DE DISTRIBUTION des correspondances postales.	BUREAUX DE DISTRIBUTION des télégrammes.
Faubourg-Saint-Jacques (rue du)	8.	
1 à 47, 2 à 34		38 (Claude-Bernard).
Au-dessus		69 (Montrouge).
Faubourg-Saint-Martin (rue du)	4.	
1 à 113, 2 à 114		91 (Boul. Saint-Denis).
Au-dessus		26 (Gare du Nord).
Faucheur (villa)	B. 55 (Belleville)	55 (Belleville).
Faucheux (allée des)	B. 55 (Belleville)	40 (Ménilmontant).
Fauconnier (rue du)	7.	13 (Hôtel de ville).
Faustin Hélie (rue)	B. 70 (Passy 1ᵉ)	70 (Passy).
Fauvet (rue)	B. 54 (Batignolles)	61 (Legendre).
Favart (rue)	11.	01 (Bourse).
Favorites (passage des)	B. 75 (Vaugirard)	75 (Vaugirard).
Fayet (cour)	6.	21 (Bastille).
Fécamp (rue de)	B. 56 (Bercy)	57 (Bercy).
Fédération (rue de la)	9.	64 (Grenelle).
Félibien (rue)	8.	06 (Luxembourg).
Félicien-David (rue)	B. 53 (Auteuil)	53 (Auteuil).
Félicité (rue de la)	B. 66 (Monceaux)	66 (Meissonnier).
Félix (cité)	B. 71 (Passy 2ᵉ)	62 (Étoile).
Fénelon (cité)	3.	02 (Milton).
Fénelon (rue)	4.	26 (Gare du Nord).
Fenoux (rue)	B. 75 (Vaugirard)	75 (Vaugirard).
Fer-à-Moulin (rue du)	7.	29 (Monge).
Ferdinand–Berthoud (rue)	5.	91 (Boul. Saint-Denis).
Fermat (rue)	B. 69 (Montrouge)	69 (Montrouge).
Ferme-Saint-Lazare (cour et passage de la)	4.	26 (Gare du Nord).
Fermes (cour des)	11.	90 (Hôtel des Postes).
Fermiers (rue des)	B. 66 (Monceaux)	66 (Meissonnier).
Férou (rue)	8.	06 (Luxembourg).
Ferronnerie (rue de la)	11.	17 (Halles).

NOMS DES RUES, BOULEVARDS, ETC.	RAYONS OU BUREAUX DE DISTRIBUTION des correspondances postales.	BUREAUX DE DISTRIBUTION des télégrammes.
Ferrus (rue)....................	B. 65 (Maison-Blanche).	69 (Montrouge).
Fessart (impasse et rue).........	B. 55 (Belleville)......	55 (Belleville).
Fêtes (place et rue des)........	B. 55 (Belleville).......	55 (Belleville).
Feuillantines (rue des).........	7.............	38 (Claude-Bernard).
Feuillet (passage)	4............	26 (Gare du Nord).
Feutrier (rue).................	B. 67 (Montmartre)....	68 (Rochechouart).
Février (cour de).............	6............	21 (Bastille).
Feydeau (galerie et rue)........	10.............	01 (Bourse).
Fidélité (rue de la)............	4.........	26 (Gare du Nord).
Figuier (rue du)..............	7............	13 (Hôtel de ville).
Figures-de-Cire (impasse des)....	8............	43 (Littré).
Filles-Dieu (rue des)..........	10...........	01 (Bourse).
Filles-du-Calvaire (boul' et rue des).	5.............	05 (Pl. de la République
Filles-Saint-Thomas (rue des)....	10...........	01 (Bourse).
Fillettes (rue des)...........	B. 58 (Chapelle).......	58 (La Chapelle).
Finet (impasse)...............	B. 55 (Belleville).......	40 (Ménilmontant).
Flandre (passage de)...........	B. 76 (Villette 1°)......	79 (Rotonde-Villette).
Flandre (rue de).............	B. 76 (Villette 1°.	
1 à 65, 2 à 54.............	....	79 (Rotonde-Villette).
67 à 199, 56 à 174.........	....	76 (Crimée).
Au-dessus	....	99 (Marché-aux-bestiaux
Flandrin (boulevard)..........	B. 71 (Passy 2°).......	78 (Dufresnoy).
Flatters (rue)................	7............	29 (Monge).
Fléchier (rue)...............	3............	02 (Milton).
Fleurs (cité et imp des), XVII° arr.	B. 54 (Batignolles).....	61 (Legendre).
Fleurs (cour des), XII° arr.......	6............	21 (Bastille).
Fleurs (quai aux)	7............	25 (Saint-Michel).
Fleurs (villa des) XV° arr........	B. 72 (Plaisance).......	75 (Vaugirard).
Fleurus (rue de)	8............	43 (Littré).
Fleury (impasse), XX° arr........	B. 55 (Belleville)......	55 (Belleville).
Fleury (rue), XVIII° arr	B. 58 (Chapelle).......	58 (Chapelle).
Flocon (rue).................	B. 60 (Clignancourt)...	60 (Clignancourt).

NOMS DES RUES, BOULEVARDS, ETC.	RAYONS OU BUREAUX DE DISTRIBUTION des correspondances postales.	BUREAUX DE DISTRIBUTION des télégrammes.
Florence (rue de)	2	84 (Boul. de Clichy).
Florentine (cité)	B. 55 (Belleville)	55 (Belleville).
Florian (rue)	B. 59 (Charonne)	59 (Charonne).
Florimont (impasse)	B. 69 (Montrouge)	72 (Plaisance).
Fodor (villa)	B. 70 (Passy 1ᵉ)	70 (Passy).
Foin (rue du)	6	21 (Bastille).
Folie-Méricourt (rue de la)	5.	
1 à 51, 2 à 54		36 (Voltaire).
Au-dessus		05 (Pl. de la République).
Folie-Regnault (passage et rue de la)	6	36 (Voltaire).
Fondary (impasse)	B. 75 (Vaugirard)	75 (Vaugirard).
Fondary (rue et villa)	B. 64 (Grenelle)	64 (Grenelle).
Fonderie (passage de la)	5	05 (Pl. de la République).
Fonds-Verts (rue des)	B. 56 (Bercy)	57 (Bercy).
Fontaine (passage)	4	39 (Écluses Saint-Martin).
Fontaine (rue)	3	67 (Abbesses).
Fontaine-à-Mulard (rue de la)	B. 65 (Maison-Blanche)	65 (Gobelins).
Fontaine-au-Roi (rue de la)	5	05 (Pl. de la République).
Fontaine-aux-Clercs (rue de la)	B. 65 (Maison-Blanche)	65 (Gobelins).
Fontaine-du-But (rue de la)	B. 60 (Clignancourt)	60 (Clignancourt).
Fontaines (rue des)	5	05 (Pl. de la République).
Fontarabie (rue de)	B. 59 (Charonne)	59 (Charonne).
Fontenoy (place de)	9	41 (Duquesne).
Fontis (rue des)	B. 53 (Auteuil)	53 (Auteuil).
Forest (rue)	B. 67 (Montmartre)	84 (Boul. de Clichy).
Forêts (Conservation des)	9	15 (Bonaparte).
Forêts (Direction générale des)	9	44 (Central).
Forez (rue du)	5	05 (Pl. de la République).
Forge-Royale (passage de la)	6	21 (Bastille).
Forges (rue des)	10	01 (Bourse).
Fortin (avenue)	B. 63 (Gare d'Ivry)	65 (Gobelins).
Fortin (rue et impasse)	1	45 (Champs-Élysées).

NOMS DES RUES, BOULEVARDS, ETC.	RAYONS ou BUREAUX DE DISTRIBUTION des correspondances postales.	BUREAUX DE DISTRIBUTION des télégrammes.
Fortuny (rue)................	B. 66 (Monceaux)......	66 (Meissonnier).
Fossés-Saint-Bernard (rue des)....	7.............	28 (Halle aux vins).
Fossés-Saint-Jacques (rue des)...	7.............	06 (Luxembourg).
Fossés-Saint-Marcel (rue des)....	7.............	29 (Monge).
Fouarre (rue du).............	7.............	25 (Saint-Michel).
Foucault (rue)..............	1.............	34 (Marceau).
Fougeat (passage)..........	B. 64 (Grenelle).......	64 (Grenelle).
Fouquet (cité ou passage).......	B. 55 (Belleville)......	55 (Belleville).
Four (rue du)..............	8.	
1 à 33, 2 à 38............	....	15 (Bonaparte).
Au-dessus...............	....	10 (Vieux-Colombier).
Fourcroy (rue).............	B. 74 (Ternes)........	74 (Ternes).
Fourcy (rue de).............	7.............	13 (Hôtel de ville).
Fourneaux (pass. et rond-point des)...	B. 72 (Plaisance)......	75 (Vaugirard).
Fourneaux (rue des) :		
1 à 47, 2 à 50.............	8.	
49 à 127, 52 à 134.........	B. 75 (Vaugirard).	
Au-dessus...............	B. 72 (Plaisance).	
1 à 53, 2 à 52.............	....	43 (Littré).
Au-dessus...............	....	75 (Vaugirard).
Fourneyron (rue)...........	B. 54 (Batignolles)....	54 (Batignolles).
Fournial (rue).............	B. 66 (Monceaux)......	66 (Meissonnier).
Fourrière (la).............	7.............	28 (Halle aux vins).
Fours-à-Chaux (passage des).....	B. 55 (Belleville).....	79 (Rotonde-Villette).
Foyatier (rue).............	B. 67 (Montmartre)....	68 (Rochechouart).
Fragonard (rue)...........	B. 54 (Batignolles)....	61 (Legendre).
Française (rue)...	10.............	90 (Hôtel des Postes).
Franche-Comté (rue de la)......	5.............	05 (Pl. de la République).
Francis-Garnier (rue)..........	B. 69 (Montrouge)....	69 (Montrouge).
Francœur (rue).............	B. 60 (Clignancourt)...	60 (Clignancourt).
François 1er (place et rue)......	1.............	45 (Champs-Élysées).
François-Demichel (cité).......	B. 58 (Chapelle)......	58 (La Chapelle).

NOMS DES RUES, BOULEVARDS, ETC.	RAYONS OU BUREAUX DE DISTRIBUTION des correspondances postales.	BUREAUX DE DISTRIBUTION des télégrammes.
François-de-Neufchâteau (rue)....	6	36 (Voltaire).
François-Gérard (rue)..........	B. 53 (Auteuil)........	53 (Auteuil).
François-Miron (rue)..........	7	13 (Hôtel de ville).
Francs-Bourgeois (rue des)......	6	07 (Haudriettes).
Franklin (rue)...............	B. 70 (Passy 1ᵉ)......	70 (Passy).
Franquet (rue)...............	B. 72 (Plaisance).......	75 (Vaugirard).
Franquin (villa).............	B. 71 (Passy 2ᵉ)........	71 (Victor-Hugo).
Frémicourt (rue).............	B. 64 (Grenelle).......	64 (Grenelle).
Frémin (impasse)...........	B. 75 (Vaugirard).....	75 (Vaugirard).
Fréquel (passage)...........	B. 59 (Charonne)......	59 (Charonne).
Frères des Écoles chrétiennes (Institut des), Maison mère.........	9	44 (Central).
Fresnel (rue)...............	1	34 (Marceau).
Freycinet (rue).............	1	34 (Marceau).
Friant (rue)................	B. 69 (Montrouge).....	69 (Montrouge).
Friedland (avenue de)........	1	42 (Friedland).
Frion (impasse)............	B. 65 (Maison-Blanche)..	69 (Montrouge).
Frochot (avenue et rue).......	3	67 (Abbesses).
Froissart (impasse et rue)......	5	05 (Pl. de la République).
Froment (rue)..............	5	21 (Bastille).
Fromentel (rue)............	7	06 (Luxembourg).
Fromentin (rue)............	3	67 (Abbesses).
Fulton (rue)...............	7	33 (Boul. de l'Hôpital).
Furstemberg (place et rue de)...	8	15 (Bonaparte).

G

Gabon (rue du)............	B. 73 (Saint-Mandé)....	73 (Bel-Air).
Gabriel (avenue)............	1	92 (Boissy-d'Anglas).
Gabriel-Lainé (rue)..........	B. 56 (Bercy)........	57 (Bercy).
Gabrielle (rue).............	B. 67 (Montmartre).....	67 (Abbesses).
Gager-Gabillot (rue).........	B. 75 (Vaugirard)......	75 (Vaugirard).

NOMS DE RUES, BOULEVARDS, ETC.	RAYONS OU BUREAUX DE DISTRIBUTION des correspondances postales.	BUREAUX DE DISTRIBUTION des télégrammes.
Gaillard (cité)................	2.............	02 (Milton).
Gaillon (carrefour et rue).......	2.............	89 (Grand-Hôtel).
Gaîté (impasse et rue de la).....	B. 69 (Montrouge).....	43 (Littré).
Galande (rue)	7.............	25 (Saint-Michel).
Galant-Jardinier (passage du)	B. 55 (Belleville).......	40 (Ménilmontant).
Galiéra (rue de	1.............	34 (Marceau).
Galilée (rue)................	1.............	34 (Marceau).
Galiote (rue de la)...........	B. 53 (Auteuil)........	53 (Auteuil).
Galleron (rue)...............	B. 59 (Charonne).......	59 (Charonne).
Gallois (rue)................	B. 56 (Bercy).........	57 (Bercy).
Galvani (rue)...............	B. 74 (Ternes)........	74 (Ternes).
Gambey (rue)...............	5.............	05 (Pl. de la République).
Gandon (cour), XI' arr	6.............	21 (Bastille).
Gandon (rue et ruelle), XIII' arr..	B. 65 (Maison-Blanche)..	65 (Gobelins).
Ganneron (passage)...........	B. 54 (Batignolles).....	61 (Legendre).
Ganneron (rue)...............	B. 54 (Batignolles).....	84 (Boulevard de Clichy).
Garancière (rue).............	8.............	06 (Luxembourg).
Garde-Meubles de la ville de Paris...	7.............	21 (Bastille).
Garde républicaine (État-major de la).	7.............	28 (Halle aux vins).
Gardes (rue des).............	B. 58 (Chapelle).......	58 (La Chapelle).
Gare (boulevard et quai de la)....	B. 63 (Gare d'Ivry).....	63 (Jeanne-d'Arc).
Gare (rue de la).............	7.............	33 (Boul. de l'Hôpital).
Gares d'eau *Arsenal (de l')*	6.............	21 (Bastille).
Circulaire de la Villette.	B. 76 (Villette 1ᵉ)......	79 (Rotonde-Villette).
Estacade (de l')	7.............	21 (Bastille).
Grenelle (de).......	B. 64 (Grenelle).......	64 (Grenelle).
Gareau (rue)................	B. 67 (Montmartre).....	67 (Abbesses).
Gare-de-Reuilly (rue de la)......	6.............	23 (Citeaux).
Garibaldi (boulevard)..........	B. 75 (Vaugirard).....	41 (Duquesne).
Garonne (rue de la)...........	B. 56 (Bercy).........	57 (Bercy).
Gasnier-Guy (rue).............	B. 59 (Charonne)......	40 (Ménilmontant).
Gasparin (passage et rue)	B. 64 (Grenelle).......	64 (Grenelle).

NOMS DES RUES, BOULEVARDS, ETC.	RAYONS OU BUREAUX DE DISTRIBUTION des correspondances postales.	BUREAUX DE DISTRIBUTION des télégrammes.
Gaston-de-Saint-Paul (rue)	1.	34 (Marceau).
Gatbois (passage)	6.	93 (Gare de Lyon).
Gatines (rue des)	B. 59 (Charonne)	55 (Belleville).
Gaudelet (impasse et petite impasse)	5.	40 (Ménilmontant).
Gauguet (impasse ou rue)	B. 69 (Montrouge)	69 (Montrouge).
Gaules (impasse des)	B. 69 (Montrouge)	72 (Plaisance).
Gauthey (rue)	B. 54 (Batignolles)	61 (Legendre).
Gauthier (passage)	B. 55 (Belleville)	55 (Belleville).
Gavarni (rue)	B. 70 (Passy 1e)	70 (Passy).
Gay-Lussac (rue)	8.	38 (Claude-Bernard).
Gaz (Compagnie parisienne du)	3.	68 (Rochechouart).
Gaz (impasse et rue du)	B. 63 (Gare d'Ivry)	65 (Gobelins).
Gazan (rue)	B. 65 (Maison-Blanche)	69 (Montrouge).
Gendarmerie départementale	6.	21 (Bastille).
Général-Brunet (rue du)	B. 55 (Belleville)	55 (Belleville).
Général-Foy (rue du)	2.	
1 à 7, 2 à 16		18 (Place du Havre).
Au-dessus		37 (Europe).
Général-Morin (rue du)	5.	91 (Boulevard St-Denis).
Gênes (cité et impasse de)	B. 55 (Belleville)	40 (Ménilmontant).
Génie (Direction du)	9.	44 (Central).
Génie (passage du)	6.	23 (Citeaux).
Gentilly (rue de)	7.	65 (Gobelins).
Genty (passage)	6.	93 (Gare de Lyon).
Geoffroy-Didelot (passage)	B. 66 (Monceau)	66 (Meissonnier).
Geoffroy-l'Angevin (rue)	11.	13 (Hôtel de ville).
Geoffroy-l'Asnier (rue)	7.	13 (Hôtel de ville).
Geoffroy-Marie (impasse et rue)	3.	48 (Sainte-Cécile).
Geoffroy-Saint-Hilaire (rue)	7.	29 (Monge).
Georges-Sand (rue)	B. 53 (Auteuil)	53 (Auteuil).
Gérando (rue)	3.	68 (Rochechouart).
Gérard (passage et rue)	B. 65 (Maison-Blanche)	65 (Gobelins).

NOMS DES RUES, BOULEVARDS, ETC.	RAYONS OU BUREAUX DE DISTRIBUTION des correspondances postales.	BUREAUX DE DISTRIBUTION des télégrammes.
Gerbert (rue)	B. 75 (Vaugirard)	75 (Vaugirard).
Gerbier (rue)	**6**	36 (Voltaire).
Gerbillon (rue)	**9**	43 (Littré).
Gergovie (passage de)	B. 72 (Plaisance)	72 (Plaisance).
Gergovie (rue de)	. . . .	72 (Plaisance).
1 à 45, 2 à 46	B. 72 (Plaisance)	
Au-dessus	B. 69 (Montrouge)	
Géricault (rue)	B. 53 (Auteuil)	53 (Auteuil).
Germain-Pillon (cité et rue)	B. 67 (Montmartre)	67 (Abbesses).
Gerson (place et rue)	**8**	06 (Luxembourg).
Gesvres (quai de)	**11**	13 (Hôtel de ville).
Giffard (rue)	**7**	33 (Boul. de l'Hôpital).
Gilles (cour)	B. 56 (Bercy)	57 (Bercy).
Ginoux (rue)	B. 64 (Grenelle)	64 (Grenelle).
Giordano-Bruno (rue)	B. 69 (Montrouge)	65 (Gobelins).
Girardon (impasse et rue)	B. 67 (Montmartre)	67 (Abbesses).
Girodet (rue)	B. 53 (Auteuil)	53 (Auteuil).
Gironde (butte de la). *Entrepôt* . . .	**7**	28 (Halle aux vins).
Gironde (quai de la)	B. 76 (Villette 1°)	76 (Crimée).
Gît-le-Cœur (rue)	**8**	25 (Saint-Michel).
Glacière (rue de la) :		
1 à 65, 2 à 74	**7**	29 (Monge).
Au-dessus	B. 65 (Maison-Blanche) . .	65 (Gobelins).
Glacière de la ville de Paris ou du Bois de Boulogne	B. 71 (Passy 2°)	78 (Dufrénoy).
Gluck (rue)	**2**	89 (Grand-Hôtel).
Gobelins (avenue des)	**7**	
1 à 53, 2 à 38	. . . .	29 (Monge).
Au-dessus	. . . .	65 (Gobelins).
Gobelins (cité des)	**7**	65 (Gobelins).
Gobelins (rue et ruelle des)	**7**	29 (Monge).
Gobelins (Manufacture des)	**7**	65 (Gobelins).

NOMS DES RUES, BOULEVARDS, ETC.	RAYONS ou BUREAUX DE DISTRIBUTION des correspondances postales.	BUREAUX DE DISTRIBUTION des télégrammes.
Gobert (rue)	6.	36 (Voltaire).
Godefroy (rue)	7.	63 (Jeanne-d'Arc).
Godefroy-Cavaignac (rue)	6.	36 (Voltaire).
Godin (villa)	B. 59 (Charonne)	59 (Charonne).
Godot-de-Mauroy (rue)	2.	03 (Madeleine).
Gœthe (rue) . . . . ;	1.	34 (Marceau).
Goix (passage)	B. 76 (Villette 1ᵉ)	79 (Rotonde-Villette).
Gomboust (impasse et rue)	1.	89 (Grand-Hôtel).
Gondi (rue ou ruelle de)	B. 56 (Bercy)	57 (Bercy).
Gonnet (cité ou passage)	6.	23 (Citeaux).
Gosselin (cité)	B. 76 (Villette 1ᵉ)	79 (Rotonde-Villette).
Gounod (rue)	B. 66 (Monceaux)	66 (Meissonnier).
Gourdon (passage)	B. 69 (Montrouge)	69 (Montrouge).
Gourdon (villa)	B. 73 (Saint-Mandé)	73 (Bel-Air).
Gourgaud (avenue)	B. 66 (Monceaux)	66 (Meissonnier).
Goutte-d'Or (rue de la)	B. 58 (Chapelle)	58 (La Chapelle).
Gouvernement militaire de Paris . . .	1.	89 (Grand Hôtel).
Gouvion-Saint-Cyr (boulevard) . . .	B. 74 (Ternes)	
1 à 59	. . . .	74 (Ternes).
Au-dessus	. . . .	62 (Étoile).
Gozlin (rue)	8.	15 (Bonaparte).
Grâce-de-Dieu (cité ou cour de la) . .	5.	40 (Ménilmontant).
Gracieuse (rue)	7.	29 (Monge).
Grammont (rue de)	11.	01 (Bourse).
Grancey (rue de)	B. 69 (Montrouge)	69 (Montrouge).
Grand-Cerf (passage du)	10.	90 (Hôtel des Postes).
Grande-Armée (avenue de la)	. . . .	62 (Étoile).
Numéros impairs	B. 71 (Passy 2ᵉ)	
Numéros pairs	B. 74 (Ternes)	
Grande-Chaumière (rue de la) . . .	8.	43 (Littré).
Grande-Pinte (cité de la)	B. 56 (Bercy)	57 (Bercy).
Grandes-Carrières (impasse et rue des) .	B. 67 (Montmartre)	60 (Clignancourt).

NOMS DES RUES, BOULEVARDS, ETC,	RAYONS ou bureaux de distribution des correspondances postales.	BUREAUX de distribution des télégrammes.
Grande-Truanderie (rue de la) . . .	10	17 (Halles).
Grand-Orient de France (le)	3	48 (Sainte-Cécile).
Grand-Prieuré (rue du)	5	05 (Pl. de la République).
Grands-Augustins (quai et rue des).	8	25 (Saint-Michel).
Grands-Champs (rue des).	B. 59 (Charonne)	73 (Bel-Air).
Grands-Degrés (rue des)	7	25 (Saint-Michel).
Grange-aux-Belles (rue de la)	4	39 (Écluses Saint-Martin).
Grange-Batelière (rue de la)	3	01 (Bourse).
Graves (rue de). *Entrepôt* , ...	7	28 (Halle aux vins).
Gravilliers (passage et rue des) . . .	5	07 (Haudriettes).
Greffulhe (rue de) . . . . »	2	03 (Madeleine).
Grégoire-de-Tours (rue)	8	06 (Luxembourg).
Grenelle (boulevard, quai et villa de).	B. 64 (Grenelle)	64 (Grenelle).
Grenelle (passage de)	9	27 (Gros-Caillou).
Grenelle (rue de)	9 .	
1 à 65, 2 à 78	. . . .	10 (Vieux-Colombier).
67 à 127, 80 à 142	. . . .	44 (Central).
Le reste..	. . . .	27 (Gros-Caillou).
Grenéta (cour *ou* passage et rue) . . .	10	90 (Hôtel des Postes).
Grenier-Saint-Lazare (rue).	11	07 (Haudriettes).
Grenier-sur-l'Eau (rue)	7	13 (Hôtel de ville).
Grès (place des)	B. 59 (Charonne)	59 (Charonne).
Grétry (rue).	11	01 (Bourse).
Greuze (cité et rue)	B. 71 (Passy 2°)	71 (Victor-Hugo).
Gribeauval (rue de)	9	15 (Bonaparte).
Gril (rue du)	7	29 (Monge).
Grisel (impasse)	B. 75 (Vaugirard)	64 (Grenelle).
Griset (cité *ou* impasse)	5	40 (Ménilmontant).
Grisons (passage des)	B. 69 (Montrouge)	72 (Plaisance).
Gros (impasse)	B. 59 (Charonne)	59 (Charonne).
Gros (rue). . , . , ...,	B. 53 (Auteuil)	53 (Auteuil).
Grosse-Bouteille (impasse de la) . .	B. 60 (Clignancourt)	60 (Clignancourt).

NOMS DES RUES, BOULEVARDS, ETC.	RAYONS ou BUREAUX DE DISTRIBUTION des correspondances postales.	BUREAUX DE DISTRIBUTION des télégrammes.
Grotte (rue de la)	B. 75 (Vaugirard)	75 (Vaugirard).
Guadeloupe (rue de la)	B. 58 (Chapelle)	58 (La Chapelle).
Gudin (rue)	B. 53 (Auteuil)	53 (Auteuil).
Gué (impasse du)	B. 58 (Chapelle)	58 (La Chapelle).
Guelma (impasse de)	B. 67 (Montmartre)	67 (Abbesses).
Guéménée (impasse)	6	21 (Bastille).
Guénégaud (rue)	8	25 (Saint-Michel).
Guénot (cité et passage)	6	87 (Alexandre-Dumas).
Guépine (impasse)	7	13 (Hôtel de ville).
Guérin-Boisseau (rue)	11	91 (Boulevard St-Denis).
Guersant (rue)	B. 74 (Ternes)	74 (Ternes).
Guichard (rue)	B. 70 (Passy 1°)	70 (Passy).
Guignier (place et rue du)	B. 55 (Belleville)	55 (Belleville).
Guilhem (passage et rue)	5	36 (Voltaire).
Guillaume-Laplagne (rue)	B. 72 (Plaisance)	75 (Vaugirard).
Guillaume-Tell (rue)	B. 74 (Ternes)	74 (Ternes).
Guillaumot (cité ou impasse)	6	93 (Gare de Lyon).
Guillaumot-Lainé (passage)	6	23 (Citeaux).
Guilleminot (place et rue)	B. 72 (Plaisance)	72 (Plaisance).
Guillemites (rue des)	6	13 (Hôtel de Ville).
Guillou (rue)	B. 70 (Passy 1°)	70 (Passy).
Guisarde (rue)	8	06 (Luxembourg).
Gustave (passage)	6	87 (Alexandre-Dumas).
Gustave-Courbet (rue)	B. 71 (Passy 2°)	71 (Victor-Hugo).
Gustave-Doré (impasse et rue)	B. 66 (Monceaux)	66 (Meissonnier).
Gutenberg (rue)	11	90 (Hôtel des Postes).
Gutman (rue)	B. 69 (Montrouge)	72 (Plaisance).
Guttin (passage ou rue)	B. 54 (Batignolles)	61 (Legendre).
Guy-de-Labrosse (rue)	7	28 (Halle aux vins).
Guyot (rue)	B. 66 (Monceaux)	66 (Meissonnier).
Guy-Patin (rue)	4	26 (Gare du Nord).

NOMS DES RUES, BOULEVARDS, ETC.	RAYONS OU BUREAUX DE DISTRIBUTION des correspondances postales.	BUREAUX DE DISTRIBUTION des télégrammes.

H

Haies (impasse, passage et rue des).	B. 59 (Charonne)	59 (Charonne).
Hainaut (rue du)...............	B. 77 (Villette 2ᵉ)......	99 (Marché aux bestiaux).
Halévy (rue).................	2............	89 (Grand-Hôtel).
Hallé (rue).................	B. 69 (Montrouge).....	69 (Montrouge).
Halles. *Blés, grains et farines (aux)*.	11...........	90 (Hôtel des Postes).
Halles. *Centrales*.............	11...........	17 (Halles).
Halles. *Cuirs (aux)*...........	7............	29 (Monge).
Halles. *Vins (aux)*...........	7............	28 (Halle aux vins).
Halles (rue des).............	11...........	17 (Halles).
Hambourg (rue de)...........	2............	84 (Boulevard de Clichy).
Hameau (rue du).............	B. 75 (Vaugirard)......	75 (Vaugirard).
Hamelin (rue)..............	1...........	34 (Marceau).
Hanovre (rue de)............	2............	89 (Grand-Hôtel).
Harlay (rue de).............	7............	25 (Saint-Michel).
Harmonie (rue de l').........	B. 72 (Plaisance).......	75 (Vaugirard).
Harvey (rue)...............	B. 63 (Gare d'Ivry).....	63 (Jeanne-d'Arc).
Hassart (rue)..............	B. 55 (Belleville).......	55 (Belleville).
Haudriettes (rue des)........	5...........	07 (Haudriettes).
Haussmann (boulevard) :		
1 à 89, 2 à 114.............	2...........	
Au-dessus..............	1...........	
1 à 49, 2 à 62..........	....	89 (Grand-Hôtel).
51 à 89, 64 à 114.........	....	18 (Place du Havre).
Au-dessus.............	....	47 (Haussmann).
Hautefeuille (impasse et rue).....	8...........	25 (Saint-Michel).
Hautes-Formes (impasse *ou* passage de).............	B. 63 (Gare d'Ivry).....	65 (Gobelins).
Hauteville (cité et rue d').......	4...........	48 (Sainte-Cécile).
Haut-Pavé (rue du)...........	7...........	25 (Saint-Michel).

NOMS DES RUES, BOULEVARDS, ETC).	RAYONS OU BUREAUX DE DISTRIBUTION des correspondances postales.	BUREAUX DE DISTRIBUTION des télégrammes.
Hautpoul (impasse d').	B. 77 (Villette 2°).	99 (Marché aux bestiaux).
Hautpoul (rue d') :		
1 à 9, 2 à 16 *bis*.	B. 55 (Belleville).	
Au-dessus.	B. 77 (Villette 2°).	
1 à 23, 2 à 34	. . . .	55 (Belleville).
Au-dessus.	. . . .	99 (Marché aux bestiaux).
Hauts-Montibœufs (rue *ou* sentier des)	B. 59 (Charonne).	59 (Charonne).
Havre (passage, place et rue du). .	2	18 (Place du Havre).
Haxo (impasse).	B. 59 (Charonne).	59 (Charonne).
Haxo (rue)	B. 55 (Belleville).	55 (Belleville).
Hébert (place).	B. 58 (Chapelle).	58 (La Chapelle).
Hébrar (impasse *ou* passage)	4	39 (Écluses St-Martin).
Hébrard (rue *ou* ruelle des). . . .	6	57 (Bercy).
Helder (rue du)	3	89 (Grand-Hôtel).
Hélène (impasse)	B. 54 (Batignolles)	84 (Boulevard de Clichy).
Hélène (rue)	B. 54 (Batignolles)	54 (Batignolles).
Héliopolis (rue d')	B. 74 (Ternes).	74 (Ternes).
Hennel (impasse *ou* passage). . . .	6	23 (Citeaux).
Henri IV (boulevard et quai)	7	21 (Bastille).
Henri IV (passage).	11	11 (Théâtre-Français).
Henri-Chevreau (rue)	B. 55 (Belleville).	55 (Belleville).
Henri-Heine (rue)	B. 53 (Auteuil).	53 (Auteuil).
Henri-Lepage (cité)	1	45 (Champs-Élysées).
Henri-Martin (avenue)		
N°⁵ pairs	B. 71 (Passy 2°)	
N°⁵ impairs	B. 70 (Passy 1°)	70 (Passy).
2 à 56	. . . .	71 (Victor-Hugo).
58 à la fin	. . . .	78 (Dufrénoy).
Henri-Regnault (rue)	B. 69 (Montrouge)	69 (Montrouge).
Henrion-de-Pansey (rue)	B. 72 (Plaisance).	72 (Plaisance).
Henry (cité.)	B. 55 (Belleville).	55 (Belleville).
Héricart (rue)	B. 64 (Grenelle)	64 (Grenelle).

NOMS DES RUES, BOULEVARDS, ETC.	RAYONS OU BUREAUX DE DISTRIBUTION des correspondances postales.	BUREAUX DE DISTRIBUTION des télégrammes.
Hérisson (cité *ou* passage)	B. 60 (Clignancourt)	60 (Clignancourt).
Hermel (rue)	B. 60 (Clignancourt)	60 (Clignancourt).
Hérold (rue)	10	90 (Hôtel des Postes).
Héron (cité)	4	39 (Écluses St-Martin).
Herr (rue)	B. 64 (Grenelle)	64 (Grenelle).
Herran (rue et villa)	B. 71 (Passy 2°)	71 (Victor-Hugo).
Herschel (rue)	8	38 (Claude-Bernard).
Hersent (villa)	B. 75 (Vaugirard)	75 (Vaugirard).
Hier (passage d')	B. 54 (Batignolles)	61 (Legendre).
Hippolyte-Lebas (rue)	3	02 (Milton).
Hirondelle (rue de l')	8	25 (Saint-Michel).
Hivert (cité)	B. 55 (Belleville)	79 (Rotonde-Villette).
Hoche (avenue)	1	42 (Friedland).
Homme-Armé (rue de l')	6	13 (Hôtel de ville).
Honoré-Chevalier (rue)	8	10 (Vieux-Colombier).
Hôpital (boulevard de l')	7.	
1 à 111, 2 à 102	. . . . . .	33 (Boulev. de l'Hôpital).
Au-dessus	. . . . . .	65 (Gobelins).
Hôpital-Saint-Antoine (place de l') .	6	23 (Citeaux).
Hôpital-Saint-Louis (rue de l')	4	39 (Écluses St-Martin).
Hôpitaux (Bureau d'admission dans les)	7	25 (Saint-Michel).
Hôpitaux et hospices (Administration des)	11	13 (Hôtel de ville).
Andral	6	21 (Bastille).
Asile clinique des aliénés ou *Sainte-Anne*	B. 65 (Maison-Blanche) . .	69 (Montrouge).
Asile de la Providence	B. 67 (Montmartre)	67 (Abbesses).
Asile suisse	B. 73 (Saint-Mandé)	23 (Citeaux).
Beaujon	1	42 (Friedland).
Bichat	B. 60 (Clignancourt)	60 (Clignancourt).
Broussais	B. 69 (Montrouge)	72 (Plaisance).
Chardon-Lagache	B. 53 (Auteuil)	53 (Auteuil).
Charité (de la)	8	15 (Bonaparte).

Hôpitaux et hospices

NOMS DES RUES, BOULEVARDS, ETC.	RAYONS ou BUREAUX DE DISTRIBUTION des correspondances postales.	BUREAUX DE DISTRIBUTION des télégrammes.
Cliniques (des)	8	06 (Luxembourg).
Clinique d'accouchements	8	43 (Littré).
Cochin	8	38 (Claude-Bernard).
Dubois ou Maison municipale de santé	4	26 (Gare du Nord).
Enfants (des)	9	41 (Duquesne).
Enfants assistés (des)	8	69 (Montrouge).
Enfants incurables (des)	B. 75 (Vaugirard)	41 (Duquesne).
Enghien (d')	6	23 (Citeaux).
Frères hospitaliers de Saint-Jean-de-Dieu (des)	9	44 (Central).
Gros-Caillou (du)	9	27 (Gros-Caillou).
Hôtel-Dieu (de l')	7	25 (Saint-Michel).
Laënnec ou Temporaire	9	44 (Central).
La Riboisière (de)	4	26 (Gare du Nord).
La Rochefoucauld (de)	B. 69 (Montrouge)	69 (Montrouge).
Leprince	9	27 (Gros-Caillou).
Lourcine (de)	7	29 (Monge).
Marie-Thérèse	8	69 (Montrouge).
Maternité (de la)	7	38 (Claude-Bernard).
Midi (du)	7	38 (Claude-Bernard).
Necker	9	41 (Duquesne).
Pitié (de la)	7	29 (Monge).
Quinze-Vingts (des)	6	21 (Bastille).
Rothschild	6	23 (Citeaux).
Salpêtrière (de la)	7	33 (Boul. de l'Hôpital).
Saint-Antoine	6	23 (Citeaux).
Saint-Jacques	B. 75 (Vaugirard)	75 (Vaugirard).
Saint-Joseph	B. 69 (Montrouge)	72 (Plaisance).
Saint-Louis	4	39 (Écluses St-Martin).
Saint-Martin (militaire)	4	26 (Gare du Nord).
Saint-Merry	11	13 (Hôtel de ville).
Sainte-Périne	B. 53 (Auteuil)	53 (Auteuil).

Hôpitaux et hospices (Suite.)

NOMS DES RUES, BOULEVARDS, ETC.	RAYONS OU BUREAUX DE DISTRIBUTION des correspondances postales.	BUREAUX DE DISTRIBUTION des télégrammes.
Hôpitaux et hospices (Suite.) Tenon ou de Ménilmontant...	B. 59 (Charonne)......	59 (Charonne).
Tisserand...............	B. 69 (Montrouge)......	72 (Plaisance).
Trousseau ou Sainte Eugénie.	6.............	23 (Citeaux).
Val-de-Grâce (du)........	8.............	38 (Claude-Bernard).
Vieillards de Belleville (des) ou de la rue Pelleport.......	B. 55 (Belleville).......	55 (Belleville).
Horloge (cour de l').........	2.............	18 (Place du Havre).
Horloge (galerie de l')........	3.............	01 (Bourse).
Horloge (quai de l').........	7.............	25 (Saint-Michel).
Hospices (rue des)...........	B. 63 (Gare d'Ivry).....	65 (Gobelins).
Hospitalières-Saint-Gervais (rue des).	6.............	13 (Hôtel de ville).
Hôtel (rue dite de l').........	6.............	93 (Gare de Lyon).
Hôtel-Colbert (rue de l').......	7.............	25 (Saint-Michel).
Hôtel-d'Argenson (impasse de l')..	6.............	13 (Hôtel de ville).
Hôtel de ville (l')...........	11.............	13 (Hôtel de ville).
Hôtel-de-Ville (place de l').....	11.............	13 (Hôtel de ville).
Hôtel-de-Ville (quai et rue de l').	7.............	13 (Hôtel de ville).
Houdard (rue)..............	B. 55 (Belleville).......	40 (Ménilmontant).
Houdon (rue)..............	B. 67 (Montmartre).....	67 (Abbesses).
Huchette (rue de la).........	7.............	25 (Saint-Michel).
Hugot (cour ou passage).......	B. 56 (Bercy)........	57 (Bercy).
Huilerie (impasse ou passage de l').	B. 60 (Clignancourt)....	60 (Clignancourt).
Hulot (passage)............	10.............	11 (Théâtre-Français).
Humboldt (rue)............	7.............	69 (Montrouge).
Huygens (rue).............	8.............	43 (Littré).
Hypothèques (Conservation des):		
1er bureau..............	2.............	37 (Europe).
2e bureau..............	B. 54 (Batignolles).....	54 (Batignolles).
3e bureau..............	8.............	69 (Montrouge).

I

Iéna (avenue et place d')......	1.............	34 (Marceau).
Île-de-France (impasse de l')....	B. 59 (Charonne)......	59 (Charonne).

NOMS DES RUES, BOULEVARDS, ETC.	RAYONS ou bureaux de distribution des correspondances postales.	BUREAUX de distribution des télégrammes.
Immeubles-Industriels (rue des)..	6............	23 (Citeaux).
Impératrice (square ou villa de l')..	B. 71 (Passy 2ᵉ).......	62 (Étoile)
Imprimerie Nationale...........	6............	07 (Haudriettes).
Indre (rue de l').............	B. 59 (Charonne)......	59 (Charonne).
Industrie (cité de l'), xiᵉ arr.....	5............	36 (Voltaire).
Industrie (cour de l'), xiᵉ arr. ...	6............	23 (Citeaux).
Industrie (cour de l'), xiiᵉ arr. ...	6............	21 (Bastille).
Industrie (Palais de l').........	1............	92 (Boissy-d'Anglas).
Industrie (passage de l'), xᵉ arr ..	4............	91 (Boulevard-St-Denis).
Industrie (passage de l'), xviiiᵉ arr.	B. 60 (Clignancourt)....	60 (Clignancourt).
Industrie (rue de l')...........	B. 65 (Maison-Blanche)..	65 (Gobelins).
Industrielle (cité)............	6............	36 (Voltaire).
Ingres (avenue)..............	B. 70 (Passy 1ᵉ)........	70 (Passy).
Innocents (rue des)...........	11............	17 (Halles).
Institut (Palais et place de l')....	8............	25 (Saint-Michel).
Institut agronomique...........	11............	91 (Boulevard St-Denis).
Institut catholique..........	8............	06 (Luxembourg).
Institut de France.... ...	8............	25 (Saint-Michel).
Intendance militaire...........	9............	44 (Central).
Invalides (boulevard et esplanade des)	9............	44 (Central).
Invalides (Hôtel des)	9............	44 (Central).
Invalides de la Marine (caisse des)..	1............	92 (Boissy-d'Anglas).
Irlandais (rue des)	7............	38 (Claude-Bernard).
Isabey (rue)................	B. 53 (Auteuil)........	53 (Auteuil).
Isely (cité)	B. 65 (Maison-Blanche)..	65 (Gobelins).
Islettes (rue des)	B. 58 (Chapelle).......	58 (La Chapelle).
Isly (cité de l')	B. 55 (Belleville).......	55 (Belleville).
Isly (rue de l')	2............	18 (Place du Havre).
Italie (avenue, boulevard et place d').	B. 65 (Maison-Blanche)..	65 (Gobelins).
Italiens (boulevard des).........	3............	01 (Bourse).
Italiens (cité des)	3............	02 (Milton).
Ivry (avenue et passage d')	B. 63 (Gare d'Ivry).....	65 (Gobelins).

NOMS DES RUES, BOULEVARDS, ETC.	RAYONS OU BUREAUX DE DISTRIBUTION des correspondances postales.	BUREAUX DE DISTRIBUTION des télégrammes.
J		
Jabach (passage)............	**11**...........	17 (Halles).
Jacinthe (rue).............	**7**...........	25 (Saint-Michel).
Jacob (cité), x⁰ arr...........	**4**...........	39 (Écluses St-Martin).
Jacob (rue), vi⁰ arr..........	**8**...........	15 (Bonaparte).
Jacquart (rue).............	**5**...........	36 (Voltaire).
Jacquemont (impasse et rue).....	B. 54 (Batignolles).....	54 (Batignolles).
Jacques-Camille (villa)..........	B. 55 (Belleville)......	55 (Belleville).
Jacques-Cartier (rue)..........	B. 54 (Batignolles).....	61 (Legendre).
Jacques-Cœur (rue)..........	**7**...........	21 (Bastille).
Jacques-Viguès (cour).........	**6**...........	21 (Bastille).
Jacquier (rue)...............	B. 69 (Montrouge).....	72 (Plaisance).
Jadin (rue)................	B. 66 (Monceaux)......	66 (Meissonier).
Jandelle (cité).............	B. 55 (Belleville.......	40 (Ménilmontant).
Janson (villa)..............	B. 71 (Passy 2°).......	71 (Victor-Hugo).
Japon (rue du)............	B. 59 (Charonne)......	59 (Charonne).
Japy (rue)...............	**6**...........	36 (Voltaire).
Jardinet (rue du)...........	**8**...........	25 (Saint-Michel).
Jardiniers (rue des)..........	B. 56 (Bercy)........	57 (Bercy).
Jardins-Saint-Paul (rue des).....	**7**...........	13 (Hôtel de ville).
Jardins publics ou squares { *Archevêché (de l')*.....	**7**...........	25 (Saint-Michel).
Arts-et-Métiers (des)...	**11**...........	91 (Boulevard St-Denis).
Batignolles (des)......	B. 54 (Batignolles).....	54 (Batignolles).
Bellechasse (de)......	**9**...........	44 (Central).
Buttes-Chaumont (des)..	B. 55 (Belleville).......	55 (Belleville).
Buttes-Chaumont (pavillon du Lac) (des)..........	B. 77 (Villette 2°).....	55 (Belleville).
Champ-de-Mars (du)....	**9**...........	46 (École militaire).
Chapelle (de la).......	B. 58 (Chapelle).......	58 (La Chapelle).
Chapelle Louis XVI (de la).	**2**...........	03 (Madeleine).
Champs-Élysées (des)...	**1**...........	45 (Champs-Élysées).
Cluny (de)..........	**8**...........	25 (St-Michel)..

NOMS DES RUES, BOULEVARDS, ETC.	RAYONS OU BUREAUX DE DISTRIBUTION des correspondances postales.	BUREAUX DE DISTRIBUTION des télégrammes.
Delaborde............	2.............	18 (Place du Havre).
Fêtes (des)	B. 55 (Belleville).......	55 (Belleville).
Grenelle (de)	B. 64 (Grenelle).......	64 (Grenelle).
Innocents (des)........	11...........	17 (Halles).
Invalides (des).........	9............	44 (Central).
Lamartine...........	B. 71 (Passy 2°)........	78 (Dufrénoy).
Louvois (de)	11...........	01 (Bourse).
Luxembourg (du)......	8............	06 (Luxembourg).
Ménages (des)	9............	10 (Vieux-Colombier).
Ménilmontant (de)	B. 59 (Charonne)......	59 (Charonne).
Monceau (de)	B. 66 (Monceaux)......	37 (Europe).
Monge.............	7............	28 (Halle aux vins).
Montholon (de)	3............	48 (Sainte-Cécile).
Montrouge (de)	B. 69 (Montrouge)......	69 (Montrouge).
Montsouris (de)	B. 69 (Montrouge).....	69 (Montrouge).
Muette (de la)	B. 70 (Passy 1°).......	70 (Passy).
Palais-Royal (du)......	11...........	11 (Théâtre-Français).
Parmentier..........	5............	36 (Voltaire).
Place des Vosges (de la).	6............	21 (Bastille).
Plantes (des)	7............	28 (Halle aux vins).
Saint-Médard.........	7............	29 (Monge).
Temple (du)..........	5............	05 (Pl. de la République).
Tour-Saint-Jacques (de la)	1............	17 (Halles).
Trinité (de la)........	2............	18 (Place du Havre).
Trocadéro (du)........	1............	70 (Passy).
Tuileries (des)	1............	11 (Théâtre-Français).
Vintimille (de)	2............	84 (Boulevard de Clichy).
Jarente (rue de)...............	6............	13 (Hôtel de ville).
Jarry (cité).................	4........	91 (Boulevard St-Denis).
Jasmin (rue)...............	B. 53 (Auteuil)........	53 (Auteuil).
Jaucourt (rue)...............	6............	73 (Bel-Air).
Javel (quai de)..............	B. 64 (Grenelle).......	64 (Grenelle).

Jardins publics ou squares (Suite.) — applies to the block from Delaborde through Vintimille (de).

NOMS DES RUES, BOULEVARDS, ETC.	RAYONS ou bureaux de distribution des correspondances postales.	BUREAUX de distribution des télégrammes.
Javel (rue de) :		
1 à 173, 2 à 176...............	B. 64 (Grenelle).......	
Au-dessus..................	B. 75 (Vaugirard)......	
1 à 201, 2 à 200............	....	64 (Grenelle).
Au-dessus...............	....	75 (Vaugirard).
Javotte (impasse)...........	B. 74 (Ternes)........	74 (Ternes).
Jean-Bart (rue)............	8............	06 (Luxembourg).
Jean-Beausire (impasse et rue)....	6............	21 (Bastille).
Jean-Bologne (rue)..........	B. 70 (Passy 1e)......	70 (Passy).
Jean-Bouton (impasse)........	6............	93 (Gare de Lyon).
Jean-Cottin (impasse et rue).....	B. 58 (Chapelle).......	58 (La Chapelle).
Jean-de-Beauvais (rue)........	7............	25 (Saint-Michel).
Jean-Dollfus (rue)............	B. 65 (Maison-Blanche)..	65 (Gobelins).
Jean-Godart (impasse)........	B. 56 (Bercy).........	57 (Bercy).
Jean-Goujon (rue)..........	1............	45 (Champs-Élysées).
Jean-Jacques-Rousseau (rue).....	11............	90 (Hôtel des Postes).
Jean-Lantier (rue)..........	11............	17 (Halles).
Jean-Marie-Jego (rue)........	B. 65 (Maison-Blanche)..	65 (Gobelins).
Jeanne (rue)............	B. 72 (Plaisance)......	75 (Vaugirard).
Jeanne-d'Arc (cité, place et rue)..	B. 63 (Gare d'Ivry).....	63 (Jeanne-d'Arc).
Jeanne-Hachette (rue).........	B. 75 (Vaugirard)......	75 (Vaugirard).
Jean-Nicot (passage et rue).....	9............	27 (Gros-Caillou).
Jean-Robert (rue)...........	B. 58 (Chapelle).......	58 (La Chapelle).
Jean-Tison (rue)...........	11............	17 (Halles).
Jemmapes (quai de) :		
2 à 34..................	5.	
Au-dessus.............	4.	
2 à 66................	....	05 (Pl. de la République).
68 à 182.............	....	39 (Écluses Saint-Martin).
Au-dessus...........	....	79 (Rotonde-Villette).
Jenner (rue)............	7............	33 (Boul. de l'Hôpital).
Jessaint (impasse et rue de).....	B. 58 (Chapelle).......	58 (La Chapelle).
Jeu-de-Boule (passage du)......	5............	05 (Pl. de la République).

NOMS DES RUES, BOULEVARDS, ETC.	RAYONS ou bureaux de distribution des correspondances postales.	BUREAUX de distribution des télégrammes.
Jeunes-Aveugles *(Institution des)* ...	9	44 (Central).
Jeûneurs (rue des)	10	01 (Bourse).
Joannes (rue)	B. 69 (Montrouge)	72 (Plaisance).
Jobert (passage)	B. 60 (Clignancourt) . . .	61 (Legendre).
Joinville (impasse ou passage et rue de)	B. 76 (Villette 1°)	76 (Crimée).
Joinville (péristyle de)	11	11 (Théâtre-Français).
Jolivet (rue)	B. 69 (Montrouge)	43 (Littré).
Joly (cité)	5	36 (Voltaire).
Jomard (rue)	B. 76 (Villette 1°)	76 (Crimée).
Jonas (rue)	B. 65 (Maison-Blanche) . .	65 (Gobelins).
Jonquoy (rue)	B. 69 (Montrouge)	72 (Plaisance).
Joquelet (rue)	10	01 (Bourse).
Joseph-Dijon (rue)	B. 60 (Clignancourt) . . .	60 (Clignancourt).
Josseaume (passage)	B. 59 (Charonne)	59 (Charonne).
Josset (cité *ou* passage)	6	21 (Bastille).
Joubert (rue)	2	18 (Place du Havre).
Joudrier (impasse)	B. 59 (Charonne)	87 (Alexandre-Dumas).
Jouffroy (passage)	3	01 (Bourse).
Jouffroy (rue)	B. 66 (Monceaux)	66 (Meissonnier).
Jour (rue du)	10	90 (Hôtel des Postes).
Jourdain (rue du)	B. 55 (Belleville)	55 (Belleville).
Jourdan (boulevard)	. . . .	69 (Montrouge).
2, 2 *bis*, 2 *ter* et 2 *quater*	B. 65 (Maison-Blanche).	
Au-dessus	B. 69 (Montrouge).	
Jouvence (impasse)	B. 72 (Plaisance)	72 (Plaisance).
Jouvenet (impasse et rue)	B. 53 (Auteuil)	53 (Auteuil).
Jouy (rue de)	7	13 (Hôtel de ville).
Jouye-Rouve (rue)	B. 55 (Belleville)	40 (Ménilmontant).
Joyeux (cité)	B. 54 (Batignolles)	61 (Legendre).
Juge (rue)	B. 64 (Grenelle)	64 (Grenelle).
Juges-Consuls (rue des)	11	13 (Hôtel de ville).
Juifs (rue des)	6	13 (Hôtel de ville).

7

NOMS DES RUES, BOULEVARDS, ETC.	RAYONS OU BUREAUX DE DISTRIBUTION des correspondances postales.	BUREAUX DE DISTRIBUTION des télégrammes.
Juilliard (cour)................	B. 56 (Bercy).........	57 (Bercy).
Juillet (rue)................	B. 55 (Belleville)......	55 (Belleville).
Juin (cour de)...............	6...........	21 (Bastille).
Jules-César (rue).............	6...........	21 (Bastille).
Jules Cloquet (rue)...........	B. 60 (Clignancourt)....	60 (Clignancourt).
Jules-Janin (avenue)..........	B. 70 (Passy 1ᵉ).......	70 (Passy).
Julie (rue).................	B. 69 (Montrouge).....	72 (Plaisance).
Julien-Lacroix (passage et rue)....	B. 55 (Belleville)......	40 (Ménilmontant).
Julienne (rue)..............	7...........	29 (Monge).
Juliette-Lamber (rue)..........	B. 66 (Monceaux)......	66 (Meissonnier).
Jura (rue du)..............	7...........	29 (Monge).
Jussienne (rue de la)..........	10...........	90 (Hôtel des Postes).
Jussieu (place et rue de)........	7...........	28 (Halle aux Vins).
Justice (chemin *ou* rue de la)....	B. 59 (Charonne)......	59 (Charonne),
1ᵉʳ *arrondissement*....	11...........	17 (Halles).
2ᵉ ——————....	10...........	01 (Bourse).
3ᵉ ——————....	5...........	05 (Pl. de la République).
4ᵉ ——————....	7...........	13 (Hôtel de Ville).
5ᵉ ——————....	7...........	06 (Luxembourg).
6ᵉ ——————....	8...........	10 (Vieux-Colombier).
7ᵉ ——————....	9...........	44 (Central).
8ᵉ ——————....	2...........	03 (Madeleine).
9ᵉ ——————....	3...........	01 (Bourse).
Justices 10ᵉ ——————....	4...........	91 (Boulev. Saint-Denis).
de paix: 11ᵉ ——————....	6...........	36 (Voltaire).
12ᵉ ——————....	B. 56 (Bercy)........	93 (Gare de Lyon).
13ᵉ ——————....	B. 65 (Maison-Blanche)..	65 (Gobelins).
14ᵉ ——————....	B. 69 (Montrouge).....	69 (Montrouge).
15ᵉ ——————....	B. 75 (Vaugirard)......	75 (Vaugirard).
16ᵉ ——————....	B. 70 (Passy 1ᵉ).......	70 (Passy).
17ᵉ ——————....	B. 54 (Batignolles).....	54 (Batignolles).
18ᵉ ——————....	B. 58 (Chapelle).......	58 (La Chapelle).
19ᵉ ——————....	B. 77 (Villette 2ᵉ)......	79 (Rotonde-Villette).
20ᵉ ——————....	B. 59 (Charonne)......	59 (Charonne).

NOMS DES RUES, BOULEVARDS, ETC.	RAYONS OU BUREAUX DE DISTRIBUTION des correspondances postales.	BUREAUX DE DISTRIBUTION des télégrammes.
K		
Kabylie (rue de)..............	B. 76 (Villette 1°)......	79 (Rotonde-Villette).
Keller (rue)................	6.............	21 (Bastille).
Kellermann (boulevárd)........	B. 65 (Maison-Blanche)..	65 (Gobelins).
Keppler (rue).............	1............	34 (Marceau).
Kléber (avenue)..............	B. 71 (Passy 2°).......	71 (Victor-Hugo).
Kroumirs (passage dit des).......	B. 69 (Montrouge).....	72 (Plaisance).
Kuss (rue).................	B. 65 (Maison-Blanche)..	65 (Gobelins).
Kuszner (passage)............	B. 55 (Belleville).......	40 (Ménilmontant).
L		
Labat (rue)...............	B. 67 (Montmartre)....	68 (Rochechouart).
La Baume (rue de)............	1.............	47 (Haussmann).
Labie (rue)...............	B. 74 (Ternes)........	62 (Gobelins).
La Boétie (rue)..............	1.	
1 à 67, 2 à 74..............	....	47 (Haussmann).
Au-dessus...............	....	45 (Champs-Élysées).
Labois-Rouillon (rue)...........	B. 76 (Villette 1°).....	76 (Crimée).
Laboratoire municipal de chimie....	7............	25 (Saint-Michel).
La Bourdonnaye (avenue de).....	9......	27 (Gros-Caillou).
Labourmène (cour)...........	B. 56 (Bercy)........	57 (Bercy).
Labrador (impasse du).........	B. 72 (Plaisance)......	75 (Vaugirard).
Labrouste (rue).............	B. 72 (Plaisance).......	75 (Vaugirard).
La Bruyère (rue).............	3............	02 (Milton).
Labyrinthe (cité du)..........	B. 55 (Belleville)......	55 (Belleville).
Lacaille (rue)...............	B. 54 (Batignolles).....	61 (Legendre).
Lacaze (rue)................	B. 69 (Montrouge).....	69 (Montrouge).

7.

NOMS DES RUES, BOULEVARDS, ETC.	RAYONS OU BUREAUX DE DISTRIBUTION des correspondances postales.	BUREAUX DE DISTRIBUTION des télégrammes.
Lacépède (rue de)............	7............	28 (Halles aux vins).
La Chaise (rue de)............	9............	10 (Vieux-Colombier).
Lacharrière (impasse et rue).....	5............	36 (Voltaire).
La Condamine (rue)............	B. 54 (Batignolles).....	54 (Batignolles).
Lacordaire (rue).............	B. 64 (Grenelle).......	64 (Grenelle).
Lacretelle (rue).............	B. 75 (Vaugirard).....	75 (Vaugirard).
Lacroix (rue)...............	B. 54 (Batignolles).....	61 (Legendre).
Lacuée (rue)...............	6............	21 (Bastille).
La Fayette (place)............	4............	26 (Gare du Nord).
La Fayette (rue) :		
1 à 91, 2 à 92............	3............	02 (Milton).
Au-dessus...............	4............	26 (Gare du Nord).
Laferrière (rue).............	3............	02 (Milton).
La Feuillade (rue de).........	11............	01 (Bourse).
Laffitte (rue).............	3............	02 (Milton).
Lafon (cour ou passage)........	B. 56 (Bercy)........	57 (Bercy).
La Fontaine (rue)............	B. 53 (Auteuil).......	53 (Auteuil).
Laghouat (rue de)............	B. 58 (Chapelle)......	58 (La Chapelle).
Lagille (impasse et rue).......	B. 54 (Batignolles).....	61 (Legendre).
Lagny (passage de)...........	B. 59 (Charonne).....	73 (Bel-Air).
Lagny (rue de) [1]...........	B. 73 (Saint-Mandé)....	73 (Bel-Air).
La Harpe (rue dé)............	7............	25 (Saint-Michel).
Lahire (rue)...............	B. 63 (Gare d'Ivry).....	63 (Jeanne-d'Arc).
Lakanal (rue)...............	B. 64 (Grenelle).......	64 (Grenelle).
Lalande (rue)...............	B. 69 (Montrouge).....	69 (Montrouge).
Lallier (rue)...............	3............	68 (Rochechouart).
Lally-Tollendal (rue).........	B. 77 (Villette 2e)......	79 (Rotonde-Villette).
Lamandé (rue).............	B. 54 (Batignolles).....	54 (Batignolles).
Lamarck (rue).............	B. 60 (Clignancourt)...	60 (Clignancourt).

[1] Il existe également, en dehors des fortifications, une «rue de Lagny» qui est desservie par les bureaux de Saint-Mandé extra-muros, Montreuil-sous-Bois et Vincennes. Les lettres à destination de cette rue doivent être dirigées sur la localité indiquée par l'expéditeur.

NOMS DES RUES, BOULEVARDS, ETC.	RAYONS ou BUREAUX DE DISTRIBUTION des correspondances postales.	BUREAUX DE DISTRIBUTION des télégrammes.
Lamartine (rue)................	3............	02 (Milton).
Lamartine (square)............	B. 71 (Passy 2e).......	78 (Dufrénoy).
Lamartine (villa).............	B. 70 (Passy 1e).......	70 (Passy).
Lambert (rue)................	B. 67 (Montmartre).....	68 (Rochechouart).
Lamblardie (rue).............	B. 56 (Bercy).........	73 (Bel-Air).
Lamennais (rue)...,..........	1............	42 (Friedland).
La Michodière (rue de)........	2............	89 (Grand-Hôtel).
Lamier (impasse)............	6............	36 (Voltaire).
La Motte-Piquet (avenue de).....	9.	
1 à 43, 2 à 46.............	....	27 (Gros-Caillou).
Au-dessus...............	....	46 (École militaire).
Lancette (rue de la)..........	B. 56 (Bercy).........	57 (Bercy).
Lancret (rue)...............	B. 53 (Auteuil)........	53 (Auteuil).
Lancry (impasse et rue de)......	4............	05 (Pl. de la République).
Landrieu (passage)............	9............	27 (Gros-Caillou).
Langlois (impasse)...........	B. 58 (Chapelle).......	58 (La Chapelle).
Languedoc (rue du). *Entrepôt*....	7............	28 (Halle aux vins).
Lanneau (rue de).............	7............	06 (Luxembourg).
Lannes (boulevard)...........	B. 71 (Passy 2e).......	78 (Dufrénoy).
Lanois (cour)...............	10............	01 (Bourse).
Lantiez (rue)...............	B. 54 (Batignolles).....	61 (Legendre).
La Pérouse (rue)............	1............	34 (Marceau).
Laplace (rue)...............	7............	28 (Halle aux vins).
Lappe (rue de)..............	6............	21 (Bastille).
La Quintinie (rue)...........	B. 75 (Vaugirard)......	75 (Vaugirard).
Lard (rue au)..............	11............	17 (Halles).
La Reynie (rue de)...........	11............	17 (Halles).
Largillière (rue)............	B. 70 (Passy 1e).......	70 (Passy).
Laroche (rue)...............	B. 56 (Bercy).........	57 (Bercy).
La Rochefoucauld (rue de).......	3............	02 (Milton).
Laromiguière (rue)...........	7............	38 (Claude-Bernard).
Larrey (rue)...............	7............	29 (Monge).

NOMS DES RUES, BOULEVARDS, ETC.	RAYONS ou bureaux de distribution des correspondances postales.	BUREAUX de distribution des télégrammes.
Larribe (rue)	2	37 (Europe).
Las-Cases (rue)	9	44 (Central).
Lassus (rue)	B. 55 (Belleville)	55 (Belleville).
Latérale (rue), XV⁰ arr.	B. 72 (Plaisance)	75 (Vaugirard).
Latérale à la Bièvre (rue), V⁰ arr.	7	29 (Monge).
Lathuile (passage)	B. 54 (Batignolles)	84 (Boulevard de Clichy).
La Tour-d'Auvergne (rue de)	3	02 (Milton).
La Tour-Maubourg (boulevard de)	9	27 (Gros-Caillou).
Latran (rue de)	7	25 (Saint-Michel).
La Trémoille (rue de)	1	45 (Champs-Élysées).
Laugier (impasse et rue)	B. 74 (Ternes)	74 (Ternes).
Laumière (avenue de)	B. 77 (Villette 2°)	79 (Rotonde-Villette).
Laurence-Savart (rue)	B. 55 (Belleville)	55 (Belleville).
Lauriston (rue)	B. 71 (Passy 2°)	71 (Victor-Hugo).
Lauzin (passage)	B. 55 (Belleville)	40 (Ménilmontant).
Lauzin (rue)	B. 55 (Belleville)	55 (Belleville).
La Vacquerie (rue)	6	36 (Voltaire).
Laval (rue de)	3	67 (Abbesses).
Lavandières-Place-Maubert (rue des)	7	25 (Saint-Michel).
Lavandières-Sainte-Opportune (rue des)	11	17 (Halles).
La Vieuville (cité et rue)	B. 67 (Montmartre)	67 (Abbesses).
Lavoir (passage du), XVIII⁰ ARR	B. 54 (Batignolles)	61 (Legendre).
Lavoir-des-Fourneaux (passage du)	8	43 (Littré).
Lavoir-de-la-Porte-d'Italie (passage du)	B. 65 (Maison-Blanche)	65 (Gobelins).
Lavoisier (rue)	2	03 (Madeleine).
La Vrillière (rue de)	11	01 (Bourse).
Leblanc (impasse et rue)	B. 64 (Grenelle)	64 (Grenelle).
Lebon (rue)	B. 74 (Ternes)	74 (Ternes).
Lebouis (impasse et rue)	B. 72 (Plaisance)	72 (Plaisance).
Lebouteux (rue)	B. 66 (Monceaux)	66 (Meissonnier).

NOMS DES RUES, BOULEVARDS, ETC.	RAYONS OU BUREAUX DE DISTRIBUTION des correspondances postales.	BUREAUX DE DISTRIBUTION des télégrammes.
Le Brun (rue)	**7**	29 (Monge).
Le Bua (rue)	B. 59 (Charonne)	59 (Charonne).
Leby (cour)	B. 56 (Bercy)	57 (Bercy).
Lechapelais (rue)	B. 54 (Batignolles)	54 (Batignolles).
Lechatelier (rue)	B. 74 (Ternes)	74 (Ternes).
Léchevin (passage)	**5**	36 (Voltaire).
Leclair (cité), *XVIIIe ARR.*	B. 67 (Montmartre)	67 (Abbesses).
Leclaire (cité), *XXe ARR.*	B. 59 (Charonne)	59 (Charonne).
Leclerc (rue), *XIVe ARR.*	**8**	69 (Montrouge).
Leclère (impasse), *XVIe ARR.*	B. 70 (Passy 1°)	70 (Passy).
Lécluse (rue)	B. 54 (Batignolles)	84 (Boulevard de Clichy).
Lecomte (rue)	B. 54 (Batignolles)	54 (Batignolles).
Lecoq (cité)	B. 75 (Vaugirard)	64 (Grenelle).
Lecourbe (rue)	B. 75 (Vaugirard)	75 (Vaugirard).
Lécuyer (rue)	B. 67 (Montmartre)	68 (Rochechouart).
Ledion (rue)	B. 69 (Montrouge)	72 (Plaisance).
Ledru-Rollin (avenue)	**6.**	
1 à 55, 2 à 58		93 (Gare de Lyon).
Au-dessus		21 (Bastille).
Lefebvre (boulevard)		75 (Vaugirard).
N° 3	B. 75 (Vaugirard).	
Au-dessus	B. 72 (Plaisance).	
Argentine (de la Confédération)	**1**	37 (Europe).
Bavière (de)	**1**	42 (Friedland).
Belgique (de)	**1**	45 (Champs-Élysées).
Bolivie (de)	**1**	45 (Champs-Élysées).
Brésil (du)	**1**	47 (Haussmann).
Chili (du)	**1**	42 (Friedland).
Chine (de)	B. 71 (Passy 2°)	71 (Victor-Hugo).
Colombie (de)	**1**	89 (Grand-Hôtel).
Costa-Rica (de)	**1**	34 (Marceau).
Danemark (de)	**1**	47 (Haussmann).

Légations

NOMS DES RUES, BOULEVARDS, ETC.	RAYONS OU BUREAUX DE DISTRIBUTION des correspondances postales.	BUREAUX DE DISTRIBUTION des télégrammes.
Dominicaine (de la République).	1	42 (Friedland).
États-Unis (des)	1	34 (Marceau).
États-Unis mexicains (des)	B. 71 (Passy 2ᵉ)	71 (Victor-Hugo).
Grèce (de)	1	47 (Haussmann).
Guatémala (de)	1	18 (Place du Havre).
Haïti (d')	1	45 (Champs-Élysées).
Hawaï (d')	2	89 (Grand-Hôtel).
Japon (du)	1	34 (Marceau).
Monaco (de)	9	27 (Gros-Caillou).
Nicaragua (de)	1	34 (Marceau).
Pays-Bas (des)	1	34 (Marceau).
Pérou (du)	1	42 (Friedland).
Perse (de)	1	34 (Marceau).
Portugal (de)	1	34 (Marceau).
Roumanie (de)	1	03 (Madeleine).
Saint-Marin (de)	B. 70 (Passy 1ᵉ)	70 (Passy).
San-Salvador (de)	B. 66 (Monceaux)	66 (Meissonnier).
Serbie (de)	1	92 (Boissy-d'Anglas).
Siam (de)	B. 70 (Passy 1ᵉ)	70 (Passy).
Suède et Norvège (de)	1	34 (Marceau).
Suisse (de)	1	89 (Grand-Hôtel).
Uruguay (de l')	B. 66 (Monceaux)	66 (Meissonnier).
Legendre (passage)	B. 54 (Batignolles)	61 (Legendre).
Legendre (rue) :		
1 à 57, 2 à 64	B. 66 (Monceaux).	
Au-dessus	B. 54 (Batignolles).	
1 à 57, 2 à 64		66 (Meissonnier).
59 à 117, 66 à 130		54 (Batignolles).
Au-dessus		61 (Legendre).
Léger (impasse)	B. 66 (Monceaux)	66 (Meissonier).
Légion d'honneur (Grande chancellerie et Palais de la)	9	44 (Central).

Note: les lignes de « Dominicaine » à « Uruguay » appartiennent à la rubrique **Légations (Suite.)**

NOMS DES RUES, BOULEVARDS, ETC.	RAYONS ou bureaux de distribution des correspondances postales.	BUREAUX de distribution des télégrammes.
Le Goff (rue)...............	8.............	06 (Luxembourg).
Legrand (rue)..............	B. 55 (Belleville)......	79 (Rotonde-Villette).
Legraverend (rue).........	6...........	93 (Gare de Lyon).
Leibnitz (rue).............	B. 60 (Clignancourt)...	60 (Clignancourt).
Lekain (rue)...............	B. 70 (Passy 1ᵉ)......	70 (Passy).
Lemaignan (rue)...........	B. 65 (Maison-Blanche)..	69 (Montrouge).
Lemaire (passage).........	B. 64 (Grenelle).......	64 (Grenelle).
Léman (rue du)............	B. 55 (Belleville)......	55 (Belleville).
Lemaresquier (impasse).....	B. 60 (Clignancourt)....	60 (Clignancourt).
Le Marois (rue)...........	B. 53 (Auteuil)........	53 (Auteuil).
Lemercier (cité et rue)........	B. 54 (Batignolles).....	54 (Batignolles).
Lemière (cité et impasse).......	B. 55 (Belleville)......	55 (Belleville).
Lemoine (pass.). { Boul. Sébastopol.. Rue Saint-Denis..	11........... 10...........	91 (Boul. Saint-Denis).
Lemon (rue)...............	B. 55 (Belleville)......	40 (Ménilmontant).
Lemoult (cité et rue)........	B. 64 (Grenelle).......	64 (Grenelle).
Le Nôtre (rue)............	B. 70 (Passy 1ᵉ)......	70 (Passy).
Léon (passage et rue)........	B. 58 (Chapelle).......	58 (La Chapelle).
Léonard-de-Vinci (rue).....	B. 71 (Passy 2ᵉ)......	71 (Victor-Hugo).
Léonce-Reynaud (rue).........	1...........	34 (Marceau).
Léon-Cogniet (rue)...........	B. 66 (Monceaux)......	66 (Meissonier).
Léonidas (passage).........	B. 69 (Montrouge).....	72 (Plaisance).
Léonie (rue)..............	2...........	02 (Milton).
Léontine (rue).............	B. 64 (Grenelle).......	64 (Grenelle).
Léopold (rue).............	B. 56 (Passy).........	57 (Bercy).
Lepage (cité).............	B. 77 (Villette 2ᵉ).....	79 (Rotonde-Villette).
Le Peletier (rue)............	3.	
1 à 39, 2 à 34.............	....	01 (Bourse).
Au-dessus................	....	02 (Milton).
Lepeu projetée (rue)...........	6...........	23 (Citeaux).
Lepic (passage et rue)........	B. 67 (Montmartre).....	67 (Abbesses).
Le Regrattier (rue)...........	7...........	28 (Halle aux vins).

NOMS DES RUES, BOULEVARDS, ETC.	RAYONS OU BUREAUX DE DISTRIBUTION des correspondances postales.	BUREAUX DE DISTRIBUTION des télégrammes.
Leriche (rue)................	B. 75 (Vaugirard).....	75 (Vaugirard).
Leroux (rue)................	B. 71 (Passy 2°).	
1 à 13, 2 à 18.............	....	71 (Victor-Hugo).
Au-dessus	....	62 (Étoile).
Leroy (cité)................	B. 55 (Belleville)......	55 (Belleville).
Lesage (cour et rue).........	B. 55 (Belleville)......	40 (Ménilmontant).
Lesage-Bulourde (cité).........	6.............	21 (Bastille).
Lesdiguières (rue de)........	7.............	21 (Bastille).
Le Sueur (rue et villa).......	B. 71 (Passy 2°)......	62 (Étoile).
Letellier (rue et villa).........	B. 64 (Grenelle)......	64 (Grenelle).
Letort (impasse et rue)........	B. 60 (Clignancourt)....	60 (Clignancourt).
Leuck-Mathieu (rue).........	B. 59 (Charonne).......	59 (Charonne).
Levant (cité du)	B. 58 (Chapelle).......	58 (La Chapelle).
Levée (impasse)	B. 65 (Maison-Blanche)..	65 (Gobelins).
Levée (passage)............	B. 63 (Gare d'Ivry)....	63 (Jeanne-d'Arc).
Le Verrier (rue)............	8.............	43 (Littré).
Levert (rue)................	B. 55 (Belleville).......	55 (Belleville).
Lévis (impasse, place et rue de)...	B. 66 (Monceaux)......	66 (Meissonnier).
L'Homme (passage)	6.............	21 (Bastille).
Lhomond (rue).............	7.............	38 (Claude-Bernard).
Lhuillier (rue).............	B. 75 (Vaugirard)......	75 (Vaugirard).
Liancourt (rue de)...........	B. 69 (Montrouge)....	69 (Montrouge).
Lianes (rue des)...........	B. 59 (Charonne).....	59 (Charonne).
Liban (rue du).............	B. 55 (Belleville).......	40 (Ménilmontant).
Libert (rue)................	B. 56 (Bercy).........	57 (Bercy).
Libourne (rue de)...........	B. 56 (Bercy)......	57 (Bercy).
Lieutenance (sentier de la)......	B. 73 (Saint-Mandé)...	73 (Bel-Air).
Ligner (passage)...........	B. 59 (Charonne)......	59 (Charonne).
Lilas (petite rue ou ruelle et rue des).	B. 55 (Belleville)......	55 (Belleville).
Lille (rue de).............	9.	
1 à 37, 2 à 50..............	....	15 (Bonaparte).
Au-dessus..............	....	44 (Central).

NOMS DES RUES, BOULEVARDS, ETC.	RAYONS OU BUREAUX DE DISTRIBUTION des correspondances postales.	BUREAUX DE DISTRIBUTION des télégrammes.
Lincoln (rue)...........	1...........	45 (Champs-Élysées).
Lingerie (rue de la)...........	11...........	17 (Halles).
Linné (rue)...........	7...........	28 (Halle aux vins).
Linois (rue)...........	B. 64 (Grenelle).......	64 (Grenelle).
Lions (impasse des)...........	5...........	21 (Bastille).
Lions (rue des)...........	7...........	21 (Bastille).
Lisa (impasse)...........	5...........	36 (Voltaire).
Lisbonne (rue de)...........	1...........	37 (Europe).
Lisfranc (rue)...........	B. 59 (Charonne)......	59 (Charonne).
Littré (rue)...........	8...........	43 (Littré).
Livingstone (rue)...........	B. 67 (Montmartre)....	68 (Rochechouart).
Lobau (rue)...........	7...........	13 (Hôtel de ville).
Lobineau (rue)...........	8...........	06 (Luxembourg).
Logelbach (rue de)...........	B. 66 (Monceaux)......	66 (Meissonier).
Loi (impasse de la)...........	B. 59 (Charonne)......	59 (Charonne).
Loire (butte de la). *Entrepôt*.....	7...........	28 (Halle aux vins).
Loire (quai de la)...........	B. 77 (Villette 2°)......	79 (Rotonde Villette).
Loiret (rue du)...........	B. 63 (Gare d'Ivry).....	63 (Jeanne-d'Arc).
Loison (cité)...........	6...........	87 (Alexandre-Dumas).
L'Olive (rue)...........	B. 58 (Chapelle).......	58 (La Chapelle).
Lombards (rue des)...........	7...........	17 (Halles).
Londres (cité et rue de)........	2...........	18 (Place du Havre).
Longchamp (rond-point de).....	B. 71 (Passy 2°)......	71 (Victor-Hugo).
Longchamp (rue de):		
1 à 41, 2 à 40...........	1...........	34 (Marceau).
Au-dessus...........	B. 71 (Passy 2°).	
43 à 103, 42 à 112...........		71 (Victor-Hugo).
Au-dessus...........		78 (Dufrénoy).
Longcheval (passage)...........	B. 55 (Belleville).......	55 (Belleville).
Longues-Raies (rue des)........	B. 65 (Maison-Blanche)..	65 (Gobelins).
Loos (rue de)...........	4...........	39 (Écluses St-Martin).

NOMS DES RUES, BOULEVARDS, ETC.	RAYONS OU BUREAUX DE DISTRIBUTION des correspondances postales.	BUREAUX DE DISTRIBUTION des télégrammes.
Lord-Byron (rue)............	1............	42 (Friedland).
Loron (passage).............	B. 56 (Bercy).........	57 (Bercy).
Lorraine (rue de)...........	B. 77 (Villette 2ᵉ)......	99 (Marché aux bestiaux).
Loudin (rue)..............	B. 72 (Plaisance).......	75 (Vaugirard).
Louis-Blanc (rue)............	4.	
1 à 19, 2 à 14.............	....	79 (Rotonde Villette).
Au-dessus.............	....	26 (Gare du Nord).
Louis Braille (rue)...........	B. 73 (Saint-Mandé)....	73 (Bel-Air).
Louis-David (rue)...........	B. 70 (Passy 1ᵉ).......	70 (Passy).
Louisiane (rue de la)........	B. 58 (Chapelle).......	58 (La Chapelle).
Louis-le-Grand (rue).........	2............	89 (Grand Hôtel).
Louis-Philippe (passage).......	6............	21 (Bastille).
Louis-Proust (cour)..........	B. 56 (Bercy)........	57 (Bercy).
Louis-Thuillier (rue).........	7............	38 (Claude-Bernard).
Lourcine (rue de)...........	7............	29 (Monge).
Lourmel (impasse et rue).......	B. 64 (Grenelle)......	64 (Grenelle).
Louvois (rue de)...........	11............	01 (Bourse).
Louvre (cercle du)..........	11............	95 (Louvre).
Louvre (Palais du)..........	1............	11 (Théâtre-Français).
Louvre (place du)..........	11.........	17 (Halles).
Louvre (quai du)...........	11.	
2 à 30.................	....	17 (Halles).
Au-dessus.............	....	11 (Théâtre-Français).
Louvre (rue du)...........	11.	
1 à 3, 2 à 24.............	....	17 (Halles).
Au-dessus.............	....	90 (Hôtel des Postes).
Lowendall (avenue de).........	9............	41 (Duquesne).
Lubeck (rue de)..........	1............	34 (Marceau).
Lucas (cité).............	B. 67 (Montmartre).....	68 (Rochechouart).
Lulli (rue)..............	11............	01 (Bourse).
Lune (rue de la)...........	10............	01 (Bourse).

NOMS DES RUES, BOULEVARDS, ETC.	RAYONS OU BUREAUX DE DISTRIBUTION des correspondances postales.	BUREAUX DE DISTRIBUTION des télégrammes.
Lunéville (rue de).............	B. 77 (Villette 2°)......	99 (Marché aux bestiaux).
Lutèce (rue de)...............	7.............	25 (Saint-Michel).
Luxembourg (Palais du).........	8...........	06 (Luxembourg).
Luxembourg (rue du)...........	8...........	06 (Luxembourg).
Lyon (rue de)................	6.	
1 à 31 2 à 20................	....	93 (Gare de Lyon).
Au-dessus..................	....	21 (Bastille).
Lyonnais (rue des)............	7............	29 (Monge).

M

NOMS DES RUES, BOULEVARDS, ETC.	RAYONS OU BUREAUX DE DISTRIBUTION des correspondances postales.	BUREAUX DE DISTRIBUTION des télégrammes.
Mabillon (rue)...............	8.............	06 (Luxembourg).
Macdonald (boulevard).........	B. 76 (Villette 1°)......	99 (Marché aux bestiaux).
Mac-Mahon (avenue)..........	B. 74 (Ternes)........	62 (Étoile).
Mâcon (rue de). *Entrepôt*.......	B. 56 (Bercy).........	57 (Bercy).
Mâconnais (enclos du).........	B. 56 (Bercy).........	57 (Bercy).
Madagascar (rue de)..........	B. 56 (Bercy).........	57 (Bercy).
Madame (rue de).............	8.	
1 à 45, 2 à 46...............	....	10 (Vieux-Colombier).
Au-dessus	....	06 (Luxembourg).
Madeleine (boulevard, galerie, passage et place de la).........	2.............	03 (Madeleine).
Madeleine (cité)..............	4.............	26 (Gare du Nord).
Mademoiselle (rue)...........		64 (Grenelle).
1 à 59, 2 à 18...............	B. 64 (Grenelle).	
Au-dessus..................	B. 75 (Vaugirard).	
Madone (rue de la)...........	B. 58 (Chapelle)......	58 (La Chapelle).
Madrid (rue de).............	2............	37 (Europe).
Magasins { *Fourrages milit. (des)* { Avoines..	9.............	44 (Central).
Magasins { *Fourrages milit. (des)* { Bastion 73	B. 75 (Vaugirard)......	75 (Vaugirard).
Magasins { *Fourrages milit. (des)* { Rapée....	B. 56 (Bercy)........	93 (Gare de Lyon).

NOMS DES RUES, BOULEVARDS, ETC.	RAYONS OU BUREAUX DE DISTRIBUTION des correspondances postales.	BUREAUX DE DISTRIBUTION des télégrammes.
Magasins. (Suite.) { *Habillement et de harna-chement (général d').*	9.	27 (Gros-Caillou).
Hôpitaux civils (central des).	7.	33 (Boul. de l'Hôpital).
Hôpitaux militaires (cen-tral des).	9.	27 (Gros-Caillou).
Magasins généraux. (Voir Entrepôts.).		
Magdebourg (rue de).	1. . , ...	34 (Marceau).
Magellan (rue)	1.	34 (Marceau).
Magendie (rue)	7.	29 (Monge).
Magenta (boulevard de).	4.	
1 à 51, 2 à 52	. . . .	05 (Pl. de la République).
Au-dessus.	. . . .	26 (Gare du Nord).
Magenta (cité)	4.	05 (Pl. de la République).
Mai (cour du)	7.	25 (Saint-Michel).
Mail (rue du)	10.	01 (Bourse).
Mailly (rue de)	9.	44 (Central).
Main-d'Or (cour *ou* passage de la). .	6.	21 (Bastille).
Maine (avenue du) :		
1 à 31, 2 à 32	8.	
Au-dessus.	B. 69 (Montrouge).	
1 à 63, 2 à 66	. . . .	43 (Littré).
Au-dessus	. . . .	69 (Montrouge).
Maine (cité et rue du)	B. 69 (Montrouge).	43 (Littré).
Maine (impasse du)	8.	43 (Littré).
Mairies. . . { 1ᵉʳ arr. *Louvre*.	11.	17 (Halles).
2ᵉ — *Bourse*.	10.	01 (Bourse).
3ᵉ — *Temple*.	5.	05 (Pl. de la République).
4ᵉ — *Hôtel-de-Ville*. . .	7.	13 (Hôtel de ville).
5ᵉ — *Panthéon*.	7.	06 (Luxembourg).
6ᵉ — *Luxembourg*. . . .	8.	10 (Vieux-Colombier).
7ᵉ — *Palais-Bourbon*. .	9.	44 (Central).

NOMS DES RUES, BOULEVARDS, ETC.	RAYONS ou bureaux de distribution des correspondances postales.	BUREAUX de distribution des télégrammes.
8ᵉ — *Élysée*	2.	03 (Madeleine).
9ᵉ — *Opéra*	3.	01 (Bourse).
10ᵉ — *Enclos-Sᵗ-Laurent*	4.	91 (Boul. Saint-Denis).
11ᵉ — *Popincourt*	6.	36 (Voltaire).
12ᵉ — *Reuilly*	B. 56 (Bercy).	93 (Gare de Lyon).
13ᵉ — *Gobelins*	B. 65 (Maison-Blanche).	65 (Gobelins).
14ᵉ — *Observatoire*	B. 69 (Montrouge).	69 (Montrouge).
Mairies... (Suite.) 15ᵉ — *Vaugirard*	B. 75 (Vaugirard).	75 (Vaugirard).
16ᵉ — *Passy*	B. 70 (Passy 1ᵉ).	70 (Passy).
17ᵉ — *Batignolles-Monceaux*	B. 54 (Batignolles).	54 (Batignolles).
18ᵉ — *Butte-Montmartre*	B. 67 (Montmartre).	67 (Abbesses).
19ᵉ — *Buttes-Chaumont*	B. 77 (Villette 2ᵉ).	79 (Rotonde-Villette).
20ᵉ — *Ménilmontant*	B. 59 (Charonne).	59 (Charonne).
Maison-Blanche (rue de la)	B. 65 (Maison-Blanche).	65 (Gobelins).
Maison-Brûlée (cour de la)	6.	21 (Bastille).
Maison-des-Arts (cour de la)	5.	05 (Pl. de la République).
Maison-Dieu (rue)	B. 69 (Montrouge).	72 (Plaisance).
Maison-Neuve (cité)	B. 55 (Belleville).	40 (Ménilmontant).
Maison-Rouge (cour de la)	6.	23 (Citeaux).
Maistre (rue de)		
1 à 13, 2 à 52	B. 67 (Montmartre).	67 (Abbesses).
Au-dessus	B. 54 (Batignolles).	61 (Legendre).
Maître-Albert (rue)	7.	28 (Halle aux vins).
Malakoff (avenue)	B. 71 (Passy 2ᵉ).	
1 à 99, 2 à 92		71 (Victor-Hugo).
Au-dessus		62 (Étoile).
Malakoff (impasse de)	B. 71 (Passy 2ᵉ).	62 (Étoile).
Malaquais (quai)	9.	15 (Bonaparte).
Malar (rue)	9.	27 (Gros-Caillou).
Malassis (ruelle)	B. 75 (Vaugirard).	75 (Vaugirard).
Malbet (cité)	B. 60 (Clignancourt).	60 (Clignancourt).

NOMS DES RUES, BOULEVARDS, ETC.	RAYONS OU BUREAUX DE DISTRIBUTION des correspondances postales.	BUREAUX DE DISTRIBUTION des télégrammes.
Malebranche (rue).............	8............	06 (Luxembourg).
Malesherbes (boulevard) :		
1 à 121, 2 à 92..............	2.	
Au-dessus...................	B. 66 (Monceaux)...	
1 à 45, 2 à 44............	....	03 (Madeleine).
47 à 85, 46 à 60...........	....	47 (Haussmann).
87 à 121, 62 à 92...........	....	37 (Europe).
Au-dessus................	....	66 (Meissonnier).
Malesherbes (cité)	3............	67 (Abbesses).
Malesherbes (place)...........	B. 66 (Monceaux)......	66 (Meissonnier).
Malher (rue)................	6............	13 (Hôtel de ville).
Malleville (rue).	1............	47 (Haussmann).
Malmaisons (rue des)..........	B. 65 (Maison-Blanche)...	65 (Gobelins).
Malte (rue de).............	5............	05 (Pl. de la République).
Malte-Brun (rue)............	B. 59 (Charonne)...	59 (Charonne).
Malus (rue)................	7............	29 (Monge).
Mandar (galerie et rue)........	10.........	90 (Hôtel des Postes).
Manin (rue)................	B. 77 (Villette 2ᵉ).	
1 à 93, 2 à 6........	....	79 (Rotonde-Villette).
8 à 70.....................	....	99 (Marché aux bestiaux).
Mansart (rue)	2............	67 (Abbesses).
Manufactures de l'État (Direction générale des)................	1............	11 (Théâtre-Français).
Manutention (rue de la)........	1............	34 (Marceau).
Manutention des vivres (la).......	1............	34 (Marceau).
Maraîchers (rue des)...........	....	73 (Bel-Air).
1 à 7, 2 à 16..............	B. 73 (Saint-Mandé).	
Au-dessus..............	B. 59 (Charonne).	
Marais (cité ou cour des)	7............	29 (Monge).
Marais (impasse des)..........	4............	05 (Pl. de la République).
Marais (rue des),.............	4.	
1 à 57, 2 à 70........	....	05 (Pl. de la République).
Au-dessus...............	....	91 (Boul. Saint-Denis).

NOMS DES RUES, BOULEVARDS, ETC.	RAYONS OU BUREAUX DE DISTRIBUTION des cor espondances postales.	BUREAUX DE DISTRIBUTION des télégrammes.
Marbeau (rue)	B. 71 (Passy 2°).......	71 (Victor-Hugo).
Marbeuf (rue)	1...........	45 (Champs-Élysées).
Marcadet (cité).............	B. 58 (Chapelle).......	58 (La Chapelle).
Marcadet (rue) :		
1 à 41, 2 à 38..............	B. 58 (Chapelle).......	58 (La Chapelle).
43 à 255, 40 à 270...........	B. 60 (Clignancourt).	
Au-dessus	B. 54 (Batignolles).	
43 à 195, 40 à 212...........	....	60 (Clignancourt).
Au-dessus		61 (Legendre).
Marceau (avenue)...........	1...........	34 (Marceau).
Marcès (impasse)............	5...........	36 (Voltaire).
Marchand (passage)..........	11...........	11 (Théâtre-Français).
Marchés ⎰ Aguesseau (d').........	1...........	03 (Madeleine).
Auteuil (d')............	B. 53 (Auteuil).......	53 (Auteuil).
Ave-Maria (de l').......	7	13 (Hôtel de ville).
Batignolles (des).......	B. 54 (Batignolles).....	54 (Batignolles).
Beauvau.............	6...........	23 (Citeaux).
Bestiaux (aux).........	B. 77 (Villette 2°)......	99 (Marché aux bestiaux).
Blancs-Manteaux (des) ...	6...........	13 (Hôtel de ville).
Carmes (des)...........	7...........	28 (Halle aux vins).
Chapelle (de la)........	B. 58 (Chapelle).......	58 (La Chapelle).
Chevaux (aux).........	7...........	33 (Boulev. de l'Hôpital).
Enfants-Rouges (des).....	5...........	07 (Haudriettes).
Europe (de l').........	1...........	47 (Haussmann).
Fleurs (aux). (Château-d'Eau.).............	5...........	05 (Pl. de la République).
Fleurs (aux). (Cité.).....	7...........	25 (Boulev. Saint-Michel).
Fleurs (aux). (Madeleine).	2...........	03 (Madeleine).
Fleurs (aux). (S'-Sulpice.)	8...........	06 (Luxembourg).
Fourrages (aux)........	7...........	33 (Boulev. de l'Hôpital).
Fruits (aux)...........	7...........	13 (Hôtel de Ville).
Grenelle (de)	B. 64 (Grenelle).......	64 (Grenelle).

8

NOMS DES RUES, BOULEVARDS, ETC.	RAYONS OU BUREAUX DE DISTRIBUTION des correspondances postales.	BUREAUX DE DISTRIBUTION des télégrammes.
Gros-Caillou (du)........	9............	27 (Gros-Caillou).
Italie (d')..............	7............	65 (Gobelins).
Joinville (de)...........	B. 76 (Villette 1ᵉ).....	76 (Crimée).
Madeleine (de la).......	2............	03 (Madeleine).
Martyrs (des)..........	3............	02 (Milton).
Ménilmontant (de).......	B. 55 (Belleville).......	55 (Belleville).
Monceaux (de)..........	B. 66 (Monceaux)......	66 (Meissonier).
Montmartre (de)........	B. 67 (Montmartre)....	68 (Rochechouart).
Montrouge (de)..........	B. 69 (Montrouge).....	69 (Montrouge).
Necker...............	B. 75 (Vaugirard)......	75 (Vaugirard).
Nicole................	8............	38 (Claude-Bernard).
Notre-Dame-de-Lorette....	3............	02 (Milton).
Passy (de)............	B. 70 (Passy 1ᵉ).......	70 (Passy).
Patriarches (des)........	7............	29 (Monge).
Place Cadet (de la)......	3............	02 (Milton).
Popincourt............	5............	36 (Voltaire).
Porte-Saint-Martin (de la).	4............	91 (Boulevard Sᵗ-Denis).
Sainte-Catherine........	6............	13 (Hôtel de Ville).
Saint-Didier..........	B. 71 (Passy 2ᵉ).......	71 (Victor-Hugo).
Saint-Germain..........	8............	06 (Luxembourg).
Saint-Honoré..........	1............	89 (Grand Hôtel).
Sᵗ-Laurent ou Sᵗ-Quentin..	4............	26 (Gare du Nord).
Saint-Maur, xᵉ arr.......	4............	39 (Écluses Saint-Martin).
Sᵗ-Maur-Sᵗ-Germain, vıᵉ arr	9............	43 (Littré).
Temple (du)..........	5............	05 (Pl. de la République).
Temple (alimentaire du)...	5............	05 (Pl. de la République).
Ternes (des).........	B. 74 (Ternes)........	74 (Ternes).
Villette (de la)........	B. 55 (Belleville).......	79 (Rotonde Villette).
Marché-aux-Chevaux (impasse du).	7............	29 (Monge).
Marché-de-la-Porte-Sᵗ-Martin (passage du)...	4............	91 (Boulevard Sᵗ-Denis).
Marché-des-Blancs-Manteaux (r. du).	6............	13 (Hôtel de Ville).

Marchés (Suite.)

NOMS DES RUES, BOULEVARDS, ETC.	RAYONS OU BUREAUX DE DISTRIBUTION des correspondances postales.	BUREAUX DE DISTRIBUTION des télégrammes.
Marché-des-Enfants-Rouges (rue du)	5	07 (Haudriettes).
Marché-des-Patriarches (passage et rue du)	7	29 (Monge).
Marché-Neuf (quai du)	7	25 (Saint-Michel).
Marché-Popincourt (rue du)	5	36 (Voltaire).
Marché-Popincourt prolongée (rue du)	5	36 (Voltaire).
Marché-Ste-Catherine (pl. ou rue du)	6	13 (Hôtel de Ville).
Marché-St-Honoré (place et rue du)	1	89 (Grand Hôtel).
Mare (impasse, passage et rue de la)	B. 55 (Belleville)	55 (Belleville).
Marengo (rue de)	11	11 (Théâtre-Français).
Margaux (cour)	B. 56 (Bercy)	57 (Bercy).
Marguettes (impasse et rue des)	B. 73 (Saint-Mandé)	73 (Bel-Air).
Marie (cité)	B. 54 (Batignolles)	61 (Legendre).
Marie (rue)	B. 64 (Grenelle)	64 (Grenelle).
Marie-Blanche (impasse)	B. 67 (Montmartre)	67 (Abbesses).
Marie-et-Louise (rue)	4	39 (Écluses Saint-Martin).
Marie-Stuart (rue)	10	90 (Hôtel des Postes).
Marignan (rue de)	1	45 (Champs-Élysées).
Marigny (avenue de)	1	92 (Boissy-d'Anglas).
Mariniers (chemin et passage des)	B. 69 (Montrouge)	72 (Plaisance).
Mariotte (rue)	B. 54 (Batignolles)	54 (Batignolles).
Marivaux (rue de)	11	01 (Bourse).
Marmontel (impasse et rue)	B. 75 (Vaugirard)	75 (Vaugirard).
Marmousets (rue des)	7	29 (Monge).
Marne (quai et rue de la)	B. 77 (Villette 2e)	99 (Marché aux bestiaux).
Maroc (impasse, place et rue du)	B. 76 (Villette 1e)	79 (Rotonde Villette).
Maronites (rue des)	B. 55 (Belleville)	40 (Ménilmontant).
Marqfoy (rue)	4	26 (Gare du Nord).
Marronniers (rue des)	B. 70 (Passy 1e)	70 (Passy).
Mars (cour de)	6	21 (Bastille).
Marseille (rue de)	4	05 (Pl. de la République).
Marsollier (rue)	2	01 (Bourse).

8.

NOMS DES RUES, BOULEVARDS, ETC.	RAYONS OU BUREAUX DE DISTRIBUTION des correspondances postales.	BUREAUX DE DISTRIBUTION des télégrammes.
Martel (rue)................	4...........	48 (Sainte-Cécile).
Martignac (cité et rue).........	9...........	44 (Central).
Martin (rue)................	B. 74 (Ternes)........	74 (Ternes).
Martin-Bernard (rue)..........	B. 65 (Maison-Blanche)..	65 (Gobelins).
Martinique (rue de la).........	B. 58 (Chapelle).......	58 (La Chapelle).
Martyrs (rue des) :		
1 à 67, 2 à 72 *ter*............	3.	
Au-dessus................	B. 67 (Montmartre).	
1 à 55, 2 à 58.............	....	02 (Milton).
Au-dessus	....	67 (Abbesses).
Maslier (passage).............	B. 55 (Belleville)......	79 (Rotonde Villette).
Masséna (boulevard) :		
1 à 99, 2 à 118.............	B 63 (Gare d'Ivry.	
Au-dessus...............	B. 65 (Maison-Blanche).	
1 à 29, 2 à 30.............	....	63 (Jeanne-d'Arc).
Au-dessus................	....	65 (Gobelins).
Masséna (impasse)...........	B. 63 (Gare-d'Ivry).....	63 (Jeanne-d'Arc).
Masseran (rue).............	9...........	41 (Duquesne).
Massillon (rue).............	7...........	25 (Boul. Saint-Michel).
Masson (passage)............	B. 60 (Clignancourt)....	60 (Clignancourt).
Massonnet (impasse)...........	B. 60 (Clignancourt)....	60 (Clignancourt).
Masure (rue de la)...........	7...........	13 (Hôtel de Ville).
Mathieu (impasse)............	B. 75 (Vaugirard)......	75 (Vaugirard).
Mathieu-Molé (rue)..........	7...........	25 (Boul. Saint-Michel).
Mathis (rue)...............	B. 76 (Villette 1°)......	76 (Crimée).
Mathurins (rue des)...........	2.	
1 à 11, 2 à 20.............	....	89 (Grand Hôtel).
Au-dessus	....	03 (Madeleine).
Matignon (avenue de).........	1.	45 (Champs-Élysées).
Matignon (rue).............	1.	
1 à 19, 2 à 28.............	....	45 (Champs-Élysées).
Au-dessus................	....	47 (Haussmann).
Maubert (impasse et place).......	7...........	28 (Halle aux Vins).

NOMS DES RUES, BOULEVARDS, ETC.	RAYONS OU BUREAUX DE DISTRIBUTION des correspondances postales.	BUREAUX DE DISTRIBUTION des télégrammes.
Maubeuge (rue de) :		
1 à 65, 2 à 84...............	**3.**	
Au-dessus.............	**4.**	
1 à 33, 2 à 44............	....	02 (Milton).
Au-dessus	....	26 (Gare du Nord).
Maublanc (rue)...............	B. 75 (Vaugirard)......	75 (Vaugirard).
Maubuée (rue)..............	**11**............	13 (Hôtel de Ville).
Mauconseil (rue).............	**10**..........	90 (Hôtel des Postes).
Mauny (ruelle).............	B. 65 (Maison-Blanche).(	65 (Gobelins).
Maupy (cité)...............	B. 60 (Clignancourt)....	61 (Legendre).
Maure (rue du).............	**5**.............	07 (Haudriettes).
Maurel (passage)	**7**...........	33 (Boulev. de l'Hôpital).
Maurice (passage)...........	**5**...........	36 (Voltaire).
Maurice-Mayer (rue)..........	B. 65 (Maison-Blanche)..	69 (Montrouge).
Mauvais-Garçons (rue des)......	**7**...........	13 (Hôtel de Ville).
Mauve (passage).............	**6**...........	23 (Citeaux).
Mauxins (ruelle des).........	B. 55 (Belleville)......	55 (Belleville).
Mayet (rue)................	**9**........	43 (Littré).
Mayran (rue)...............	**3**........	02 (Milton).
Mazagran (impasse et rue de), *x° arr*.	**4**...........	48 (Sainte-Cécile).
Mazarine (rue)..............	**8**...........	25 (Saint-Michel).
Mazet (rue)................	**8**...........	25 (Saint-Michel).
Meaux (impasse de)..........	B. 55 (Belleville)......	79 (Rotonde Villette).
Meaux (rue de)..............	....	79 (Rotonde Villette).
2 à 46.................	B. 55 (Belleville).	
Le reste..............	B. 77 (Villette 2°).	
Méchain (rue)...............	**7**...........	69 (Montrouge).
Médéah (rue de).............	B. 72 (Plaisance).......	72 (Plaisance).
Médicis (rue de)	**8**..........	06 (Luxembourg).
Médoc (rue du)	B. 56 (Bercy).........	57 (Bercy).
Mégisserie (quai de la).........	**11**...........	17 (Halles).
Méhul (rue)................	**2**...........	01 (Bourse).

NOMS DES RUES, BOULEVARDS, ETC.	RAYONS OU BUREAUX DE DISTRIBUTION des correspondances postales.	BUREAUX DE DISTRIBUTION des télégrammes.
Meissonier (rue)	B. 66 (Monceaux)	66 (Meissonier).
Melun (passage de)	B. 77 (Villette 2ᵉ)	79 (Rotonde-Villette).
Ménard (impasse)	B. 59 (Charonne)	73 (Jeanne-d'Arc).
Ménars (rue de)	11	01 (Bourse).
Ménessier (rue)	B. 67 (Montmartre)	67 (Abbesses).
Ménilmontant (boulevard de) :		
1 à 67, 2 à 40	B. 59 (Charonne).	
Au-dessus	B. 55 (Belleville).	
1 à 67, 2 à 38		36 (Voltaire).
Au-dessus		40 (Ménilmontant).
Ménilmontant (impasse et passage)	5	40 (Ménilmontant).
Ménilmontant (rue de)	B. 55 (Belleville).	
1 à 47, 2 à 52		40 (Ménilmontant).
Au-dessus		55 (Belleville).
Menuisiers (impasse des)	B. 60 (Clignancourt)	61 (Legendre).
Mercier (rue)	11	90 (Hôtel des Postes).
Mercœur (rue)	6	36 (Voltaire).
Mérisiers (sentier des)	B. 73 (Saint-Mandé)	73 (Bel-Air).
Merlin (rue)	5	36 (Voltaire).
Meslay (rue)	5	36 (Voltaire).
1 à 33, 2 à 28		05 (Pl. de la République).
Au-dessus		91 (Boulev. Saint-Denis).
Mesnil (rue)	B. 71 (Passy 2ᵉ)	71 (Victor-Hugo).
Messageries (impasse ou passage des), 11ᵉ arr.	10	01 (Bourse).
Messageries (passage des), 1ᵉʳ arr.	11	90 (Hôtel des Postes).
Messageries (rue des)	4	48 (Sainte-Cécile).
Messier (rue)	7	69 (Montrouge).
Messine (avenue et square de)	1	47 (Haussmann).
Métairie (cour de la)	B. 55 (Belleville)	55 (Belleville).
Metz (rue de)	4	26 (Gare du Nord).
Meuniers (rue des)	B. 56 (Bercy)	57 (Bercy).

NOMS DES RUES, BOULEVARDS, ETC.	RAYONS ou BUREAUX DE DISTRIBUTION des correspondances postales.	BUREAUX DE DISTRIBUTION des télégrammes.
Meursault (rue de),...........	B. 56 (Bercy).........	57 (Bercy).
Meurthe (rue de la)...........	B. 77 (Villette 2ᵉ)......	99 (Marché aux bestiaux).
Meyerbeer (rue).............	2............	89 (Grand-Hôtel).
Meynadier (rue).............	B. 77 (Villette 2ᵉ)......	79 (Rotonde-Villette).
Mézières (rue de)...........	8............	10 (Vieux-Colombier).
Michal (rue)...............	B. 65 (Maison-Blanche)..	65 (Gobelins).
Michaud (cité).............	B. 76 (Villette 1ᵉʳ)......	76 (Crimée).
Michel-Ange (rue et villa).......	B. 53 (Auteuil)........	53 (Auteuil).
Michel-Bizot (rue) :		
1 à 75, 2 à 80.............	B. 56 (Bercy).........	57 (Bercy).
Au-dessus.................	B. 73 (Saint-Mandé)....	73 (Bel-Air).
Michelet (rue)...............	8............	38 (Claude-Bernard).
Michel-le-Comte (rue)...........	5............	07 (Haudriettes).
Midi (cité du)...............	B. 67 (Montmartre)....	67 (Abbesses).
Mignard (rue).............	B. 70 (Passy 1ᵉʳ)......	78 (Dufrénoy).
Mignon (rue)..............	8............	25 (Saint-Michel).
Mignottes (rue des)...........	B. 55 (Belleville)......	55 (Belleville).
Milan (rue de)...............	2............	18 (Place du Havre).
Milcent (impasse)...........	B. 55 (Belleville)......	40 (Ménilmontant).
Millaud (avenue).............	6............	93 (Gare de Lyon).
Milord (impasse).............	B. 54 (Batignolles).....	61 (Legendre).
Milton (cité, passage et rue).....	3............	02 (Milton).
Minimes (rue des).............	6............	21 (Bastille).
Minis-tères { *Affaires étrangères (des)*....	9............	44 (Central).
Agriculture (de l')........	9............	44 (Central).
Commerce et de l'Industrie (du)	9............	44 (Central).
Finances (des)...........	1............	11 (Théâtre-Français).
Guerre (de la)...........	9............	44 (Central).
Instruction publique, des Beaux-Arts (de l').....	9............	44 (Central).
Intérieur et des Cultes (de l').	1............	92 (Boissy-d'Anglas).
Justice (de la)...........	1............	89 (Grand-Hôtel).

NOMS DES RUES, BOULEVARDS, ETC.	RAYONS OU BUREAUX DE DISTRIBUTION des correspondances postales.	BUREAUX DE DISTRIBUTION des télégrammes.
Minis-tères. (Suite.) Marine et des Colonies (de la).	1.	92 (Boissy-d'Anglas).
Postes et Télégraphes (des)..	9.	44 (Central).
Travaux publics (des)	9.	44 (Central).
Miollis (passage et rue)	B. 75 (Vaugirard)	64 (Grenelle).
Mirabeau (rue)	B. 53 (Auteuil)	53 (Auteuil).
Miracles (cour des)	10.	01 (Bourse).
Mirbel (rue)	7.	29 (Monge).
Mire (rue de la)	B. 67 (Montmartre)	67 (Abbesses).
Miromesnil (rue de)	1.	
1 à 41, 2 à 40	. . . .	03 (Madeleine).
43 à 77, 42 à 82	. . . .	47 (Haussmann).
Au dessus	. . . .	37 (Europe).
Mobilier des palais nationaux	9.	27 (Gros-Caillou).
Modèle (petite cité)	B. 63 (Gare d'Ivry)	63 (Jeanne-d'Arc).
Moderne (cité)	6.	36 (Voltaire)
Mogador (rue de)	2.	18 (Place du Havre).
Mogador prolongée (rue de)	2.	18 (Place du Havre).
Moines (rue des)	B. 54 (Batignolles).	
1 à 47, 2 à 52	. . . .	54 (Batignolles).
Au-dessus	. . . .	61 (Legendre).
Molière (passage)	11.	17 (Halles).
Molière (rue)	11.	11 (Théâtre-Français).
Molin (impasse)	B. 58 (Chapelle)	58 (La Chapelle).
Molitor (rue et villa)	B. 53 (Auteuil)	53 (Auteuil).
Mollien (rue)	1.	47 (Haussmann).
Monceau (rue de)	1.	
1 à 21, 2 à 24	. . . .	47 (Haussmann).
Au-dessus	. . . .	37 (Europe).
Monceaux (villa)	B. 74 (Ternes)	74 (Ternes).
Moncey (passage)	B. 54 (Batignolles)	61 (Legendre).
Moncey (rue)	2.	84 (Boulevard de Clichy).
Mondétour (rue)	10.	17 (Halles).

NOMS DES RUES, BOULEVARDS, ETC.	RAYONS OU BUREAUX DE DISTRIBUTION des correspondances postales.	BUREAUX DE DISTRIBUTION des télégrammes.
Mondovi (rue de)..............	1............	92 (Boissy-d'Anglas).
Monge (place).	7...........	29 (Monge).
Monge (rue).................	7.	
1 à 69, 2 à 64..............	....	28 (Halle aux vins).
Au-dessus.................	....	29 (Monge).
Monjol (passage *ou* rue)	B. 55 (Belleville).......	79 (Rotonde-Villette).
Monnaie (Barrage ou *écluse de la)*..	8............	25 (Saint-Michel).
Monnaie (rue de la)...........	11............	17 (Halles).
Monnaies (Hôtel des)............	8...........	25 (Saint-Michel).
Monplaisir (impasse)...........	B. 55 (Belleville).......	40 (Ménilmontant).
Monsieur (rue de)............	9...........	44 (Central).
Monsieur-le-Prince (rue)........	8...........	06 (Luxembourg).
Monsigny (rue)...............	2...........	01 (Bourse).
Montagne-Sainte-Geneviève (rue de la).....................	7........	28 (Halle aux vins).
Montaigne (avenue et rue).......	1...........	45 (Champs-Élysées).
Montalivet (rue)..............	2...........	03 (Madeleine).
Montbrun (passage et rue).......	B. 69 (Montrouge)......	69 (Montrouge).
Montcalm (rue).............	B. 60 (Clignancourt)....	60 (Clignancourt).
Mont-Cenis (passage du)........	B. 60 (Clignancourt)....	60 (Clignancourt).
Mont-Cenis (rue du)..........	B. 60 (Clignancourt).	
1 à 21 2 à 22..............	....	68 (Rochechouart).
Au-dessus.................		60 (Clignancourt).
Montchanin (rue)............	B. 66 (Monceaux).......	66 (Meissonnier).
Mont-de-Piété { central...........	6...........	07 (Haudriettes).
1re succursale......	8...........	15 (Bonaparte).
2e succursale......	5...........	36 (Voltaire).
Mont-Dore (rue du)..........	B. 54 (Batignolles).....	84 (Boulevard de Clichy).
Montebello (quai de)..........	7...........	25 (Saint-Michel).
Montebello (rue de)..........	B. 72 (Plaisance)......	75 (Vaugirard).
Montempoivre (rue et sentier de).	B. 73 (Saint-Mandé).....	73 (Bel-Air).
Monténégro (passage).........	B. 55 (Belleville).......	55 (Belleville).

NOMS DES RUES, BOULEVARDS, ETC.	RAYONS OU BUREAUX DE DISTRIBUTION des correspondances postales.	BUREAUX DE DISTRIBUTION des télégrammes.
Montenotte (rue de).............	B. 74 (Ternes).........	62 (Étoile).
Montéra (impasse et rue).......	B. 73 (Saint-Mandé).....	73 (Bel-Air).
Montespan (avenue).............	B. 71 (Passy 2°).........	78 (Dufrénoy).
Montesquieu (galerie ou passage et rue de)......................	11............	11 (Théâtre-Français).
Montessuy (rue de).............	9.............	27 (Gros-Caillou).
Montfaucon (impasse de).......	B. 55 (Belleville)........	79 (Rotonde-Villette).
Montfaucon (rue de)...........	8.............	06 (Luxembourg).
Montferrat (impasse du)........	B. 77 (Villette 2°).......	79 (Rotonde-Villette).
Montgallet (passage et rue)......	6.............	23 (Citeaux).
Montgolfier (rue).............	5.............	91 (Boulevard St-Denis).
Monthiers (cité).............	2.............	84 (Clichy).
Montholon (rue de).........	3.............	48 (Sainte-Cécile).
Monti (impasse).............	5.............	40 (Ménilmontant).
Montibœufs (rue des)..........	B. 59 (Charonne).......	59 (Charonne).
Mont-Louis (impasse et rue du)...	6.............	36 (Voltaire).
Montmartel (rue).............	B. 56 (Bercy)..........	57 (Bercy).
Montmartre (boulevard et galerie)..	10.............	01 (Bourse).
Montmartre (cité).............	10.............	90 (Hôtel des Postes).
Montmartre (rue).............	10.	
1 à 71, 2 à 88.............	....	90 (Hôtel des Postes).
Au-dessus.............	....	01 (Bourse).
Montmorency (avenue, boulevard et villa).	B. 53 (Auteuil).........	53 (Auteuil).
Montmorency (rue de)........	11............	07 (Haudriettes).
Montorgueil (rue).............	10.............	90 (Hôtel des Postes).
Montparnasse (boulevard et rue du)	8.............	43 (Littré).
Montpensier (galerie, péristyle et rue de)...................	11.............	11 (Théâtre-Français).
Montreuil (rue de)...........	6.	
1 à 53, 2 à 50.............	....	23 (Citeaux).
55 à 121, 52 à 100.............	....	87 (Alexandre-Dumas).
Au-dessus.............	....	73 (Bel-Air).

NOMS DES RUES, BOULEVARDS, ETC.	RAYONS OU BUREAUX DE DISTRIBUTION des correspondances postales.	BUREAUX DE DISTRIBUTION des télégrammes.
Montrouge (place de)............	B. 69 (Montrouge)......	69 (Montrouge).
Montsouris (avenue et rue de).....	B. 69 (Montrouge)......	69 (Montrouge).
Mont-Thabor (rue du)........,...	1,	
1 à 21, 2 à 42.................	...........,...	89 (Grand-Hôtel).
Au-dessus...................		92 (Boissy-d'Anglas).
Mont-Tonnerre (impasse du).....	8...............	43 (Littré).
Mont-Viso (cité et impasse du)....	B. 60 (Clignancourt)....	60 (Clignancourt).
Montyon (rue de)...............	3...............	48 (Sainte-Cécile).
Morand (rue).................	5...............	40 (Ménilmontaut).
Moreau (rue).................	6...............	21 (Bastille).
Morée (rue de)...............	3...............	02 (Milton).
Morère (rue).	B. 69 (Montrouge)......	69 (Montrouge).
Moret (passage).	7...............	29 (Monge).
Morel (rue).................	5...............	40 (Ménilmontant).
Morgue (la).................	7...............	25 (Saint-Michel).
Morillons (impasse et rue des)....	B. 72 (Plaisance)......	75 (Vaugirard).
Morin (impasse)...., ...	B. 72 (Plaisance)......	75 (Vaugirard).
Morland (boulevard).	7...............	21 (Bastille).
Morlot (rue).................	2...............	18 (Place du Havre).
Mornay (rue de).............	7...............	21 (Bastille).
Mortagne (impasse *ou* passage)....	6......	21 (Bastille).
Mortier (boulevard).	B. 55 (Belleville).	
2 à 90...................		55 (Belleville).
Au-dessus.................		59 (Charonne).
Moscou (rue de). ....,....	2.............	84 (Boulevard de Clichy).
Moselle (passage et rue de la)....	B. 77 (Villette 2ᵉ)......	79 (Rotonde-Villette).
Moskowa (cité de la).	B. 60 (Clignancourt)....	60 (Clignancourt).
Mouffetard (rue)............	7....	
1 à 33, 2 à 58.............	....	28 (Halle aux vins).
Au-dessus.................	...........,..	29 (Monge).
Moufle (passage).	5.......... ...	21 (Bastille).

NOMS DES RUES, BOULEVARDS, ETC.	RAYONS OU BUREAUX DE DISTRIBUTION des Correspondances postales.	BUREAUX DE DISTRIBUTION des télégrammes.
Moulin ou Urbain-Moulin (passage).	6.	93 (Gare de Lyon).
Moulin-de-Beurre (rue du).	B. 72 (Plaisance).	72 (Plaisance).
Moulin-de-la-Pointe (rue du). . . .	B. 65 (Maison-Blanche). .	65 (Gobelins).
Moulin-de-la-Vierge (rue du). . . .	B. 72 (Plaisance).	72 (Plaisance).
Moulin-des-Prés (impasse ou passage et rue du).	B. 65 (Maison-Blanche). .	65 (Gobelins).
Moulinet (passage et rue du).	B. 65 (Maison-Blanche). .	65 (Gobelins).
Moulin-Joly (impasse du).	5.	40 (Ménilmontant).
Moulins (rue des).	11.	11 (Théâtre-Français).
Moulin-Vert (impasse et rue du). .	B. 69 (Montrouge).	72 (Plaisance).
Mouraud (rue).	B. 59 (Charonne).	59 (Charonne).
Mousquetaires (passage des).	B. 56 (Bercy).	93 (Gare de Lyon).
Moussay (cour).	6.	21 (Bastille).
Moussi (rue de).	7.	13 (Hôtel de ville).
Mouton-Duvernet (rue).	B. 69 (Montrouge).	
1 à 27, 2 à 24.	. . . .	69 (Montrouge).
Au-dessus	. . . .	72 (Plaisance).
Mouzaïa (rue de)	B. 55 (Belleville).	55 (Belleville).
Moynet (cité).	6.	23 (Citeaux).
Mozart (impasse).	B. 70 (Passy 1°).	70 (Passy).
Mozart (rue) :		
1 à 51, 2 à 56.	B. 70 (Passy 1°).	
Au-dessus.	B. 53 (Auteuil).	
1 à 31, 2 à 36.	. . . .	70 (Passy).
Au-dessus.	. . . .	53 (Auteuil).
Muette (château et chaussée de la) .	B. 70 (Passy 1°).	70 (Passy).
Mulhouse (rue de).	10.	01 (Bourse).
Muller (rue).	B. 67 (Montmartre).	68 (Rochechouart).
Murat (boulevard et passage).	B. 53 (Auteuil).	53 (Auteuil).
Mûriers (passage et rue des).	B. 59 (Charonne).	40 (Ménilmontant).
Murillo (rue).	1.	37 (Europe).

NOMS DES RUES, BOULEVARDS, ETC.	RAYONS ou BUREAUX DE DISTRIBUTION des correspondances postales.	BUREAUX DE DISTRIBUTION des télégrammes.
Murs-de-la-Roquette (rue des)....	6............	36 (Voltaire).
Anatomie (d').........	8............	25 (Saint-Michel).
Antiques (des).........	1............	11 (Théâtre-Français).
Artillerie (d').........	9............	44 (Central).
Arts décoratifs (des).....	1............	92 (Boissy-d'Anglas).
Dupuytren............	8............	06 (Luxembourg).
Ethnographie (d'), au Tro- cadéro............	1............	71 (Victor-Hugo).
Ethnographie et de la Ma- rine (d'), au Louvre...	1............	11 (Théâtre-Français).
Galiéra............	1............	34 (Marceau).
Musées — *Gobelins et de la Savonne- rie (des)..........*	7............	65 (Gobelins).
Guimet............	1............	11 (Théâtre-Français).
Hôtel Carnavalet (de l')..	6............	07 (Haudriettes).
Louvre (du)..........	1............	11 (Théâtre-Français).
Luxembourg (du).....	8............	06 (Luxembourg).
Monnaies et Médailles (des)	8............	25 (Saint-Michel).
Muséum d'histoire naturelle	7............	28 (Halle aux vins).
Pédagogique..........	8............	38 (Claude-Bernard).
Plans en relief (des)....	9............	44 (Central).
Sculpture comparée (de)..	1............	71 (Victor-Hugo).
Thermes et de l'Hôtel-Cluny (des)............	8............	25 (Saint-Michel).
Musées nationaux (Direction des)...	1............	11 (Théâtre-Français).
Musset (rue de).............	B. 53 (Auteuil)........	53 (Auteuil).
Myrha (rue) :		
1 à 65, 2 à 70.............	B. 58 (Chapelle).......	58 (La Chapelle).
Au-dessus................	B. 67 (Montmartre).....	68 (Rochechouart).
Myrtille (impasse)...........	B. 63 (Gare d'Ivry).....	65 (Gobelins).

NOMS DES RUES, BOULEVARDS, ETC.	RAYONS OU BUREAUX DE DISTRIBUTION des correspondances postales.	BUREAUX DE DISTRIBUTION des télégrammes.
N		
Naboulet (impasse)............	B. 54 (Batignolles)......	61 (Legendre).
Nadaud projetée (rue).........	B. 69 (Montrouge)......	72 (Plaisance).
Nancy (rue de)................	4............	26 (Gare du Nord).
Nanettes (rue des)............	B. 55 (Belleville).......	40 (Ménilmontant).
Nansouty (impasse et rue).......	B. 69 (Montrouge).......	69 (Montrouge).
Nantes (rue de)...............	B. 76 (Villette 1ᵉ).....	76 (Crimée).
Naples (rue de)...............	2............	37 (Europe).
Napoléon (ancienne cité), IXᵉ arr..	3............	68 (Rochechouart).
Napoléon (cité), XXᵉ arr........	B. 55 (Belleville)......	40 (Ménilmontant).
Narbonne (rue de), VIIᵉ arr.....	9............	10 (Vieux-Colombier).
Narbonne (rue de) XIIᵉ arr. (Entre-pôt).....................	B. 56 (Bercy)..........	57 (Bercy).
Nation (place de la)...........	6............	73 (Bel-Air).
Nation (rue de la).............	B. 67 (Montmartre).....	68 (Rochechouart).
Nationale (place).............	B. 63 (Gare d'Ivry)....	63 (Jeanne-d'Arc).
Nationale (rue)..............	B. 63 (Gare d'Ivry).	
1 à 109, 2 à 110.............	....	65 (Gobelins).
Au-dessus.................	....	63 (Jeanne-d'Arc).
Nativité (place de la)..........	B. 56 (Bercy)..........	57 (Bercy).
Navarin (rue de).............	3............	02 (Milton).
Navarre (rue de).............	7............	28 (Halle aux vins).
Navier (rue)..................	B. 54 (Batignolles)......	61 (Legendre).
Navigation (Inspection générale de la).	7............	28 (Halle aux vins).
Necker (rue).................	6............	13 (Hôtel de ville).
Nemours (galerie de)..........	11............	11 (Théâtre-Français).
Nemours (rue de).............	5............	05 (Pl. de la République).
Nesles (rue de)...............	8............	25 (Saint-Michel).
Neuve-de-la-Chardonnière (rue)...	B. 60 (Clignancourt)....	60 (Clignancourt).

NOMS DES RUES, BOULEVARDS, ETC.	RAYONS OU BUREAUX DE DISTRIBUTION des correspondances postales.	BUREAUX DE DISTRIBUTION des télégrammes.
Neuve-des-Boulets (rue).........	6............	87 (Alexandre-Dumas).
Neuve-du-Théâtre (rue).........	B. 64 (Grenelle)........	64 (Grenelle).
Neuve-Popincourt (rue).........	5............	36 (Voltaire).
Néva (rue de la)..............	1............	42 (Friedland).
Nevers (impasse et rue de).......	8............	25 (Saint-Michel).
Newton (rue)............	1............	34 (Marceau).
Ney (boulevard) :		
1 à 23................	B. 58 (Chapelle)........	58 (La Chapelle).
Au-dessus	B. 60 (Clignancourt)....	60 (Clignancourt).
Nice (rue de), *xie arr*..	6............	87 (Alexandre-Dumas).
Nice (rue de), *xve arr*..........	B. 72 (Plaisance).......	75 (Vaugirard).
Nicolaï (cité)............	B. 54 (Batignolles)......	54 (Batignolles).
Nicolaï (rue).	B. 56 (Bercy)..........	57 (Bercy).
Nicolas-Chuquet (rue)..........	B. 66 (Monceaux).......	66 (Meissonnier).
Nicolas-Flamel (rue)...........	7............	17 (Halles).
Nicole (impasse et rue)..........	8............	38 (Claude-Bernard).
Nicolet (rue)	B. 67 (Montmartre).....	68 (Rochechouart).
Nicolo (rue)...............	B. 70 (Passy 1°)........	70 (Passy).
Niel (avenue)..............	B. 74 (Ternes).........	74 (Ternes).
Niepce (rue)...............	B. 72 (Plaisance).......	72 (Plaisance).
Niger (rue du).............	B. 73 (Saint-Mandé)....	73 (Bel-Air).
Nil (rue du)...............	10..........	01 (Bourse).
Nitot (rue)...............	1............	34 (Marceau).
Nizerolles (cour)............	B. 56 (Bercy)....... ..	57 (Bercy).
Noël (cité)...............	11..........	07 (Haudriettes).
Noirot (passage)..............	B. 69 (Montrouge)......	72 (Plaisance).
Nolet (cité et passage), *xviiie arr*..	B. 60 (Clignancourt)....	60 (Clignancourt),
Nollet (passage et rue), *xviie arr*..	B. 54 (Batignolles)......	54 (Batignolle).
Nom-de-Jésus (cour du).........	6............	21 (Bastille).
Nonnains-d'Hyères (rue des).....	7............	13 (Hôtel de ville).
Nord (passage du)...........	B. 77 (Villette 2°).......	79 (Rotonde-Villette),

NOMS DES RUES, BOULEVARDS, ETC.	RAYONS OU BUREAUX DE DISTRIBUTION des correspondances postales.	BUREAUX DE DISTRIBUTION des télégrammes.
Normandie (rue de)............	5...............	05 (Pl. de la République).
Norvins (rue de).............	B. 67 (Montmartre).....	67 (Abbesses).
Notre-Dame-de-Bonne-Nouvelle (rue)	10..........	01 (Bourse).
Notre-Dame-de-la-Croix (passage)..	B. 55 (Belleville)......	55 (Belleville).
Notre-Dame-de-Lorette (rue).....	3.............	02 (Milton).
Notre-Dame-de-Nazareth (rue)....	5.	
1 à 31, 2 à 38..............	....	05 (Pl. de la République).
Au-dessus..................	....	91 (Boulevard St-Denis).
Notre-Dame-de-Recouvrance (rue).	10..........	01 (Bourse).
Notre-Dame-des-Champs (rue)....	8..........	43 (Littré).
Notre-Dame-des-Victoires (rue)...	10..........	01 (Bourse).
Nouvelle (rue), IXᵉ arr..........	2............	84 (Boulevard de Clichy).
Nouvelle-du-Département (rue)....	B. 58 (La Chapelle).....	58 (La Chapelle).
Noyers (rue des).............	7.........	25 (Saint-Michel).
Nuits (rue de)...............	B. 56 (Bercy).........	57 (Bercy).
Nys (cité et rue).............	5...........	40 (Ménilmontant).
O		
Obélisque (impasse de l').......	B. 72 (Plaisance)......	75 (Vaugirard).
Oberkampf (rue)..............	5.	
1 à 103, 2 à 92.............	....	05 (Pl. de la République).
Au-dessus.................	....	40 (Ménilmontant).
Obligado (rue d').............	B. 71 (Passy 2ᵉ)......	62 (Étoile).
Oblin (rue).................	11............	90 (Hôtel des Postes).
Observatoire (avenue de l')......	8..........	38 (Claude-Bernard).
Observatoires { Montsouris (météorologique de)......	B. 69 (Montrouge).....	69 (Montrouge).
Paris (de)........	8..........	38 (Claude-Bernard).
Populaire.........	1...........	71 (Victor-Hugo).

NOMS DES RUES, BOULEVARDS, ETC.	RAYONS ou BUREAUX DE DISTRIBUTION des correspondances postales.	BUREAUX DE DISTRIBUTION des télégrammes.
Octroi de Paris (Administration de l')	11............	13 (Hôtel de ville).
Odéon (carrefour, galerie, place et rue de l').................	8............	06 (Luxembourg).
Odessa (rue d')...........	8............	43 (Littré).
Odiot (cité).................	1............	42 (Friedland).
Offémont (rue d')..........	B. 66 (Monceaux)......	66 (Meissonnier).
Oise (quai et rue de l')....	B. 76 (Villette 1°).....	76 (Crimée).
Oiseaux (rue des).........	5............	07 (Haudriettes).
Olier (rue)...............	B. 75 (Vaugirard).....	75 (Vaugirard).
Olivet (rue d')............	9............	44 (Central).
Olivier-de-Serres (passage et rue)..	B. 75 (Vaugirard).....	75 (Vaugirard).
Omer-Talon (rue).........	5............	36 (Voltaire).
Omnibus (Compagnie générale des)..	11............	11 (Théâtre-Français).
Onfroy (impasse)...........	B. 65 (Maison-Blanche)..	65 (Gobelins).
Opéra (avenue de l')..........	2.	
1 à 29, 2 à 26...........	....	11 (Théâtre-Français).
Au-dessus...........	....	89 (Grand-Hôtel).
Opéra (passage de l').........	3............	01 (Bourse).
Opéra (place de l')........	2............	89 (Grand-Hôtel).
Oran (impasse d')............	B. 58 (Chapelle)......	68 (Rochechouart).
Oran (rue d')...............	B. 58 (Chapelle).......	58 (La Chapelle).
Oratoire (rue de l').........	11,...........	11 (Théâtre-Français).
Orchampt (rue d')...........	B. 67 (Montmartre).....	67 (Abbesses).
Ordener (rue) :		
1 à 53, 2 à 20.............	B. 58 (Chapelle).......	58 (La Chapelle).
Au-dessus.................	B. 60 (Clignancourt)....	60 (Clignancourt).
Orfèvres (quai des)........	7............	25 (Saint-Michel).
Orfèvres (rue des)........	11............	17 (Halles).
Orfila (impasse et rue).....	B. 59 (Charonne).......	55 (Belleville).
Orgues (passage des)...........	5............	91 (Boulevard St-Denis).
Orient (rue de l')..........	B. 67 (Montmartre).....	67 (Abbesses).
Orientale (galerie).........	10............	01 (Bourse).

9

NOMS DES RUES, BOULEVARDS, ETC.	RAYONS OU BUREAUX DE DISTRIBUTION des correspondances postales.	BUREAUX DE DISTRIBUTION des télégrammes.
Orillon (impasse et rue de l')	5.	40 (Ménilmontant).
Orléans (avenue d')	B. 69 (Montrouge)	69 (Montrouge).
Orléans (cité d'), *XIIIᵉ arr.*	B. 63 (Gare d'Ivry)	63 (Jeanne-d'Arc).
Orléans (cour *ou* square d'), *IXᵉ arr.*	3.	'02 (Milton).
Orléans (galerie d')	11.	11 (Théâtre-Français).
Orléans (quai d')	7.	28 (Halle-aux-Vins).
Orléans-Saint-Honoré (rue d')	11.	90 (Hôtel des Postes).
Orme (rue de l')	B. 55 (Belleville)	55 (Belleville).
Ormeaux (rue des)	B. 59 (Charonne)	73 (Bel-Air).
Ormesson (rue d')	6.	13 (Hôtel-de-ville).
Ornano (boulevard et place *ou* rond-point)	B. 60 (Clignancourt) . . .	60 (Clignancourt).
Orne (rue de l')	B. 72 (Plaisance)	75 (Vaugirard).
Orphelinats ⎰ *Ménilmontant (de)* . . .	B. 55 (Belleville)	40 (Ménilmontant).
Saint-Charles	B. 75 (Vaugirard)	75 (Vaugirard).
Saint-Vincent-de-Paul.	B. 75 (Vaugirard)	75 (Vaugirard).
Ville de Paris (de la).	6.	23 (Cîteaux).
Orphelins projetée (rue des)	B. 75 (Vaugirard)	75 (Vaugirard).
Orsay (quai d')	9.	
1 à 39	. . . .	44 (Central).
41 à 109	. . . .	27 (Gros-Caillou).
Au-dessus	. . . .	64 (Grenelle).
Orsel (cité et rue d')	B. 67 (Montmartre)	68 (Rochechouart).
Orteaux (impasse et rue des)	B. 59 (Charonne)	59 (Charonne).
Osiaux (rue des)	B. 59 (Charonne)	55 (Belleville).
Ottoz (villa)	B. 55 (Belleville)	55 (Belleville).
Oudinot (impasse et rue)	9.	44 (Central).
Ouest (impasse *ou* passage et rue de l')	B. 72 (Plaisance)	72 (Plaisance).
Ourcq (rue de l') :		
1 à 45, 2 à 24 *bis*	B. 77 (Villette 2ᵉ)	99 (Marché aux bestiaux).
Au-dessus	B. 76 (Villette 1ᵉ)	76 (Crimée).

NOMS DES RUES, BOULEVARDS, ETC.	RAYONS ou BUREAUX DE DISTRIBUTION des correspondances postales.	BUREAUX DE DISTRIBUTION des télégrammes.
Ours (cour de l')	6.	21 (Bastille).
Ours (rue aux)	11.	17 (Halles).

P

Pache (rue)	6.	36 (Voltaire).
Paillet (rue)	8.	06 (Luxembourg).
Paix (rue de la)	2.	89 (Grand-Hôtel).
Pajol (cour)	B. 56 (Bercy)	57 (Bercy).
Pajol (rue)	B. 58 (Chapelle)	58 (La Chapelle).
Pajou (rue)	B. 70 (Passy 1ª)	70 (Passy).
Palais (boulevard du)	7.	25 (Saint-Michel).
Palais-Bourbon (place du)	9.	44 (Central).
Palais de Justice (le)	7.	25 (Saint-Michel).
Palais-Royal (le)	11.	11 (Théâtre-Français).
Palais-Royal (galeries et place du) ..	11.	11 (Théâtre-Français).
Palatine (rue)	8	06 (Luxembourg).
Palestine (rue de)	B. 55 (Belleville)	55 (Belleville).
Palestro (rue de), *11ᵉ arr.*	11.	
1 à 29, 2 à 24	....	90 (Hôtel des Postes).
Au-dessus	....	91 (Boulevard St-Denis).
Palestro (rue de), *xvᵉ arr.*	B. 72 (Plaisance)	75 (Vaugirard).
Palikao (rue de)	B. 55 (Belleville)	40 (Ménilmontant).
Palmyre (rue)	B. 65 (Maison-Blanche) .	69 (Montrouge).
Panama (rue de)	B. 58 (Chapelle)	58 (La Chapelle).
Panier-Fleuri (cour du)	6.	21 (Bastille).
Panoramas (passage et rue des) ...	10.	01 (Bourse).
Panoyaux (impasse et rue des)	B. 55 (Belleville)	40 (Ménilmontant).
Panthéon (le)	7.	06 (Luxembourg).

9·

NOMS DES RUES, BOULEVARDS, ETC.	RAYONS OU BUREAUX DE DISTRIBUTION des correspondances postales.	BUREAUX DE DISTRIBUTION des télégrammes.
Panthéon (place du)	7	06 (Luxembourg).
Paon-Blanc (rue du)	7	13 (Hôtel-de-ville).
Pape-Carpentier (rue)	8	10 (Vieux-Colombier).
Papier (passage)	B. 59 (Charonne)	59 (Charonne).
Papillon (cité)	B. 69 (Montrouge)	72 (Plaisance).
Papillon (rue)	3	48 (Sainte-Cécile).
Papin (rue)	11	91 (Boulevard St-Denis).
Paradis (rue de)	4	48 (Sainte-Cécile).
Parc (chemin du)	B. 59 (Charonne)	59 (Charonne).
Parc-des-Buttes-Chaumont (cité du).	B. 77 (Villette 2°)	55 (Belleville).
Parchappe (cité)	6	21 (Bastille).
Parcheminerie (rue de la)	7	25 (Saint-Michel).
Parc-Royal (rue du)	6	07 (Haudriettes).
Paris (petite rue de)	B. 72 (Plaisance)	75 (Vaugirard).
Parisienne (villa)	B. 73 (Saint-Mandé)	23 (Cîteaux).
Parme (rue de)	2	84 (Boulevard de Clichy).
Parmentier (avenue) :		
1 à 113, 2 à 124	5.	
175, 180 à la fin	4.	
1 à 87, 2 à 104	. . . .	36 (Voltaire).
Au-dessus	. . . .	05 (Pl. de la République).
Parmentier (cour)	5.	05 (Pl. de la République).
Parmentier (passage)	4	05 (Pl. de la République).
Partants (impasse des)	B. 55 (Belleville)	55 (Belleville).
Partants (rue des)	. . . .	55 (Belleville).
Numéros impairs	B. 55 (Belleville).	
Numéros pairs	B. 59 (Charonne).	
Parvis-Notre-Dame (place du) . . .	7	25 (Saint-Michel).
Pascal (rue)	7	29 (Monge).
Pascal (villa)	B. 69 (Montrouge)	72 (Plaisance).
Pasquier (passage)	2	03 (Madeleine).

NOMS DES RUES, BOULEVARDS, ETC.	RAYONS OU BUREAUX DE DISTRIBUTION des correspondances postales.	BUREAUX DE DISTRIBUTION des télégrammes.
Pasquier (rue)................	**2.**	
1 à 29, 2 à 34...............	....	03 (Madeleine).
Au-dessus...................	....	18 (Place du Havre).
Passy (place, quai et rue de).....	B. 70 (Passy 1°).......	70 (Passy).
Pasteur (rue)................	**5.**	36 (Voltaire).
Pastourelle (rue).............	**5.**	07 (Haudriettes).
Patay (passage et rue de)........	B. 63 (Gare d'Ivry)....	63 (Jeanne-d'Arc).
Patriarches (passage et rue des)...	**7.**	29 (Monge).
Pâtures (rue des).............	B. 53 (Auteuil)........	53 (Auteuil).
Paturle (rue)..,.............	B. 69 (Montrouge).....	72 (Plaisance).
Paul-Borel (rue)..............	B. 66 (Monceaux)......	66 (Meissonnier).
Paul-Lelong (rue).............	**10.**	01 (Bourse).
Paul-Lenormant (passage)........	B. 56 (Bercy)........	93 (Gare de Lyon).
Paul-Louis-Courrier (rue).......	**9.**	44 (Central).
Pauly (rue)..................	B. 69 (Montrouge).....	72 (Plaisance).
Pauquet (rue)................	**1.**	34 (Marceau).
Pavée (rue)..................	**6.**	13 (Hôtel-de-ville).
Pavillons (avenue des).........	B. 74 (Ternes)........	62 (Étoile).
Pavillons (rue et villa des)......	B. 55 (Belleville)......	55 (Belleville).
Payen (impasse et rue)........	B. 64 (Grenelle).......	64 (Grenelle).
Payenne (rue)................	**6.**	07 (Haudriettes).
Péclet (rue).................	B. 75 (Vaugirard)......	75 (Vaugirard).
Pecquai (passage).............	**6.**	13 (Hôtel-de-ville).
Peintres (impasse des).........	**10.**	17 (Halles).
Pékin (passage de)............	B. 55 (Belleville)......	40 (Ménilmontant).
Pelée (ruelle)................	**5.**	21 (Bastille).
Pèlerin (impasse du)...........	B. 54 (Batignolles)....	61 (Legendre).
Pélican (rue du)..............	**11.**	90 (Hôtel des Postes).
Pelleport (cité)..............	B. 55 (Belleville)......	55 (Belleville).
Pelleport (rue) :		
1 à 81, 2 à 92...............	B. 59 (Charonne)......	59 (Charonne).
Au-dessus	B. 55 (Belleville)......	55 (Belleville).

NOMS DES RUES, BOULEVARDS, ETC.	RAYONS OU BUREAUX DE DISTRIBUTION des correspondances postales.	BUREAUX DE DISTRIBUTION des télégrammes.
Pelouze (rue)............	**2**..........	37 (Europe).
Penée (impasse).........	B. 58 (Chapelle)......	58 (La Chapelle).
Pénel (passage).........	B. 60 (Clignancourt)...	60 (Clignancourt).
Pensionnat (rue du).........	B. 73 (Saint-Mandé)....	73 (Bel-Air).
Penthièvre (rue de).........	**1**.	
1 à 19, 2 à 14.........	....	03 (Madeleine).
Au-dessus............	....	47 (Haussmann).
Pépinière (rue de la).........	**1**..........	18 (Place du Havre).
Pépinière de la ville de Paris......	B. 70 (Passy 1ᵉ)......	70 (Passy).
Perceval (passage et rue).....	B. 72 (Plaisance).....	72 (Plaisance).
Perchamps (place et rue des).....	B. 53 (Auteuil).......	53 (Auteuil).
Perche (rue du)...........	**5**..........	07 (Haudriettes).
Percier (avenue)...........	**1**..........	47 (Haussmann).
Perdonnet (rue)...........	**4**..........	26 (Gare du Nord).
Perdrier (cour et impasse)......	B. 56 (Bercy)........	57 (Bercy).
Pereire (boulevard) :		
1 à 123, 2 à 118..........	B. 66 (Monceaux)......	66 (Meissonnier).
Au-dessus..............	B. 74 (Ternes).	
125 à 229, 120 à 210........	....	74 (Ternes).
Au-dessus..............	....	62 (Étoile).
Pereire (place)...........	B. 74 (Ternes).......	74 (Ternes).
Pergolèse (rue)..........	B. 71 (Passy 2ᵉ)......	62 (Étoile).
Péricheux (chemin et impasse des).	B. 72 (Plaisance).....	75 (Vaugirard).
Pérignon (rue)..........	**9**..........	41 (Duquesne).
Perle (rue de la)...........	**6**..........	07 (Haudriettes).
Pernelle (rue)...........	**7**..........	17 (Halles).
Pernet (passage).........	B. 60 (Clignancourt).	60 (Clignancourt).
Pernety (rue)...........	....	72 (Plaisance).
1 à 53, 2 à 40.........	B. 69 (Montrouge).	
Au-dessus...........	B. 72 (Plaisance).	
Perrault (rue)...........	**11**..........	17 (Halles).

NOMS DES RUES, BOULEVARDS, ETC.	RAYONS OU BUREAUX DE DISTRIBUTION des correspondances postales.	BUREAUX DE DISTRIBUTION des télégrammes.
Perrée (rue)....	5.	05 (Pl. de la République).
Perrel (rue)................	B. 72 (Plaisance)......	72 (Plaisance).
Perret (passage).............	B. 63 (Gare d'Ivry)....	63 (Jeanne-d'Arc).
Perrichont (avenue)...........	B. 53 (Auteuil)........	53 (Auteuil).
Perron (passage du)..	11.	11 (Théâtre-Français).
Perronet (rue)...............	9.	15 (Bonaparte).
Pers (impasse)...............	B. 67 (Montmartre)....	68 (Rochechouart).
Pétel (rue).................	B. 75 (Vaugirard)......	75 (Vaugirard).
Pétin (impasse)..............	B. 55 (Belleville)......	55 (Belleville).
Pétion (rue)................	6.	36 (Voltaire).
Petit (rue).................	B. 77 (Villette 2ᵉ).	
1 à 35, 2 à 46...............	....	79 (Rotonde-Villette).
Au-dessus..................	....	99 (Marché aux bestiaux).
Petit-Cerf (passage du).........	B. 54 (Batignolles).....	61 (Legendre).
Petit-Château (avenue et cour du).	B. 56 (Bercy).........	57 (Bercy).
Petite-Boucherie (passage de la)...	8.	15 (Bonaparte).
Petite-Muette (avenue ou villa de la).	B. 70 (Passy 1ᵉ).......	70 (Passy).
Petite-Pierre (rue de la)........	6.	87 (Alexandre-Dumas).
Petites-Écuries (cour, passage et rue des).................	4.	48 (Sainte-Cécile).
Petite-Truanderie (rue de la).....	10	17 (Halles).
Petit-Luxembourg (le).........	8.	06 (Luxembourg).
Petit-Moine (rue du)...........	7.	29 (Monge).
Petit-Musc (rue du)..........	7.	21 (Bastille).
Petitot (rue)................	B. 55 (Belleville)......	55 (Belleville).
Petit-Pont (place et rue du)......	7.	25 (Saint-Michel).
Petits-Bâtiments (avenue des).....	B. 74 (Ternes)........	62 (Étoile).
Petits-Carreaux (rue des)........	10.	01 (Bourse).
Petits-Champs (rue des).........	11.	
1 à 67, 2 à 52..............	....	01 (Bourse).
Au-dessus.................	....	89 (Grand-Hôtel).

NOMS DES RUES, BOULEVARDS, ETC.	RAYONS ou BUREAUX DE DISTRIBUTION des correspondances postales.	BUREAUX DE DISTRIBUTION des télégrammes.
Petits-Hôtels (rue des)..........	4............	26 (Gare du Nord).
Petits-Pères (galerie des).........	11...........	01 (Bourse).
Petits-Pères (passage, place et rue des)......................	10...........	01 (Bourse).
Pétrarque (rue)...............	B. 70 (Passy 1°).......	70 (Passy).
Pétrelle (rue)................	4............	68 (Rochechouart).
Peupliers (avenue des)..........	B. 53 (Auteuil)........	53 (Auteuil).
Peupliers (rue des)............	B. 65 (Maison-Blanche)..	65 (Gobelins).
Phalsbourg (cité de)...........	6............	36 (Voltaire).
Phalsbourg (rue de)............	B. 66 (Monceaux)......	66 (Meissonnier).
Phares (Direction des)...........	1............	34 (Marceau).
Pharmacie centrale des hôpitaux civils.	7............	28 (Halle-aux-Vins).
Pharmacie centrale des hôpitaux militaires....................	9............	27 (Gros-Caillou).
Philibert-Delorme (rue).........	B. 66 (Monceaux)......	66 (Meissonnier).
Philidor (impasse et rue)........	B. 59 (Charonne)......	73 (Bel-Air).
Philippe-Auguste (avenue).......	6............	87 (Alexandre-Dumas).
Philippe-de-Champagne (rue)....	7............	65 (Gobelins).
Philippe-de-Girard (impasse).....	B. 58 (Chapelle).......	58 (La Chapelle).
Philippe-de-Girard (rue) :		
1 à 33, 2 à 34..............	4............	26 (Gare du Nord).
Au-dessus.................	B. 58 (Chapelle).......	58 (La Chapelle).
Piat (passage et rue)..........	B. 55 (Belleville)......	55 (Belleville).
Picard (passage).............	B. 60 (Clignancourt)...	60 (Clignancourt).
Picard (rue)................	B. 63 (Gare d'Ivry).....	63 (Jeanne-d'Arc).
Picardie (rue de).............	5............	05 (Pl. de la République).
Piccini (rue)................	B. 71 (Passy 2°)......	62 (Étoile).
Picot (rue).................	B. 71 (Passy 2°).......	71 (Victor-Hugo).
Picpus (boulevard de)..........	B. 73 (Saint-Mandé)....	73 (Bel-Air).
Picpus (rue de) :		
1 à 75, 2 à 86..............	6............	23 (Citeaux).

NOMS DES RUES, BOULEVARDS, ETC.	RAYONS OU BUREAUX DE DISTRIBUTION des correspondances postales.	BUREAUX DE-DISTRIBUTION des télégrammes.
Picpus (rue de) (*Suite*) :		
77 à 89, 88 et 90.............	B. 56 (Bercy).	
93 à 131, 94 à 122............	B. 73 (Saint-Mandé).	
Au-dessus...................	B. 56 (Bercy).	
77 à 131, 88 à 122............	....	73 (Bel-Air).
Au-dessus.	....	57 (Bercy).
Piémontési (passage)...........	B. 67 (Montmartre)....	67 (Abbesses).
Pierre-au-Lard (rue)..........	11..........	13 (Hôtel-de-Ville).
Pierre-Charron (rue)..........	1.	
1 à 43, 2 à 42.............	....	34 (Marceau).
Au-dessus.................	....	45 (Champs-Élysées).
Pierre-Guérin (rue)..	B. 53 (Auteuil).......	53 (Auteuil).
Pierre-le-Grand (rue)...........	1............	42 (Friedland).
Pierre-l'Ermite (rue)..........	B. 58 (Chapelle)......	58 (La Chapelle).
Pierre-Leroux (rue)...........	9............	44 (Central).
Pierre-Lescot (rue)...........	11..........	17 (Halles).
Pierre-Levée (rue)........	5............	05 (Pl. de la République).
Pierre-Picard (rue)...........	B. 67 (Montmartre)....	68 (Rochechouart).
Pierre-Sarrazin (rue)..........	8............	25 (Saint-Michel).
Pigalle (cité *ou* impasse).......	3............	02 (Milton).
Pigalle (place)...............	3............	67 (Abbesses).
Pigalle (rue).................	3.	
1 à 49, 2 à 48.............	....	02 (Milton).
Au-dessus	....	67 (Abbesses).
Pinel (place et rue).....	7............	63 (Jeanne-d'Arc).
Pirouette (rue).............	10...........	17 (Halles).
Pitié (rue de la).....	7............	29 (Monge).
Piver (passage).............	5............	40 (Ménilmontant).
Pixérécourt (impasse et rue)	B. 55 (Belleville)......	55 (Belleville).
Place (*État-major de la*)........	1............	89 (Grand-Hôtel).

NOMS DES RUES, BOULEVARDS, ETC.	RAYONS OU BUREAUX DE DISTRIBUTION des correspondances postales.	BUREAUX DE DISTRIBUTION des télégrammes.
Place-Cadet (cité de la)..........	3............	02 (Milton).
Plaine (rue de la).............	B. 59 (Charonne)......	73 (Bel-Air).
Planchat (rue)................	B. 59 (Charonne)......	59 (Charonne).
Planche (rue de la)............	9............	10 (Vieux-Colombier).
Planchette (impasse de la).......	11............	91 (Boulevard St-Denis).
Planchette (rue de la).........	B. 56 (Bercy)........	57 (Bercy).
Planchette (ruelle de la)........	B. 56 (Bercy)........	93 (Gare de Lyon).
Plantes (impasse et rue des).....	B. 69 (Montrouge).....	72 (Plaisance).
Plantin (passage).............	B. 55 (Belleville)......	55 (Belleville).
Plat-d'Étain (rue du)..........	11............	17 (Halles).
Plateau (passage et rue du)......	B. 55 (Belleville)......	55 (Belleville).
Plâtre (rue du)..............	6............	13 (Hôtel-de-Ville).
Plâtrières (rue des)...........	B. 55 (Belleville)......	40 (Ménilmontant).
Plichon (cité)...............	5............	36 (Voltaire).
Pliez (cité).................	B. 69 (Montrouge).....	69 (Montrouge).
Plumet (rue)................	B. 75 (Vaugirard).....	75 (Vaugirard).
Poinsot (rue)...............	B. 69 (Montrouge).....	43 (Littré).
Point-du-Jour (rue du).........	B. 53 (Auteuil).......	53 (Auteuil).
Pointe (sentier de la)..........	B. 59 (Charonne)......	59 (Charonne).
Pointe-d'Ivry (rue de la)........	B. 63 (Gare d'Ivry)...	65 (Gobelins).
Poiriers (rue des)............	B. 59 (Charonne)......	40 (Ménilmontant).
Poisson (rue)................	B. 74 (Ternes)........	62 (Étoile).
Poissonnerie (impasse de la)......	6............	13 (Hôtel-de-Ville).
Poissonnière (boulevard)........	10.	
Numéros impairs.............	....	01 (Bourse).
Numéros pairs..............	....	48 (Sainte-Cécile).
Poissonnière (rue)	10............	01 (Bourse).
Poissonnière (villa)...........	B. 58 (Chapelle)......	58 (La Chapelle).
Poissonniers (passage des).......	B. 60 (Clignancourt)....	60 (Clignancourt).
Poissonniers (rue des) :		
Numéros pairs..............	B. 58 (Chapelle).	

NOMS DES RUES, BOULEVARDS, ETC.	RAYONS OU BUREAUX DE DISTRIBUTION des correspondances postales.	BUREAUX DE DISTRIBUTION des télégrammes.
Numéros impairs { de 1 à 61	B. 67 (Montmartre).	
au-dessus	B. 60 (Clignancourt).	
1 à 61, 2 à 60		68 (Rochechouart).
Au-dessus		60 (Clignancourt).
Poissy (rue de)	7	28 (Halle-aux-Vins).
Poitevins (rue des)	8	25 (Saint-Michel).
Poitiers (rue de)	9	44 (Central).
Poitou (rue de)	5	07 (Haudriettes).
Pôle-Nord (rue du)	B. 60 (Clignancourt)	60 (Clignancourt).
Poliveau (rue de)	7	33 (Boulev. de l'Hôpital).
Polonceau (rue)	B. 58 (Chapelle)	58 (La Chapelle).
Pomard (rue de)	B. 56 (Bercy)	57 (Bercy).
Pompe (rue de la) :		
1 à 79, 2 à 84	B. 70 (Passy 1°)	70 (Passy).
Au-dessus	B. 71 (Passy 2°)	71 (Victor-Hugo).
Pompe à feu de Chaillot (la)	1	34 (Marceau).
Pompes funèbres de Paris (Administration des)	B. 76 (Villette 1°)	76 (Crimée).
Ponceau (passage et rue du)	11	91 (Boulevard St-Denis).
Poncelet (passage et rue)	B. 74 (Ternes)	74 (Ternes).
Poniatowski (boulevard)	B. 56 (Bercy)	57 (Bercy).
Pont-aux-Biches (impasse et passage du)	5	91 (Boulevard St-Denis).
Pont-aux-Choux (rue du)	6	05 (Pl. de la République).
Pont-de-Grenelle (cité ou villa et place du)	B. 64 (Grenelle)	64 (Grenelle).
Pont-de-Grenelle (rond-point du)	B. 70 (Passy 1°)	70 (Passy).
Pont-de-Lodi (rue du)	8	25 (Saint-Michel).
Ponthieu (rue de)	1	45 (Champs-Élysées).
Pont-Louis-Philippe (rue du)	7	13 (Hôtel-de-Ville).
Pont-Neuf (passage du)	8	25 (Saint-Michel).

NOMS DES RUES, BOULEVARDS, ETC.	RAYONS ou BUREAUX DE DISTRIBUTION des correspondances postales.	BUREAUX DE DISTRIBUTION des télégrammes.
Pont-Neuf (place et *terre-plein* du)..	7.............	25 (Saint-Michel).
Pont-Neuf (rue du)............	11............	17 (Halles).
Pontoise (rue de)...	7...........	28 (Halle aux Vins).
Ponts et chaussées (Direction générale des)	9...........	15 (Bonaparte).
Popincourt (cité, impasse et rue)..	5...........	36 (Voltaire).
Portalis (avenue et rue)........	2...........	18 (Place du Hâvre).
Port-de-Bercy (rue du).........	B. 56 (Bercy)........	57 (Bercy).
Portes ... ⎰ Arcueil (d')........	B. 69 (Montrouge).....	69 (Montrouge).
Asnières (d')........	B. 66 (Monceaux)......	66 (Meissonier).
Aubervilliers (d').....	B. 76 (Villette 1°)......	76 (Crimée).
Auteuil (d')........	B. 53 (Auteuil).......	53 (Auteuil).
Bagnolet (de).......	B. 59 (Charonne)......	59 (Charonne).
Bas-Meudon (du).....	B. 64 (Grenelle).......	64 (Grenelle).
Bercy (de).........	B. 56 (Bercy)	57 (Bercy).
Bicêtre (de)........	B. 65 (Maison-Blanche)..	65 (Gobelins).
Billancourt (de)	B. 53 (Auteuil).......	53 (Auteuil).
Brancion...........	B. 72 (Plaisance).......	72 (Plaisance).
Champerret (de)....	B. 74 (Ternes)........	74 (Ternes).
Chapelle (de la).....	B. 58 (Chapelle).......	58 (La Chapelle).
Charenton (de)......	B. 56 (Bercy)	57 (Bercy).
Châtillon (de).......	B. 69 (Montrouge).....	69 (Montrouge).
Chaumont..........	B. 77 (Villette 2°).....	99 (Marché aux Bestiaux).
Choisy (de)........	B. 63 (Gare d'Ivry).....	65 (Gobelins).
Clichy (de)..........	B. 54 (Batignolles).....	54 (Batignolles).
Clignancourt (de)....	B. 60 (Clignancourt)....	60 (Clignancourt).
Courcelles (de)......	B. 66 (Monceaux)......	66 (Meissonnier).
Dauphine	B. 71 (Passy 2°).......	71 (Victor-Hugo).
Gare (de la)........	B. 63 (Gare d'Ivry).....	63 (Jeanne-d'Arc).
Gentilly (de)........	B. 65 (Maison-Blanche)..	65 (Gobelins).
Issy (d')	B. 75 (Vaugirard)......	75 (Vaugirard).

NOMS DES RUES, BOULEVARDS, ETC.	RAYONS OU BUREAUX DE DISTRIBUTION des correspondances postales.	BUREAUX DE DISTRIBUTION des télégrammes.
Italie (d')	B. 65 (Maison-Blanche)..	65 (Gobelins).
Ivry (d')	B. 63 (Gare d'Ivry)	65 (Gobelins).
Ménilmontant (de) . . .	B. 59 (Charonne)	59 (Charonne).
Montempoivre	B. 73 (Saint-Mandé)	73 (Bel-Air).
Montreuil (de)	B. 59 (Charonne)	73 (Bel-Air).
Montrouge (de)	B. 69 (Montrouge)	69 (Montrouge).
Muette (de la)	B. 70 (Passy 1°)	70 (Passy).
Neuilly (de)	B. 74 (Ternes)	62 (Étoile).
Orléans (d')	B. 69 (Montrouge)	69 (Montrouge).
Pantin (de)	B. 77 (Villette 2°)	99 (Marché aux Bestiaux).
Passy (de)	B. 70 (Passy 1°)	70 (Passy).
Picpus (de)	B. 73 (Saint-Mandé)	73 (Bel-Air).
Point-du-Jour (du) . . .	B. 53 (Auteuil)	53 (Auteuil).
Prés-S¹-Gervais (des) . .	B. 55 (Belleville)	55 (Belleville).
Reuilly (de)	B. 56 (Bercy)	57 (Bercy).
Romainville (de)	B. 55 (Belleville)	55 (Belleville).
Sèvres (de)	B. 64 (Grenelle)	64 (Grenelle).
Saint-Cloud (de)	B. 53 (Auteuil)	53 (Auteuil).
Saint-Mandé (de)	B. 73 (Saint-Mandé)	73 (Bel-Air).
Saint-Ouen (de)	B. 54 (Batignolles)	61 (Legendre).
Ternes (des)	B. 74 (Ternes)	62 (Étoile).
Vanves (de)	B. 69 (Montrouge)	72 (Plaisance).
Versailles (de)	B. 75 (Vaugirard)	75 (Vaugirard).
Villette (de la)	B. 76 (Villette 1°)	99 (Marché aux Bestiaux).
Villiers (de)	B. 74 (Ternes)	74 (Ternes).
Vincennes (de)	B. 73 (Saint-Mandé)	73 (Bel Air).
Vitry (de)	B. 63 (Gare d'Ivry)	63 (Jeanne-d'Arc).
Portefoin (rue)	5	07 (Haudriettes).
Portes-Blanches (rue des)	B. 60 (Clignancourt)	60 (Clignancourt).
Port-Mahon (rue de)	2	89 (Grand-Hôtel).

Portes. (Suite.) — appears in the left margin spanning the rows from "Italie (d')" to "Vitry (de)".

NOMS DES RUES, BOULEVARDS, ETC.	RAYONS OU BUREAUX DE DISTRIBUTION des correspondances postales.	BUREAUX DE DISTRIBUTION des télégrammes.
Port-Royal (boulevard de)........	**7.**	
1 à 93, 2 à 74..............	....	29 (Monge).
Au-dessus..............	....	38 (Claude-Bernard).
Alma (de l')........	**9**............	27 (Gros-Caillou).
Austerlitz ou de l'Hôpital (d')........	**7**............	33 Boulev. de l'Hôpital).
Auteuil (d')........	B. 53 (Auteuil)........	53 (Auteuil),
Bercy (de)........	B. 56 (Bercy)........	57 (Bercy).
Cunette (de la).......	**9**............	27 (Gros-Caillou).
École (de l')..	**11**............	17 (Halles).
Gare (de la)........	B. 63 (Gare d'Ivry).....	63 (Jeanne-d'Arc).
Grenelle (de).......	B. 64 (Grenelle).......	64 (Grenelle).
Grève ou au Blé (de la).	**7**............	13 (Hôtel de Ville).
Iéna (d')............	**9**............	46 (École Militaire).
Ile des Cygnes (de l')..	**9**............	27 (Gros Caillou.
Invalides (des).......	**9**............	27 (Gros Caillou).
Javel (de)........	B. 64 (Grenelle).......	64 (Grenelle).
Ports.... *Louviers ou Henri IV*..	**7**............	21 (Bastille).
Mail ou aux Fruits (du)	**7**............	13 (Hôtel de Ville).
Mazas.	**6**............	93 (Gare de Lyon).
Ormes (des)........	**7**............	13 (Hôtel de Ville).
(d'Orsay).........	**9**............	44 (Central).
Passy (de).........	B. 70 (Passy 1°)........	70 (Passy).
Rapée (de la).......	**6**............	93 (Gare de Lyon).
Recueillages (des).....	**1**............	11 (Théâtre Français).
St-Bernard ou des Coches.	**7**............	28 (Halle aux Vins).
Saint-Nicolas	**1**............	11 (Théâtre Français).
Saint-Paul.........	**7**............	13 (Hôtel de Ville).
Saints-Pères ou des 4 Nations (des)........	**9**............	15 (Bonaparte).
Tournelle (de la).....	**7**............	28 (Halle aux Vins).
Vins (aux)..........	**7**............	28 (Halle aux Vins).

NOMS DES RUES, BOULEVARDS, ETC.	RAYONS ou BUREAUX DE DISTRIBUTION des correspondances postales.	BUREAUX DE DISTRIBUTION des télégrammes.
Possoz (place)	B. 70 (Passy 1°)........	70 (Passy).
Poste (bureaux de) (Voir tableau n° 1).		
Postel (cité)..................	**6.**	23 (Citeaux).
Postes (Hôtel des)............	(*)	
Postes (passage des)..........	**7**	38 (Claude-Bernard).
N° 1. (Bastion 4.)....	B. 56 (Bercy)	57 (Bercy).
N° 2. (Bastion 11.)...	B. 59 (Charonne)......	73 (Bel Air).
N° 3. (Bastion 18.)...	B. 55 (Belleville).......	55 (Belleville).
N° 4. (Bastion 25.)...	B. 77 (Villette 2°)......	99 (Marché aux bestiaux).
N° 5. (Bastion 33.)...	B. 58 (Chapelle).......	58 (La Chapelle)
N° 6. (Bastion 40.)...	B. 54 (Batignolles)....	61 (Legendre).
N° 7. (Bastion 49.)...	B. 74 (Ternes)........	74 (Ternes).
Postes-Casernes. N° 8. (Bastion 59.)..	B. 70 (Passy 1°).......	70 (Passy).
N° 9. (Bastion 65.)...	B. 53 (Auteuil).......	53 (Auteuil).
N° 10. (Bastion 71.)..	B. 75 (Vaugirard)......	75 (Vaugirard).
N° 11. (Bastion 73.)..	B. 75 (Vaugirard)......	75 (Vaugirard).
N° 12. (Bastion 77.)..	B. 69 (Montrouge).....	72 (Plaisance).
N° 13. (Bastion 81.)..	B. 69 (Montrouge).....	69 (Montrouge).
N° 14. (Bastion 84.)..	B. 65 (Maison Blanche)..	65 (Gobelins).
N° 15. (Bastion 90.)..	B. 63 (Gare d'Ivry),....	65 (Gobelins).
Postes centraux de police. (Voir mairies.)		
Pot-au-Lait (rue du)...........	B. 65 (Maison-Blanche)..	65 (Gobelins).
Pot-de-Fer (rue du)...........	**7**	38 (Claude-Bernard).
Poteau (cité, passage et rue du)...	B. 60 (Clignancourt)....	60 (Clignancourt).
Poterie (rue de la)	**11**	17 (Halles).
Poternes.. Montmartre (de)......	B. 60 (Clignancourt)....	60 (Clignancourt).
Peupliers (des).......	B. 65 (Maison-Blanche)..	65 (Gobelins).
Plaine (de la)........	B. 75 (Vaugirard)......	75 (Vaugirard).
Poissonniers (des)....	B. 58 (Chapelle).......	60 (Clignancourt)

(*) Les correspondances adressées aux agents et sous-agents du service des Postes, sans indication de domicile, doivent être dirigées sur la section de la poste-restante.

NOMS DES RUES, BOULEVARDS, ETC.	RAYONS OU BUREAUX DE DISTRIBUTION des correspondances postales.	BUREAUX DE DISTRIBUTION des télégrammes.
Potier (passage)...............	10...........	11 (Théâtre Français).
Pottier (cité).................	B. 76 (Villette 1ᵉ)......	79 (Rotonde-Villette).
Pouchet (rue).................	B. 54 (Batignolles).....	61 (Legendre).
Poudres et salpêtres (Dépôt central des)	7...........	21 (Bastille).
Poule (impasse)...............	B. 59 (Charonne)......	59 (Charonne).
Poulet (rue)..................	B. 67 (Montmartre).....	68 (Rochechouart).
Poulletier (rue)...............	7...........	28 (Halle aux vins).
Poussin (rue).................	B. 53 (Auteuil)........	53 (Auteuil).
Pouy (rue de).................	B. 65 (Maison-Blanche)..	65 (Gobelins).
Pradier (rue).................	B. 55 (Belleville).......	55 (Belleville).
Prairies (rue des)............	B. 59 (Charonne)......	59 (Charonne).
Préault (rue)	B. 55 (Belleville),.....	55 (Belleville).
Pré-aux-Clercs (rue du)........	9...........	15 (Bonaparte).
Prêcheurs (rue des)...........	11...........	17 (Halles).
Préfecture de la Seine..........	11...........	13 (Hôtel de Ville).
Préfecture de police...........	7...........	25 (Saint-Michel).
Pré-Maudit (rue du)...........	B. 58 (Chapelle)......	58 (La Chapelle).
Pré-Saint-Gervais (rue du)......	B. 55 (Belleville)......	55 (Belleville).
Presbourg (rue de)............	....	62 (Étoile).
1 à 7, 2 à 6.................	1.	
Au-dessus.................	B. 71 (Passy 2ᵉ).	
Présentation (rue de la)........	5...........	40 (Ménilmontant).
Présidence de la République.......	1...........	92 (Boissy-d'Anglas).
Presles (impasse et rue de)......	9...........	46 (École Militaire).
Pressoir (impasse et rue du).....	B. 55 (Belleville)......	40 (Ménilmontant).
Prêtres (impasse des)...........	B. 71 (Passy 2ᵉ).......	71 (Victor-Hugo).
Prêtres-Saint-Germain-l'Auxerrois (rue des).	11...........	17 (Halles).
Prêtres-Saint-Séverin (rue des) ...	7...........	25 (Saint-Michel).
Prévost (impasse et passage ou rue).	B. 65 (Maison-Blanche)..	69 (Montrouge).

NOMS DES RUES, BOULEVARDS, ETC.	RAYONS ou BUREAUX DE DISTRIBUTION des correspondances postales.	BUREAUX DE DISTRIBUTION des télégrammes.
Prévôt (rue du)	7	13 (Hôtel de Ville).
Priestley (rue)	B. 55 (Belleville)	79 (Rotonde-Villette).
Primatice (rue)	7	65 (Gobelins).
Primevères (impasse des)	5	21 (Bastille).
Princes (passage des)	10	01 (Bourse).
Princesse (rue)	8	06 (Luxembourg).
Prisons (direction générale des)	2	03 (Madeleine).
Dépôt de la Préfecture ..	7	25 (Saint-Michel).
Éducation correctionnelle (d') (Jeunes détenus).	6	36 (Voltaire).
Maison de justice ou Conciergerie	7	25 (Saint-Michel).
Mazas	6	93 (Gare de Lyon).
Prisons... *Militaire*	9	10 (Vieux-Colombier).
Roquette (de la) ou Dépôt des condamnés	6	36 (Voltaire).
Santé (de la) (Madelonnettes)	7	69 (Montrouge).
Saint-Lazare	4	26 (Gare du Nord).
Sainte-Pélagie	7	29 (Monge).
Procession (cité et passage de la) ...	B. 72 (Plaisance)	75 (Vaugirard).
Procession (rue de la)	....	75 (Vaugirard).
1 à 39, 2 à 46	B. 75 (Vaugirard).	
Au-dessus	B. 72 (Plaisance).	
Progrès (cité du)	B. 60 (Clignancourt)	60 (Clignancourt).
Progrès (impasse du)	B. 55 (Belleville)	55 (Belleville).
Prony (rue)	B. 66 (Monceaux)	66 (Meissonnier).
Prost (cité) XI' ARR	6	87 (Alexandre-Dumas).
Prost (cité *dite*) XII' ARR	6	23 (Citeaux).
Proudhon (rue)	B. 56 (Bercy)	57 (Bercy).
Proues (galerie des)	11	11 (Théâtre Français).
Prouvaires (rue des)	11	17 (Halles).
Provençaux (impasse des)	11	17 (Halles).

NOMS DES RUES, BOULEVARDS, ETC.	RAYONS OU BUREAUX DE DISTRIBUTION des correspondances postales.	BUREAUX DE DISTRIBUTION des télégrammes.
Provence (rue de) :		
1 à 69, 2 à 68................	**3.**	
Au-dessus....................	**2.**	
1 à 35, 2 à 30	....	01 (Bourse).
37 à 69, 32 à 68	....	02 (Milton).
Au-dessus...................	....	18 (Place du Havre).
Providence (rue de la).........	B. 65 (Maison-Blanche)..	65 (Gobelins).
Prud'hommes (conseil des)........	**7**................	25 (Saint-Michel).
Prudhon (avenue).............	B. 70 (Passy 1ᵉ).......	70 (Passy).
Pruniers (rue des)............	B. 59 (Charonne)......	40 (Ménilmontant).
Puebla (passage de)..........	B. 55 (Belleville).......	79 (Rotonde-Villette).
Puget (rue).................	B. 67 (Montmartre)....	67 (Abbesses).
Puits (cour du). Cité Fénelon.....	**3**............	02 (Milton).
Puits (impasse et ruelle du)......	B. 55 (Belleville)......	40 (Ménilmontant).
Puits artésiens { *Butte-aux-Cailles (de la).*	B. 65 (Maison-Blanche)..	65 (Gobelins).
Grenelle (de)........	**9**...........	41 (Duquesne).
Muette ou de Passy (de la)	B. 71 (Passy 2ᵉ)......	78 (Dufrénoy).
Place-Hébert (de la)...	B. 58 (Chapelle).......	58 (La Chapelle).
Puits-de-l'Ermite (rue du).......	**7**............	29 (Monge).
Pusy (cité de)...............	B. 66 (Monceaux)......	66 (Meissonnier).
Puteaux (rue)..............	B. 54 (Batignolles).....	84 (Boulevard de Clichy).
Putigneux (impasse)...........	**7**............	13 (Hôtel de ville).
Py (impasse et rue de la).......	B. 59 (Charonne)......	59 (Charonne)
Pyramides (rue des)...........	**1**............	11 (Théâtre-Français).
Pyrénées (place des)...........	B. 59 (Charonne)......	59 (Charonne).
Pyrénées (rue des) :		
1 à 265, 2 à 236.............	B. 59 (Charonne).	
275, 238 à la fin............	B. 55 (Belleville).	
1 à 59, 2 à 68..............	....	73 (Bel-Air).
61 à 239, 70 à 204...........	....	59 (Charonne).
Au-dessus	....	55 (Belleville).

NOMS DES RUES, BOULEVARDS, ETC.	RAYONS ou BUREAUX DE DISTRIBUTION des correspondances postales.	BUREAUX DE DISTRIBUTION des télégrammes.

Q

Quatre-Fils (rue des)............	5.............	07 (Haudriettes).
Quatre-Septembre (rue du)......	2.	
1 à 27, 2 à 24...............	....	01 (Bourse).
Au-dessus...............	....	89 (Grand-Hôtel).
Quatre-Vents (rue des).........	8............	06 (Luxembourg).
Quatre-Voleurs (passage des).....	5...........	91 (Boulevard St-Denis).
Questre (impasse).............	B. 55 (Belleville)......	40 (Ménilmontant).
Quinault (rue)..............	B. 64 (Grenelle).......	64 (Grenelle).
Quincampoix (rue),...........	11..........	17 (Halles).
Quinze-Vingts (passage des)......	6...........	21 (Bastille).

R

Rabelais (rue)...............	1...........	45 (Champs-Élysées).
Raboisson (cour).............	6...........	21 (Bastille).
Rabot (impasse du)...........	6...........	21 (Bastille).
Racine (rue)................	8...........	06 (Luxembourg).
Radziwill (passage et rue)......	11........	11 (Théâtre-Français).
Raffet (rue)................	B. 53 (Auteuil)........	53 (Auteuil).
Raguinot (passage)...........	6...........	93 (Gare de Lyon).
Rambouillet (rue de)..........	6...........	93 (Gare de Lyon).
Rambuteau (rue de)...........	11.	
1 à 61, 2 à 56...............	....	07 (Haudriettes).
Au-dessus...............	....	17 (Halles).
Rameau (rue)................	11...........	01 (Bourse).
Ramey (passage et rue)........	B. 67 (Montmartre).....	68 (Rochechouart).
Rampon (rue)...............	5...........	05 (Pl. de la République).
Ramponeau (passage).........	B. 67 (Montmartre).....	68 (Rochechouart).
Ramponeau (rue).............	B. 55 (Belleville).......	40 (Ménilmontant).

10.

NOMS DES RUES, BOULEVARDS, ETC.	RAYONS OU BUREAUX DE DISTRIBUTION des correspondances postales.	BUREAUX DE DISTRIBUTION des télégrammes.
Ramus (passage et rue)..........	B. 59 (Charonne)......	59 (Charonne).
Rançon (passage).............	B. 59 (Charonne)......	59 (Charonne).
Ranelagh (avenue, rue et square du)	B. 70 (Passy 1°).......	70 (Passy).
Raoul (passage), XI° arr..........	5...........	21 (Bastille).
Raoul (rue), XII° arr............	B. 56 (Bercy)........	57 (Bercy).
Rapée (quai de la).............		93 (Gare de Lyon).
2 à 22..................	B. 56 (Bercy).	
Au-dessus..............	6.	
Raphaël (avenue).............	B. 70 (Passy 1°).......	70 (Passy).
Rapp (avenue)..............	9...........	27 (Gros-Caillou).
Rasselins (rue des)...........	B. 59 (Charonne)......	59 (Charonne).
Rataud (rue).............	7...........	38 (Claude-Bernard).
Rats (rue des).............	B. 59 (Charonne)......	59 (Charonne).
Rauch (passage ou cité)........	6...........	21 (Bastille).
Ravignan (rue).............	B. 67 (Montmartre)....	67 (Abbesses).
Raymond (passage)...........	B. 65 (Maison-Blanche).	65 (Gobelins).
Raynaud (cité).............	B. 69 (Montrouge).....	72 (Plaisance).
Raynouard (rue et villa)........	B. 70 (Passy 1°).......	70 (Passy).
Réale (rue de la).............	10...........	17 (Halles).
Réaumur (rue).............	5.	
1 à 29, 2 à 42..............	....	07 (Haudriettes).
Au-dessus..............		91 (Boulevard St-Denis).
Rébéval (impasse et rue)........	B. 55 (Belleville)......	40 (Ménilmontant).
Recette centrale des finances.......	1...........	11 (Théâtre-Français).
Récollets (passage et rue des).....	4...........	26 (Gare du Nord).
Recrutement de la Seine. { Bureau central.......	9...........	27 (Gros-Caillou).
1er bureau auxiliaire...	B. 58 (Chapelle)......	58 (La Chapelle).
2° idem...........	B. 70 (Passy 1°).......	70 (Passy).
3° idem...........	B. 69 (Montrouge).....	72 (Plaisance).
4° idem...........	B. 56 (Bercy)........	57 (Bercy).
5° idem..........	B. 54 (Batignolles)....	61 (Legendre).

NOMS DES RUES, BOULEVARDS, ETC.	RAYONS ou BUREAUX DE DISTRIBUTION des correspondances postales.	BUREAUX DE DISTRIBUTION des télégrammes.
Reculettes (ruelle des)..........	7.............	65 (Gobelins).
Redan (villa du)...............	B. 71 (Passy 2e).......	62 (Étoile).
Regard (rue du)...............	9.............	10 (Vieux-Colombier).
Régis (rue)....................	9.............	43 (Littré).
Réglisses (rue des)...........	B. 59 (Charonne)......	59 (Charonne).
Regnard (rue).................	8.............	06 (Luxembourg).
Regnault (rue)................	B. 63 (Gare d'Ivry).....	63 (Jeanne-d'Arc).
Régnier (rue).................	B. 75 (Vaugirard)......	75 (Vaugirard).
Reilhac (passage)	4.............	91 (Boulevard St-Denis).
Reille (avenue)................	B. 65 (Maison-Blanche)..	69 (Montrouge).
Excepté le n° 37.............	B. 69 (Montrouge).	
Reille (impasse)...............	B. 65 (Maison-Blanche)..	69 (Montrouge.)
Reine-Blanche (rue de la)........	7.............	29 (Monge).
Reine-de-Hongrie (passage de la)..	10.............	90 (Hôtel des Postes).
Rembrandt (rue).............	1.............	37 (Europe).
Remparts (rue des)...........	B. 59 (Charonne)......	73 (Bel-Air).
Rémusat (rue de).............	B. 53 (Auteuil)........	53 (Auteuil).
Renaissance (rue de la)........	1.............	45 (Champs-Élysées).
Renard (rue du)...............	7.............	13 (Hôtel de ville).
Renault (rue).................	5.............	36 (Voltaire).
Rendez-Vous (rue du)..........	B. 73 (Saint-Mandé)....	73 (Bel-Air).
René (passage)................	5.............	36 (Voltaire).
Rennequin (rue)...............	B. 74 (Ternes)........	74 (Ternes).
Rennes (place de).............	8.............	43 (Littré).
Rennes (rue de)...............	8.	
41 à 123, 46 à 120..........	....	10 (Vieux-Colombier).
Au-dessus.................	....	43 (Littré).
Repos (rue du).....:......	B. 59 (Charonne)......	59 (Charonne).
République (avenue de la) :		
1 à 165, 2 à 182.............	5.	
201 à 259, 202 à 220.........	B. 59 (Charonne).	
339, 341.............	B. 55 (Belleville).	

NOMS DES RUES, BOULEVARDS, ETC.	RAYONS OU BUREAUX DE DISTRIBUTION des correspondances postales.	BUREAUX DE DISTRIBUTION des télégrammes.
1 à 13, 2 à 22............	....	05 (Place République).
135 à 165 et 144 à 182........	....	36 (Voltaire).
Au-dessus	....	55 (Belleville).
République (place de la).........	5............	05 (Place République).
République (villa de la).........	B. 55 (Belleville)......	55 (Belleville).
Réservoirs (rue des)...........	B. 70 (Passy 1°)......	70 (Passy).
Abbé-Groult (de la rue de l')........	B. 75 (Vaugirard)......	75 (Vaugirard).
Arcueil (d').........	8............	06 (Luxembourg).
Belleville ou de Ménil-montant (de)......	B. 55 (Belleville)......	55 (Belleville).
Cottin (du passage)....	B. 67 (Montmartre)....	68 (Rochechouart).
Dhuys (de la)........	B. 55 (Belleville)....	55 (Belleville).
Estrapade (de l')......	7............	06 (Luxembourg).
Monceau (de).........	2............	37 (Europe).
Passy (de) { *Grands*..	B. 71 (Passy 2°)....	71 (Victor-Hugo).
Passy (de) { *Petits*...	B. 70 (Passy 1°)......	70 (Passy).
Pelleport (de la rue)..	B. 59 (Charonne).....	55 (Belleville).
Saint-Victor........	7............	28 (Halle aux Vins).
Vanne (de la)........	B. 69 (Montrouge).....	69 (Montrouge).
Vaugirard (de la rue de).	8............	43 (Littré).
Restaut (rue)...........	8............	06 (Luxembourg).
Retiro (cité du).........	1............	03 (Madeleine).
Retrait (passage et rue du)......	B. 55 (Belleville)......	55 (Belleville).
Reuilly (boulevard de)........	B. 56 (Bercy).	
1 à 39, 2 à 34............	....	93 (Gare de Lyon).
Au-dessus............	....	73 (Bel-Air).
Reuilly (cour de)........	6............	23 (Cîteaux).
Reuilly (rue de)........	....	23 (Cîteaux).
1 à 119, 2 à 98.........	6.	
Au-dessus............	B. 56 (Bercy).	

On the left, a brace grouping the *Abbé-Groult* through *Vaugirard* rows is labelled:

Réservoirs ou bassins (*)

(*) Il y a d'autres bassins (page 20), ceux du canal Saint-Martin et de la Villette.

NOMS DES RUES, BOULEVARDS, ETC.	RAYONS ou BUREAUX DE DISTRIBUTION des correspondances postales.	BUREAUX DE DISTRIBUTION des télégrammes.
Réunion (impasse, place et rue de la), XX' arr............	B. 59 (Charonne)......	59 (Charonne).
Réunion (passage de la), III' arr...	11...........	07 (Haudriettes).
Réunion (villa de la), XVI' arr.....	B. 53 (Auteuil)........	53 (Auteuil).
Reuss (passage de la)...........	5...........	40 (Ménilmontant).
Rhin (rue du)............	B. 77 (Villette 2°)......	79 (Rotonde-Villette).
Rhône (butte du). Entrepôt.......	7...........	28 (Halle aux Vins).
Ribéra (rue)...............	B. 53 (Auteuil)........	53 (Auteuil).
Ribet (impasse).............	B. 64 (Grenelle)......	64 (Grenelle).
Riblette (rue)...............	B. 59 (Charonne)......	59 (Charonne).
Ribouté (rue)............	3...........	48 (Sainte-Cécile).
Ricaut (passage).............	B. 63 (Gare d'Ivry).....	65 (Gobelins).
Richard (passage).............	B. 54 (Batignolles),....	61 (Legendre).
Richard-Lenoir (boulevard).......	5.	
1 à 85, 2 à 86,............	....	21 (Bastille).
Au-dessus...............	....	05 (P' de la République).
Richard-Lenoir (passage ou rue)..	6............	36 (Voltaire).
Richefeu (cité)............	8............	38 (Claude-Bernard).
Richelieu (passage de)..........	10............	11 (Théâtre-Français).
Richelieu (rue de)............	10.	
1 à 53, 2 à 56.............	....	11 (Théâtre-Français).
Au-dessus.............	....	01 (Bourse).
Richemont (rue de)...........	B. 63 (Gare d'Ivry).....	63 (Jeanne-d'Arc).
Richepanse (rue)............	11,..........	03 (Madeleine).
Richer (galerie et rue)..........	3............	48 (Sainte-Cécile).
Richerand (avenue ou rue).......	4............	39 (Écluses-Saint-Martin).
Richomme (rue).............	B. 58 (Chapelle).......	58 (La Chapelle).
Rigaud (impasse ou rue), XVI' arr.	1............	34 (Marceau).
Rigault (impasse ou passage), XV' arr.	B. 75 (Vaugirard)......	64 (Grenelle).
Rigny (rue de)..............	2............	47 (Haussmann).
Rigoles (cité ou impasse et rue des).	B. 55 (Belleville)......	55 (Belleville).

NOMS DES RUES, BOULEVARDS, ETC.	RAYONS OU BUREAUX DE DISTRIBUTION des correspondances postales.	BUREAUX DE DISTRIBUTION des télégrammes.
Rimbaut (passage).............	B. 69 (Montrouge).....	69 (Montrouge).
Riquet (impasse).............	B. 76 (Villette 1e).....	79 (Rotonde-Villette).
Riquet (rue):		
1 à 63, 2 à 64...............	B. 76 (Villette 1e)......	76 (Crimée).
Au-dessus...................	B. 58 (Chapelle).......	58 (La Chapelle).
Riverin (cité)................	4.............	91 (Boulevard St-Denis).
Rivière (passage)............	B. 55 (Belleville)......	40 (Ménilmontant).
Rivoli (place de):............	1...........	11 (Théâtre-Français).
Rivoli (rue de)...............	1.	
1 à 39, 2 à 86...............	....	13 (Hôtel de ville).
41 à 91, 88 à 154............	....	17 (Halles).
156 à 194..................	....	11 (Théâtre-Français).
196 à 234..................	....	89 (Grand-Hôtel).
Au-dessus...................	....	92 (Boissy-d'Anglas).
Robert (passage et villa)........	B. 60 (Clignancourt)...	60 (Clignancourt).
Robert-Estienne (rue)...........	1.............	45 (Champs-Élysées).
Robineau (passage et rue).......	B. 59 (Charonne)......	40 (Ménilmontant).
Robinet (passage)............	7.............	63 (Jeanne-d'Arc).
Robiquet (impasse)............	8.............	43 (Littré)..
Rochambeau (rue)............	3.............	02 (Milton).
Rochebrune (passage et rue)......	5.............	36 (Voltaire).
Rochechouart (boulevard)......	B. 67 (Montmartre)....	68 (Rochechouart).
Rochechouart (rue)............	3.	
1 à 51, 2 à 44...............	....	02 (Milton).
Au-dessus...................	....	68 (Rochechouart).
Rocher (rue du).............	2.	
1 à 53 bis, 2 à 50............	....	18 (Place du Havre).
Au-dessus..................	....	37 (Europe).
Rocroy (rue de)..............	4.............	26 (Gare du Nord).
Rodier (impasse).............	3.............	02 (Milton).
Rodier (rue).................	3.	
1 à 43, 2 à 52...............	....	02 (Milton).
Au-dessus..................	....	68 (Rochechouart).

NOMS DES RUES, BOULEVARDS, ETC.	RAYONS OU BUREAUX DE DISTRIBUTION des correspondances postales.	BUREAUX DE DISTRIBUTION des télégrammes.
Roger (rue)................	B. 69 (Montrouge).....	69 (Montrouge).
Rohan (cour ou passage de), *VI° arr.*	8...........	25 (Saint-Michel).
Rohan (rue de), *I° arr.*.........	11...........	11 (Théâtre-Français).
Roi-d'Alger (passage et rue du)...	B. 60 (Clignancourt)...	60 (Clignancourt).
Roi-de-Sicile (rue du)..........	7............	13 (Hôtel de ville).
Roi-Doré (rue du)·..........	6............	07 (Haudriettes).
Roi-François (cour du).........	10...........	91 (Boulevard St-Denis).
Roli (rue)................	B. 65 (Maison-Blanche)..	69 (Montrouge).
Rolleboise (impasse)..........	B. 59 (Charonne)......	59 (Charonne).
Rollin (rue)	7............	28 (Halle aux vins).
Rollin (villa).............	B. 73 (Saint-Mandé)....	73 (Bel-Air).
Romainville (rue de)..........	B. 55 (Belleville)......	55 (Belleville).
Romanée (rue de)	B. 56 (Bercy).........	57 (Bercy).
Rome (cour ou passage de), *III° arr.*	5...........	07 (Haudriettes).
Rome (cour de), *XV° arr.*........	9...........	41 (Duquesne).
Rome (rue de) :		
1 à 49, 2 à 48..............	2...........	18 (Place du Havre).
51 à 73, 50 à 82	2...........	37 (Europe).
Au-dessus	B. 66 (Monceaux)......	66 (Meissonier).
Ronce (impasse).............	B. 59 (Charonne)......	55 (Belleville).
Ronce (passage).............	B. 55 (Belleville)......	55 (Belleville).
Rondeaux (passage et rue des)....	B. 59 (Charonne)......	59 (Charonne).
Rondelet (rue).............	6............	23 (Cîteaux).
Rondonneaux (passage et rue des).	B. 59 (Charonne)......	59 (Charonne).
Ronsard (rue)	B. 67 (Montmartre)....	68 (Rochechouart).
Ronsin (impasse).............	8...........	43 (Littré).
Roquépine (rue de)..........	1...........	03 (Madeleine).
Roquette (rue de la)..........	6.	
1 à 79, 2 à 106..............	....	21 (Bastille).
Au-dessus................		36 (Voltaire).
Rosenwald (rue)............	B. 72 (Plaisance)......	75 (Vaugirard).
Roses (rue des)	B. 58 (Chapelle).......	58 (La Chapelle).

NOMS DES RUES, BOULEVARDS, ETC.	RAYONS OU BUREAUX DE DISTRIBUTION des correspondances postales.	BUREAUX DE DISTRIBUTION des télégrammes.
Rosière (rue de la)............	B. 64 (Grenelle)......	64 (Grenelle).
Rosiers (rue des)..........	6...........	13 (Hôtel-de-ville).
Rossini (rue)............	3...........	01 (Bourse).
Rothschild (impasse)..........	B. 54 (Batignolles).....	61 (Legendre).
Rotrou (rue)...........	8............	06 (Luxembourg.
Rottembourg (rue)...........	B. 73 (Saint-Mandé)....	73 (Bel-Air).
Roubo (rue).............	6...........	23 (Citeaux).
Rouelle (rue).............	B. 64 (Grenelle).......	64 (Grenelle).
Rouen (rue de)...........	B. 76 (Villette 1°).....	76 (Crimée).
Rouet (impasse du).........	B. 69 (Montrouge).....	72 (Plaisance).
Rouge (passage)...........	6............	23 (Citeaux).
Rougemont (cité et rue de)......	3...........	48 (Sainte-Cécile).
Rouget-de-l'Isle (rue)..........	1...........	89 (Grand-Hôtel).
Roule (rue du).............	11...........	17 (Halles).
Roule (square du).........	1...........	42 (Friedland).
Roussel (rue)...........	B. 66 (Monceaux).....	66 (Meissonnier).
Rousselet (rue)..........	9...........	44 (Central).
Roussillon (rue de)........	B. 56 (Bercy)........	57 (Bercy).
Roussin (impasse)........	B. 75 (Vaugirard).....	64 (Grenelle).
Roussin (rue)..........	B. 75 (Vaugirard).	
1 à 75, 2 à 72..........	....	64 (Grenelle).
Au-dessus...........	....	75 (Vaugirard).
Routy-Philippe (impasse)......	B. 55 (Belleville).....	55 (Belleville).
Rouvet (rue)..........	B. 76 (Villette 1°).....	76 (Crimée).
Roux (impasse).........	B. 74 (Ternes).......	74 (Ternes).
Roy (rue).............	1...........	47 (Haussmann).
Royale (rue)..........	1.	
1 à 17, 2 à 14...........	....	92 (Boissy-d'Anglas).
Au-dessus..........	....	03 (Madeleine).
Royer-Collard (impasse et rue)...	8...........	38 (Claude-Bernard).
Rubens (rue)..........	7...........	65 (Gobelins).
Rude (rue)...........	B. 71 (Passy 2°).....	62 (Étoile).

NOMS DES RUES, BOULEVARDS, ETC.	RAYONS ou BUREAUX DE DISTRIBUTION des correspondances postales.	BUREAUX DE DISTRIBUTION des télégrammes.
Rudel (passage)	B. 63 (Gare d'Ivry).....	65 (Gobelins).
Ruelle (passage de la).........	B. 54 (Batignolles).....	61 (Legendre).
Ruhmkorff (rue).	B. 74 (Ternes)	74 (Ternes).
Ruisseau (impasse et rue du)....	B. 60 (Clignancourt)...	60 (Clignancourt).
Rungis (place et rue de)	B. 65 (Maison-Blanche).	65 (Gobelins).
Ruty (rue)	B. 73 (Saint-Mandé)...	73 (Bel-Air).
Ruysdaël (avenue)..........	1............	37 (Europe).

S

Sablière (rue de la)	B. 69 (Montrouge).....	72 (Plaisance).
Sablonnière (imp. et rue de la)..	B. 75 (Vaugirard).....	64 (Grenelle).
Sablons (rue des) :		
1 à 45, 2 à 40................	B. 71 (Passy 2°).......	71 (Victor-Hugo).
Au-dessus	B. 70 (Passy 1°)......	70 (Passy).
Sabot (rue du)	8.............	10 (Vieux-Colombier).
Sahel (rue du)	B. 73 (Saint-Mandé)....	73 (Bel-Air).
Saïd (villa)...............	B. 71 (Passy 2°).......	62 (Étoile).
Saïda (impasse *ou* passage)	B. 75 (Vaugirard)......	75 (Vaugirard).
Saïgon (rue de).............	B. 71 (Passy 2°).......	62 (Étoile).
Saillard (rue)	B. 69 (Montrouge).....	69 (Montrouge).
Saintonge (rue de)	5.	
1 à 31, 2 à 30...............	....	07 (Haudriettes).
Au-dessus..................	....	05 (Pl. de la République).
Salneuve (rue)..............	B. 66 (Monceaux).....	66 (Meissonier).
Salomon-de-Caus (rue)	11..........	91 (Boul. Saint-Denis).
Salon (galerie du)............	10..........	90 (Hôtel des Postes).
Salpêtres (Raffinerie des)........	7............	21 (Bastille).
Salpêtrière (rue de la)	7............	33 (Boul. de l'Hôpital).
Sambre (quai de la)...........	B. 77 (Villette 2°)......	99 (Marché aux bestiaux).

NOMS DES RUES, BOULEVARDS, ETC.	RAYONS ou BUREAUX DE DISTRIBUTION des correspondances postales.	BUREAUX DE DISTRIBUTION des télégrammes.
Sambre-et-Meuse (rue de).......	4............	39 (Écluses Saint-Martin).
Samson (rue)...............	B. 65 (Maison-Blanche)..	65 (Gobelins).
Sandrié (impasse)...........	2............	89 (Grand-Hôtel).
Santé (impasse de la)..........	7............	69 (Montrouge).
Santé (rue de la).		
1 à 75, 2 à 50...............	7.	
Au-dessus.................	B. 65 (Maison-Blanche).	
1 à 31, 2 à 34...........	....	38 (Claude-Bernard).
Au-dessus.................		69 (Montrouge).
Santeuil (rue).............	7............	29 (Monge).
Sanzel (cité)...............	B. 76 (Villette 1°)......	76 (Crimée).
Saône (rue de la)...........	B. 69 (Montrouge).....	69 (Montrouge).
Sapeurs-Pompiers (État-major des).	7............	25 (Saint-Michel).
Sartine (rue de).............	11..........	90 (Hôtel des Postes).
Satan (impasse)............	B. 59 (Charonne)......	59 (Charonne).
Sauffroy (rue).............	B. 54 (Batignolles).....	61 (Legendre).
Saules (rue des).............	B. 60 (Clignancourt).	
1 à 23, et 2...............	....	67 (Abbesses).
Au-dessus.............	....	60 (Clignancourt).
Saulnier (passage)...........	3..........	48 (Sainte-Cécile).
Saumon (impasse), xx° arr......	B. 55 (Belleville)......	40 (Ménilmontant).
Saumon (passage du), ii° arr.....	10..........	90 (Hôtel des Postes).
Saunier-Duchesne (couloir)......	B. 56 (Bercy)........	57 (Bercy).
Saussaies (rue des)...........	2............	03 (Madeleine).
Saussier-Leroy (rue)..........	B. 74 (Ternes)........	74 (Ternes).
Saussure (rue).............	B. 66 (Monceaux)......	66 (Meissonnier).
Sauterne (rue de)..........	B. 56 (Bercy)........	57 (Bercy).
Sauvage (rue).............	7............	33 (Boul. de l'Hôpital).
Sauvageot (rue)...........	B. 72 (Plaisance)......	72 (Plaisance).
Sauval (rue).............	11..........	90 (Hôtel des Postes).
Savart (impasses ou passage)....	B. 59 (Charonne)......	59 (Charonne).

NOMS DES RUES, BOULEVARDS, ETC.	RAYONS OU BUREAUX DE DISTRIBUTION des correspondances postales.	BUREAUX DE DISTRIBUTION des télégrammes.
Savies (rue de)................	B. 55 (Belleville)......	55 (Belleville).
Savoie (rue de)................	8.....	25 (Saint-Michel).
Saxe (avenue et impasse de).....	9...........	41 (Duquesne).
Say (rue)...................	3...........	68 (Rochechouart).
Scheffer (impasse, rue et villa)...	B. 70 (Passy 1°).......	70 (Passy).
Schomberg (rue de)............	7...........	21 (Bastille).
Schomer (rue)...............	B. 72 (Plaisance)......	72 (Plaisance).
Scipion (maison, place et rue)....	7...........	29 (Monge).
Scribe (rue).................	2...........	89 (Grand-Hôtel).
Sébastopol (boulevard de).......	11.	
1 à 79, 2 à 70.............	....	17 (Halles).
81 à 103, 72 à 90...........	....	90 (Hôtel des Postes).
Au-dessus...............	....	91 (Boul. Saint-Denis).
Secrétan (rue)...............	....	79 (Rotonde-Villette).
1 à 31, 2 à 40.............	B. 77 (Villette 2°).	
Au-dessus...............	B. 55 (Belleville).	
Sedaine (cour)...............	5...........	21 (Bastille).
Sedaine (rue)...............	5.	
1 à 67, 2 à 60.............	....	21 (Bastille).
Au-dessus...............	....	36 (Voltaire).
Séguier (rue)...............	8...........	25 (Saint-Michel).
Séguin (rue)...............	B. 58 (La Chapelle)....	58 (La Chapelle).
Ségur (avenue et villa de).......	9...........	41 (Duquesne).
Seine (butte de la). Entrepôt.....	7...........	28 (Halle aux vins).
Seine (quai de la).............	B. 76 (Villette 1°).	
1 à 55; 2 à 38.............	....	79 (Rotonde Villette).
Au-dessus...............	....	76 (Crimée).
Seine (rue de)...............	8.	
1 à 75, 2 à 56.............	....	15 (Bonaparte).
Au-dessus...............	....	06 (Luxembourg).
Sellèque (cité)...............	B. 77 (Villette 2°)......	79 (Rotonde-Villette).

NOMS DES RUES, BOULEVARDS, ETC.	RAYONS OU BUREAUX DE DISTRIBUTION des correspondances postales.	BUREAUX DE DISTRIBUTION des télégrammes.
Séminaires { Colonial	7	38 (Claude-Bernard).
Irlandais (des)	7	38 (Claude-Bernard).
Israélite	7	21 (Bastille).
Missions étrangères (des)	9	44 (Central).
Petit Séminaire de Paris.	8	43 (Littré).
Saint-Esprit (du)	7	38 (Claude-Bernard).
St-Nicolas-du-Chardonnet	7	28 (Halle aux vins).
Saint-Sulpice	8	06 (Luxembourg).
Sénat (palais du)	8	85 (Sénat).
Sénégal (rue du)	B. 55 (Belleville)	40 (Ménilmontant).
Sentier (rue et passage du)	10	01 (Bourse).
Serpente (rue)	8	25 (Saint-Michel).
Sérurier (boulevard)		55 (Belleville).
1 à 89 et le n° 70	B. 55 (Belleville).	
143 à la fin des impairs	B. 77 (Villette 2°).	
Servan (rue)	5	36 (Voltaire).
Servandoni (rue)	8	06 (Luxembourg).
Séveste (rue)	B. 67 (Montmartre)	68 (Rochechouart).
Sévigné (rue de)	6.	
1 à 21, 2 à 34		13 (Hôtel de ville).
Au-dessus		07 (Haudriettes).
Sèvres (rue de)	9.	
1 à 57, 2 à 24		10 (Vieux-Colombier).
59 à 143, 26 à 80		44 (Central).
Au-dessus		41 (Duquesne).
Sfax (rue de)	B. 71 (Passy 2°)	71 (Victor-Hugo).
Siam (rue de)	B. 70 (Passy 1°)	70 (Passy).
Sibour (rue)	4	26 (Gare du Nord).
Sibuet (passage et rue)	B. 73 (Saint-Mandé)	73 (Bel-Air).
Sigaud (passage)	B. 65 (Maison-Blanche)	65 (Gobelins).
Simart (rue)	B. 60 (Clignancourt)	68 (Rochechouart).
Simon (cour)	6.	21 (Bastille).

NOMS DES RUES, BOULEVARDS, ETC.	RAYONS ou BUREAUX DE DISTRIBUTION des correspondances postales.	BUREAUX DE DISTRIBUTION des télégrammes.
Simonet (passage).............	B. 65 (Maison-Blanche) .	65 (Gobelins).
Simon-le-Franc (rue)	11..........	13 (Hôtel de ville).
Simplon (rue du).............	B. 60 (Clignancourt)....	60 (Clignancourt).
Singer (rue et villa)...........	B. 70 (Passy 1°).......	70 (Passy).
Singes (passage des)...........	6..........	13 (Hôtel de ville).
Smala (rue de la)............	B. 64 (Grenelle).......	64 (Grenelle).
Sœur-Rosalie (avenue)	7..........	65 (Gobelins).
Soissons (rue de)............	B. 76 (Villette 1°)......	79 (Rotonde-Villette).
Soleil (cité du).............	1..........	45 (Champs-Élysées).
Solférino (rue de)............	9..........	44 (Central).
Solitaires (rue des)...........	B. 55 (Belleville)......	55 (Belleville).
Soliveaux (cité)...............	B. 60 (Clignancourt) ...	60 (Clignancourt).
Sommet-des-Alpes (rue du).....	B. 72 (Plaisance).......	75 (Vaugirard).
Son-Tay (rue de).............	B. 71 (Passy 2°)	71 (Victor-Hugo).
Sophie-Germain (rue)	B. 69 (Montrouge).....	69 (Montrouge).
Sorbier (rue)	....	55 (Belleville).
1 à 21 , 2 à 40..............	B. 55 (Belleville).	
Au-dessus..................	B. 59 (Charonne).	
Sorbonne (la)	8..........	06 (Luxembourg).
Sorbonne (passage, place et rue de la)	8..........	06 (Luxembourg).
Souchier (villa)...............	B. 70 (Passy 1°).......	70 (Passy).
Soufflot (rue)	8..........	06 (Luxembourg).
Souhaits (impasse des)........	B. 59 (Charonne)......	59 (Charonne).
Soulages (rue)...............	B. 56 (Bercy)........	57 (Bercy).
Soult (boulevard)	B. 73 (Saint-Mandé)....	73 (Bel-Air).
Soupirs (passage des).........	B. 55 (Belleville)......	55 (Belleville).
Source (rue de la)	B. 53 (Auteuil)........	53 (Auteuil).
Sourdière (rue de la)	1..........	89 (Grand-Hôtel).
Sourdis (rue ou ruelle de)	5..........	07 (Haudriettes).
Sourds-Muets (Institution des)	8..........	38 (Claude-Bernard).
Souzy (cité).................	6..........	87 (Alexandre-Dumas).
Spinosa (rue)...............	5..........	40 (Ménilmontant).

NOMS DES RUES, BOULEVARDS, ETC.	RAYONS OU BUREAUX DE DISTRIBUTION des correspondances postales.	BUREAUX DE DISTRIBUTION des télégrammes.
Spontini (rue)	B. 71 (Passy 2ᵉ).	78 (Dufrénoy).
Square (avenue du)	B. 53 (Auteuil).	53 (Auteuil).
Stael (rue de)	B. 75 (Vaugirard).	75 (Vaugirard).
Stanislas (passage et rue)	8.	43 (Littré).
Station (passage de la), XIIᵉ arr. .	B. 73 (Saint-Mandé). . . .	73 (Bel-Air).
Station-de-Ménilmontant (passage de la), XXᵉ arr.	B. 55 (Belleville).	55 (Belleville).
Steinkerque (rue de)	B. 67 (Montmartre)	68 (Rochechouart).
Stemler (cité ou passage)	B. 55 (Belleville)	79 (Rotonde-Villette).
Stendhal (passage et rue)	B. 59 (Charonne).	59 (Charonne).
Stephenson (rue)	B. 58 (La Chapelle). . . .	58 (La Chapelle).
Stinville (passage)	6.	23 (Citeaux).
Stockholm (rue de)	2.	18 (Place du Havre).
Strasbourg (boulevard de)	4.	
1 à 75, 2 à 68.	. . . .	91 (Boul. Saint-Denis).
Au-dessus.	. . . .	26 (Gare du Nord).
Strasbourg (rue de)	4.	26 (Gare du Nord).
Suchet (boulevard) :		
1 à 51.	B. 70 (Passy 1ᵉ).	
Au-dessus.	B. 53 (Auteuil).	
1 à 33.	. . . .	70 (Passy).
Au-dessus.	. . . .	53 (Auteuil).
Sud (passage du)	B. 77 (Villette 2ᵉ).	79 (Rotonde-Villette).
Suez (rue de)	B. 58 (La Chapelle). . . .	58 (La Chapelle).
Suffren (avenue de)	9.	
2 à 70.	. . . .	64 (Grenelle).
72 à 108.	. . . .	46 (École Militaire).
Impairs et 110 à fin.	. . . .	41 (Duquesne).
Suger (rue)	8.	25 (Saint-Michel).
Suisses (passage des)	B. 69 (Montrouge).	72 (Plaisance).
Sully (rue de)	7.	21 (Bastille).
Surcouf (rue)	9.	27 (Gros-Caillou).
Suresnes (rue de)	2.	03 (Madeleine).

NOMS DES RUES, BOULEVARDS, ETC.	RAYONS OU BUREAUX DE DISTRIBUTION des correspondances postales.	BUREAUX DE DISTRIBUTION des télégrammes.
Sûreté générale (Direction de la)..	2............	03 (Madeleine).
Surmelin (passage du).........	B. 55 (Belleville)......	55 (Belleville).
Surmelin (rue du).............	....	55 (Belleville).
Numéros impairs............	B. 55 (Belleville).	
Numéros pairs..............	B. 59 (Charonne).	
Sycomores (avenue des).......	B. 53 (Auteuil).......	53 (Auteuil).
Synagogues Israélites { R. *Notre-Dame-de-Nazareth*.	5............	05 (Pl. de la République).
Rue des Tournelles......	6............	21 (Bastille).
Rue de la Victoire......	3............	02 (Milton).
Israélites portugais (des)......	3............	02 (Milton).

S^{ts}

Saint-Alphonse (impasse)......	B. 69 (Montrouge).....	69 (Montrouge).
Saint-Amand (rue)...........	B. 72 (Plaisance)......	75 (Vaugirard).
Saint-Ambroise (impasse et rue)..	5...........	36 (Voltaire).
Saint-Anastase (rue)...........	6...........	07 (Haudriettes).
Saint-André (boulevard).......	8...........	25 (Saint-Michel).
Saint-André-des-Arts (place et rue).	8...........	25 (Saint-Michel).
Saint-Ange (cité).............	B. 71 (Passy 2°)......	62 (Étoile).
Saint-Ange (impasse et passage)..	B. 54 (Batignolles).....	61 (Legendre).
Sainte-Alice (rue)............	B. 69 (Montrouge).....	72 (Plaisance).
Sainte-Anne (passage).........	11...........	01 (Bourse).
Sainte-Anne (rue)............	11.	
1 à 47, 2 à 38............		11 (Théâtre-Français).
Au-dessus...............		01 (Bourse).
Sainte-Anne-Popincourt (passage).	5...........	21 (Bastille).
Saint-Antoine (cour).........	6...........	23 (Cîteaux).
Saint-Antoine (passage)........	6...........	21 (Bastille).
Saint-Antoine (rue)...........	6.	
101 à 127, 82 à 140..........		13 (Hôtel de ville).
Au-dessus...............		21 (Bastille).
Sainte-Apolline (rue)..........	11...........	91 (Boul. Saint-Denis).

NOMS DES RUES, BOULEVARDS, ETC.	RAYONS OU BUREAUX DE DISTRIBUTION des correspondances postales.	BUREAUX DE DISTRIBUTION des télégrammes.
Saint-Augustin (rue)............	2............	01 (Bourse).
Sainte-Avoye (impasse et passage) .	5............	07 (Haudriettes).
Saint-Benoît (rue)............	8............	15 (Bonaparte).
Saint-Bernard (impasse et rue)....	6............	87 (Alexandre-Dumas).
Saint-Bernard (passage)........	6............	21 (Bastille).
Saint-Bernard (quai)............	7............	28 (Halle aux vins).
Sainte-Beuve (rue)............	8............	43 (Littré).
Saint-Blaise (place et rue)........	B. 59 (Charonne)......	59 (Charonne).
Saint-Bon (rue)................	7............	13 (Hôtel de ville).
Saint-Bruno (rue)............	B. 58 (Chapelle)	58 (La Chapelle).
Sainte-Catherine (impasse)........	B. 55 (Belleville)......	55 (Belleville).
Sainte-Cécile (rue)............	3............	48 (Sainte-Cécile).
Sainte-Chapelle (cour et rue de la) .	7............	25 (Saint-Michel).
St-Charles (cité ou impasse, place, rond-point et rue)..........	B. 64 (Grenelle).......	64 (Grenelle).
Saint-Charles (impasse)', *XIIe arr*...	6............	23 (Citeaux).
St-Charles (impasse *ou* passage), *XVIIe arr*................	B. 66 (Monceaux)......	66 (Meissonnier).
Saint-Chaumont (cité), *XIXe arr*....	B. 55 (Belleville)......	79 (Rotonde-Villette).
Saint-Chaumont (cour), *IIe arr*....	10............	91 (Boulevard St-Denis).
Sainte-Claire-Deville (rue)	6............	23 (Citeaux).
Saint-Claude (impasse et rue).....	6............	05 (Pl. de la République).
Sainte-Croix-de-la-Bretonnerie (passage et rue)................	6............	13 (Hôtel de ville).
Saint-Denis (boulevard)..........	4............	91 (Boulevard St-Denis).
Saint-Denis (impasse)	10............	90 (Hôtel des Postes).
Saint-Denis (rue)............	10.	
1 à 135, 2 à 114............	....	17 (Halles).
137 à 201, 116 à 182........	....	90 (Hôtel des Postes).
Au-dessus................		91 (Boulevard St-Denis).
Saint-Didier (rue)............	B. 71 (Passy 2°).......	71 (Victor-Hugo).
Saint-Dominique (passage).......	9............	27 (Gros-Caillou).

NOMS DES RUES, BOULEVARDS, ETC.	RAYONS OU BUREAUX DE DISTRIBUTION des correspondances postales.	BUREAUX DE DISTRIBUTION des télégrammes.
Saint-Dominique (rue)..........	9.	
1 à 61, 2 à 36...............	....	44 (Central).
Au-dessus................	....	27 (Gros-Caillou).
Saint-Éleuthère (rue)..........	B. 67 (Montmartre)....	67 (Abbesses.)
Sainte-Élisabeth (cour), XIᵉ arr....	6............	21 (Bastille).
Sainte-Élisabeth (rue), IIIᵉ arr.....	5............	05 (Pl. de la République).
Saint-Éloi (cour et impasse)......	6............	23 (Citeaux).
Saint-Émilion (rue de).........	B. 56 (Bercy)........	57 (Bercy).
Saint-Esprit (cour du).........	6............	21 (Bastille).
Saint-Estèphe (rue de).........	B. 56 (Bercy)........	57 (Bercy).
Saint-Étienne-du-Mont (rue)......	7............	28 (Halle aux vins).
Sainte-Eugénie (avenue), XVᵉ arr..	B. 75 (Vaugirard).....	75 (Vaugirard).
Sainte-Eugénie (rue), XIVᵉ arr....	B. 69 (Montrouge).....	72 (Plaisance).
Sainte-Euphrasie (place et rue)...	B. 60 (Clignancourt)...	60 (Clignancourt).
Saint-Eustache (impasse ou passage).	10............	90 (Hôtel des Postes).
Saint-Fargeau (rue)............	B. 55 (Belleville)......	55 (Belleville).
Sainte-Félicité (impasse)........	B. 75 (Vaugirard).....	75 (Vaugirard).
Saint-Ferdinand (cité ou impasse, cour, place et rue)..........	B. 74 (Ternes)........	62 (Étoile).
Saint-Fiacre (impasse), IVᵉ arr....	11............	17 (Halles).
Saint-Fiacre (rue), IIᵉ arr.......	10............	01 (Bourse).
Saint-Florentin (rue)..........	1............	92 (Boissy-d'Anglas).
Sainte-Foy (galerie, passage et rue).	10............	01 (Bourse).
Saint-François (cour). (Cour d'Alsace-Lorraine.).............	6............	23 (Citeaux).
Saint-François (cour). (Rue Moreau.)..................	6............	21 (Bastille).
Saint-François (impasse)........	B. 60 (Clignancourt)...	60 (Clignancourt).
Saint-François-d'Assise (petite cité).	8............	43 (Littré).
Saint-François-de-Sales (rue).....	B. 65 (Maison-Blanche).	65 (Gobelins).
Saint-François-Xavier (place).....	9............	41 (Duquesne).
Saint-Georges (place et rue)......	3............	02 (Milton).

NOMS DES RUES, BOULEVARDS, ETC.	RAYONS OU BUREAUX DE DISTRIBUTION des correspondances postales.	BUREAUX DE DISTRIBUTION des télégrammes.
Saint-Germain (boulevard) :		
1 à 73, 2 à 98...............	**7.**	
75 à 147, 100 à 170..........	**8.**	
Au-dessus..................	**9.**	
1 à 47, 2 à 58..............		28 (Halle aux vins).
49 à 103, 60 à 132.........		25 (Saint-Michel).
105 à 131, 134 à 162........		06 (Luxembourg).
133 à 205, 164 à 238.......		15 (Bonaparte).
Au-dessus.............		44 (Central).
Saint-Germain-des-Prés (place)....	**8.**	15 (Bonaparte).
Saint-Germain-l'Auxerrois (rue)..	**11.**	17 (Halles).
Saint-Gervais (impasse et place)...	**7.**	13 (Hôtel de ville).
Saint-Gilles (rue)............	**6.**	21 (Bastille).
Saint-Gothard (rue du).........	**B. 69** (Montrouge).....	69 (Montrouge).
Saint-Guillaume (rue)..........	**9.**	
1 à 17, 2 à 18..............		15 (Bonaparte).
Au-dessus.................		10 (Vieux-Colombier).
Saint-Hilaire (cour)............	**3.**	02 (Milton).
Saint-Hippolyte (passage)........	**B. 65** (Maison-Blanche).	65 (Gobelins).
Saint-Hippolyte (rue)...........	**7.**	29 (Monge).
Saint-Honoré (cloître).........	**11.**	11 (Théâtre-Français).
Saint-Honoré (rue)............	**11.**	
1 à 131, 2 à 116.............		17 (Halles).
133 à 197, 118 à 298..........		11 (Théâtre-Français).
199 à 261, 300 à 378.........		89 (Grand-Hôtel).
Au dessus..................		92 (Boissy-d'Anglas).
Saint-Hyacinthe (rue)..........	**1.**	89 (Grand-Hôtel).
Sainte-Isaure (rue)	**B. 60** (Clignancourt)...	60 (Clignancourt).
Saint-Jacques (boulevard)........	**B. 69** (Montrouge).....	69 (Montrouge).
Saint-Jacques (place)..........	**8.**	69 (Montrouge).
Saint-Jacques (rue)...........	**8.**	
1 à 75, 2 à 82..............		25 (Saint-Michel).

NOMS DES RUES, BOULEVARDS, ETC.	RAYONS OU BUREAUX DE DISTRIBUTION des correspondances postales.	BUREAUX DE DISTRIBUTION des télégrammes.
77 à 175, 84 à 202..........	....	06 (Luxembourg).
Au-dessus..................	....	38 (Claude-Bernard).
Saint-Jean (rue) :............	B. 54 (Batignolles).....	61 (Legendre).
Saint-Jérôme (rue)............	B. 58 (Chapelle).......	58 (La Chapelle).
Saint-Joseph (cour)..........	6............	21 (Bastille).
Saint-Joseph (rue)............	10............	01 (Bourse).
Saint-Joseph (villa)..........	B. 74 (Ternes)........	62 (Étoile).
Saint-Jules (passage)..........	B. 60 (Clignancourt)...	60 (Clignancourt).
Saint-Jules (rue)............	6............	23 (Cîteaux).
Sainte-Julie (villa)............	B. 56 (Bercy)........	57 (Bercy).
Saint-Julien (cour)............	B. 56 (Bercy)........	57 (Bercy).
Saint-Julien-le-Pauvre (rue)......	7............	25 (Saint-Michel).
Saint-Lambert (rue)........	B. 75 (Vaugirard)......	75 (Vaugirard).
Saint-Laurent (cité et rue).......	4............	26 (Gare du Nord).
Saint-Lazare (rue)............	2.	
1 à 71, 2 à 66..............	....	02 (Milton),
Au-dessus.................	....	18 (Place du Havre).
Sainte-Léonie (impasse)........	B. 69 (Montrouge).....	72 (Plaisance).
Saint-Louis-du-Temple (cour).....	5............	40 (Ménilmontant).
Saint-Louis-en-l'Île (rue)........	7............	28 (Halle aux vins).
Saint-Louis-Saint-Antoine (cour ou passage)..................	6............	21 (Bastille).
Saint-Luc (rue)...............	B. 58 (Chapelle).......	58 (La Chapelle).
Sainte-Lucie (rue)............	B. 64 (Grenelle).......	64 (Grenelle).
Saint-Mandé (avenue de).......	B. 73 (Saint-Mandé)...	73 (Bel-Air).
Saint-Marc (galerie et rue)......	10............	01 (Bourse).
Saint-Marcel (boulevard)........	7.	
1 à 11, 2 à 42..............	....	33 (Boul. de l'Hôpital).
Au-dessus.................	....	29 (Monge).
Sainte-Marguerite (cour et rue)....	6............	21 (Bastille).
Sainte-Marie (avenue). Cité Doré..	7............	63 (Jeanne-d'Arc).
Sainte-Marie (escalier et rue).....	B. 67 (Montmartre)....	68 (Rochechouart).

NOMS DES RUES, BOULEVARDS, ETC.	RAYONS OU BUREAUX DE DISTRIBUTION des correspondances postales.	BUREAUX DE DISTRIBUTION des télégrammes.
Sainte-Marthe (rue).	**4**.	39 (Écluses S{.}-Martin).
Saint-Martin (boulevard).	**5**.	
1 à 19.	. . . .	05 (Pl. de la République).
Au-dessus et n{os} pairs.	. . . .	91 (Boulevard St-Denis).
Saint-Martin (cité), *x{e} arr*.	**4**.	91 (Boulevard St-Denis).
Saint-Martin (cour), *IIIe arr*.	**11**.	91 (Boulevard St-Denis).
Saint-Martin (rue).	**11**.	
1 à 231, 2 à 248.	. . . .	17 (Halles).
Au-dessus.	. . . .	91 (Boulevard St-Denis).
Saint-Mathieu (rue).	B. 58 (Chapelle).	58 (La Chapelle).
Saint-Maur (cité ou passage), *XIe arr.*	**5**.	36 (Voltaire).
Saint-Maur (cour), *x{e} arr*	**4**.	39 (Écluses St-Martin).
Saint-Maur (rue) :		
1 à 175, 2 à 176.	**5**.	
Au-dessus.	**4**.	
1 à 107, 2 à 96.	. . . .	36 (Voltaire).
109 à 195, 98 à 192.	. . . .	05 (Place République).
Au-dessus.	. . . .	39 (Écluses St-Martin).
Saint-Médard (rue).	**7**.	28 (Halle aux vins).
Saint-Merri (rue).	**11**.	13 (Hôtel de ville).
Saint-Michel (boulevard).	**8**.	
1 à 25, 2 à 28	. . . .	25 (Saint-Michel).
27 à 71, 30 à 64.	. . . .	06 (Luxembourg).
Au-dessus.	. . . .	38 (Claude-Bernard).
Saint-Michel (passage et villa).	B. 54 (Batignolles).	61 (Legendre).
Saint-Michel (place et quai)	**8**.	25 (Saint-Michel).
Sainte-Monique (impasse)	B. 54 (Batignolles).	61 (Legendre).
Saint-Nicolas (cour)	**6**.	23 (Cîteaux).
Saint-Nicolas (rue).	**6**.	21 (Bastille).
Sainte-Opportune (place et rue). . .	**11**.	17 (Halles).
Saint-Ouen (avenue et impasse de).	B. 54 (Batignolles).	61 (Legendre).

NOMS DES RUES, BOULEVARDS, ETC.	RAYONS OU BUREAUX DE DISTRIBUTION des correspondances postales.	BUREAUX DE DISTRIBUTION des télégrammes.
Saint-Paul (impasse), xxe arr.....	B. 59 (Charonne)......	59 (Charonne).
Saint-Paul (passage et rue), IVe arr.	7.............	21 (Bastille).
Saints-Pères (rue des)	9.	
1 à 49, 2 à 44................	....	15 (Bonaparte).
Au-dessus	....	10 (Vieux-Colombier).
Saint-Pétersbourg (rue de).......	2............	84 (Boulevard de Clichy).
Saint-Philibert (avenue).........	B. 70 (Passy 1°).......	70 (Passy).
Saint-Philippe (rue), *quartier Bonne-Nouvelle*	10..........	01 (Bourse).
Saint-Philippe-du-Roule (passage et rue)....................	1............	45 (Champs-Élysées).
Saint-Pierre (impasse), xxe arr....	B. 59 (Charonne)......	59 (Charonne).
Saint-Pierre (passage), IVe arr....	7............	21 (Bastille).
Saint-Pierre (place)............	B. 67 (Montmartre)....	68 (Rochechouart).
Saint-Pierre-Amelot (passage)	5............	05 (Pl. de la République).
Saint-Placide (rue)	9............	43 (Littré).
Saint-Quentin (rue de)..........	4............	26 (Gare du Nord).
Saint-Roch (passage)...........	1............	11 (Théâtre-Français).
Saint-Roch (rue)..............	1............	89 (Grand-Hôtel).
Saint-Romain (rue)............	9............	43 (Littré).
Saint-Rustique (rue)...........	B. 67 (Montmartre)....	67 (Abbesses).
Saint-Sabin (passage)...........	6............	21 (Bastille).
Saint-Sabin (rue)..............	5............	21 (Bastille).
Saint-Sauveur (impasse et rue)....	10..........	90 (Hôtel des Postes).
Saint-Sébastien (imp., passage et rue)	5............	05 (Pl. de la République).
Saint-Séverin (rue)............	7............	25 (Saint-Michel).
Saint-Simon (rue de)......... ..	9............	44 (Central).
Saint-Simoniens (passage des).....	B. 55 (Belleville)......	55 (Belleville).
Saint-Spire (rue)..............	10..........	01 (Bourse).
Saint-Sulpice (place et rue).......	8............	06 (Luxembourg).
Sainte-Thérèse (cité)..........	B. 54 (Batignolles).....	54 (Batignolles).

NOMS DES RUES, BOULEVARDS, ETC.	RAYONS OU BUREAUX DE DISTRIBUTION des correspondances postales.	BUREAUX DE DISTRIBUTION des télégrammes.
Saint-Thomas-d'Aquin (place et rue).	9.	15 (Bonaparte).
Saint-Victor (rue).	7.	28 (Halle aux vins).
Saint-Vincent (rue).	B. 60 (Clignancourt) . . .	60 (Clignancourt).
Saint-Vincent-de-Paul (rue)	4.	26 (Gare du-Nord).
Saint-Yves (rue)	B. 69 (Montrouge).	69 (Montrouge).
T		
Tabacs (Administration des).	1.	11 (Théâtre-Français).
Tabacs { *Gros-Caillou* . . .	9.	27 (Gros-Caillou).
(Manufactures des) { *Reuilly*.	B. 56 (Bercy).	57 (Bercy).
Tacherie (rue de la).	11.	13 (Hôtel de ville).
Tage (rue du)	B. 65 (Maison-Blanche).	65 (Gobelins).
Taillandiers (passage et rue des). . .	6.	21 (Bastille).
Taillebourg (avenue de)	6.	73 (Bel-Air).
Taille-Pain (rue).	11.	13 (Hôtel de ville).
Taitbout (rue).	3.	
1 à 27, 2 à 38.		01 (Bourse).
Au-dessus.		02 (Milton).
Taïti (rue de).	B. 73 (Saint-Mandé) . . .	73 (Bel-Air).
Talma (cité), *xve arr*.	8.	43 (Littré).
Talma (rue), *xvie arr*	B. 70 (Passy 1er).	70 (Passy).
Talus (cité et impasse du).	B. 60 Clignancourt.	60 (Clignancourt).
Tandou (rue).	B 77 (Villette 2e).	79 (Rotonde Villette).
Tanger (rue de).	B. 76 (Villette 1er).	79 (Rotonde Villette).
Tanneries (rue des)	7.	29 (Monge).
Tarbé (rue).	B. 66 (Monceaux).	66 (Meissonnier).
Tardieu (rue).	B. 67 (Montmartre). . . .	68 (Rochechouart).
Tarn (cité du).	B. 77 (Villette 2e)	79 (Rotonde-Villette).
Tattersall (le).	1.	42 (Friedland).
Taylor (rue).	4.	91 (Boulevard St-Denis).
Téhéran (rue de).	1.	
1 à 19, 2 à 16.		47 (Haussmann).
Au-dessus		37 (Europe).

NOMS DES RUES, BOULEVARDS, ETC.	RAYONS ou BUREAUX DE DISTRIBUTION des correspondances postales.	BUREAUX DE DISTRIBUTION des télégrammes.
Télégraphe (rue du)............	B. 55 (Belleville)......	55 (Belleville).
Télégraphiques (Administration des lignes)....................	9.............	44 (Central).
Télégraphiques (Bureaux) [Voir pages 5 et suiv.]		
Temple (boulevard du).........	5.............	05 (Pl. de la République).
Temple (rue du).............	5.	
1 à 63, 2 à 58..............	....	13 (Hôtel de ville).
65 à 163, 60 à 158...........		07 (Haudriettes).
Au-dessus................		05 (Pl. de la République).
Tenaille (impasse).............	B. 69 (Montrouge).....	69 (Montrouge).
Téniers (rue)...............	B. 53 (Auteuil).......	53 (Auteuil).
Ternaux (rue)...............	5.............	36 (Voltaire).
Ternes (avenue et villa des)......	B. 74 (Ternes).......	62 (Étoile).
Terrage (rue du).............	4.............	26 (Gare du Nord).
Terrasse (rue de la)	B. 66 (Monceaux).....	66 (Meissonnier).
Terre-Neuve (rue de)..........	B. 59 (Charonne).....	59 (Charonne).
Terres-au-Curé (rue des).......	B. 63 (Gare d'Ivry)...	63 (Jeanne-d'Arc).
Tertre (impasse et place du).....	B. 67 (Montmartre)....	67 (Abbesses).
Tessier (rue)...............	B. 75 (Vaugirard).....	75 (Vaugirard).
Texel (rue du)	B. 72 (Plaisance)......	72 (Plaisance).
Thann (rue de).............	B. 66 (Monceaux).....	66 (Meissonnier).
Théâtre (passage, pourtour et rue du), *XV* arr............	B. 64 (Grenelle).....	64 (Grenelle).
Théâtre (rue du) *XVII* arr.......	B. 66 (Monceaux).....	66 (Meissonier).
Théâtre-Français (gal. et place du).	11............	11 (Théâtre-Français).
Théâtres.. { *Alcazar (de l')*	4............	48 (Sainte-Cécile).
Ambigu-Comique (de l').	5............	91 (Boulevard St-Denis).
Batignolles (des)	B. 66 (Monceaux).....	84 (Boulevard de Clichy).
Belleville (de)	B. 55 (Belleville).....	40 (Ménilmontant).
Bouffes-du-Nord (des)..	B. 58 (Chapelle)......	58 (La Chapelle).

NOMS DES RUES, BOULEVARDS, ETC.	RAYONS OU BUREAUX DE DISTRIBUTION des correspondances postales.	BUREAUX DE DISTRIBUTION des télégrammes.
Bouffes-Parisiens (des) .	2	01 (Bourse).
Château-d'Eau (du) . . .	5	05 (Pl. de la République).
Châtelet (du)	11	17 (Halles).
Cirque d'été	1	92 (Boisey-d'Anglas).
Cirque d'hiver	5	05 (Pl. de la République).
Cirque Fernando	3	68 (Rochechouart).
Cirque (Nouveau)	11	89 (Grand-Hôtel).
Cluny (de)	8	25 (Saint-Michel).
Déjazet	5	05 (Pl. de la République).
Délassements-Comiques . .	B. 69 (Montrouge)	43 (Littré)
Eden-Théâtre	2	89 (Grand-Hôtel).
Eldorado (de l')	4	91 (Boulevard St-Denis).
Fantaisies - Parisiennes (Beaumarchais)	6	21 (Bastille).
Folies-Belleville (des) . .	B. 55 (Belleville)	40 (Ménilmontant).
Folies-Bergère (des) . . .	3	48 (Ste-Cécile).
Folies-Dramatiques (des)	4	05 (Pl. de la République).
Français	11	11 (Théâtre-Français).
Gaîté (de la)	5	91 (Boulevard St-Denis).
Gobelins (des)	7	65 (Gobelins).
Grenelle (de)	B. 64 (Grenelle)	64 (Grenelle).
Grévin (musée)	10	01 (Bourse).
Gymnase (du)	4	48 (Sainte-Cécile).
Hippodrome (de l')	1	34 (Marceau).
Menus-Plaisirs (des) . . .	4	91 (Boulevard St-Denis).
Montmartre (de)	B. 67 (Montmartre)	68 (Rochechouart).
Montparnasse	B. 69 (Montrouge)	43 (Littré).
Nouveautés (des)	3	01 (Bourse).
Odéon (de l')	8	06 (Luxembourg).
Opéra (de l')	2	89 (Grand-Hôtel).
Opéra-Comique (de l') .	11	01 (Bourse).

Théâtres . .
(Suite.)

NOMS DES RUES, BOULEVARDS, ETC.	RAYONS OU BUREAUX DE DISTRIBUTION des correspondances postales.	BUREAUX DE DISTRIBUTION des télégrammes.
Théâtres.. (Suite.) Palais-Royal (du)....	11............	11 (Théâtre-Français).
Panorama historique...	1.............	92 (Boissy-d'Anglas).
Panorama national....	1.............	45 (Champs-Élysées).
Paris (de)..........	11............	17 (Halles).
Porte-St-Martin (de la).	5.............	91 (Boulevard St-Denis).
Renaissance (de la) ...	5.............	91 (Boulevard St-Denis).
Robert-Houdin (de) ...	3.............	01 (Bourse).
Rossini............	B. 70 (Passy 1°).......	70 (Passy).
Scala (de la)........	4.............	91 (Boulevard St-Denis).
Variétés (des)........	10............	01 (Bourse)
Vaudeville (du)......	2.............	89 (Grand-Hôtel).
Villette (de la).......	B. 76 (Villette 1°).....	79 (Rotonde-Villette).
Thénard (rue)................	7.............	25 (Saint-Michel)
Thérèse (rue)................	11............	11 (Théâtre-Français).
Thermopyles (passage des).......	B. 69 (Montrouge).....	72 (Plaisance).
Théruin (passage).............	6.............	36 (Voltaire).
Théry (rue).................	B. 71 (Passy 2°).....'.	78 (Dufrénoy).
Thévenot (impasse et rue).......	10............	01 (Bourse).
Thibaud (rue)................	B. 69 (Montrouge).....	69 (Montrouge).
Thiboumery (rue)..............	B. 75 (Vaugirard).....	75 (Vaugirard).
Thierré (passage).............	6.............	21 (Bastille).
Thierry (rue)................	B. 55 (Belleville),......	55 (Belleville).
Thionville (passage et rue de)....	B. 77 (Villette 2°)......	99 (Marché aux bestiaux).
Tholozé (rue)................	B. 67 (Montmartre).....	67 (Abbesses).
Thominot (impasse). Cité Doré...	7.............	63 (Jeanne-d'Arc).
Thorel (rue).................	10............	01 (Bourse).
Thorigny (place et rue de)......	6.............	07 (Haudriettes).
Thorins (rue de)..............	B. 56 (Bercy).........	57 (Bercy).
Thouin (rue)................	7.............	38 (Claude-Bernard).
Thuilleux (passage)............	B. 63 (Gare d'Ivry).....	63 (Jeanne-d'Arc).
Thuré (cité).................	B. 64 (Grenelle).......	64 (Grenelle).
Tibre (rue du)...............	B. 65 (Maison Blanche)..	65 (Gobelins).

NOMS DES RUES, BOULEVARDS, ETC.	RAYONS OU BUREAUX DE DISTRIBUTION des correspondances postales.	BUREAUX DE DISTRIBUTION des télégrammes.
Tiers (rue).....................	B. 65 (Maison Blanche)..	65 (Gobelins).
Tiffaine (passage), XIVe arr.......	B. 69 (Montrouge)	69 (Montrouge).
Tilleuls (avenue des), XVIe arr....	B. 53 (Auteuil)........	53 (Auteuil).
Tilleuls (avenue des), XVIIIe arr..	B. 67 (Montmartre).....	67 (Abbesses).
Tilsitt (impasse de)............	B. 74 (Ternes)........	62 (Étoile).
Tilsitt (rue de)................	....	62 (Étoile).
1 à 5, 2 à 14..............	1.	
Au-dessus................	B. 74 (Ternes).	
Timbre (Administration et atelier général du)................	10..........	01 (Bourse).
Tiphaine (rue), XVe arr.........	B. 64 (Grenelle)......	64 (Grenelle).
Tiquetonne (rue)	10..........	90 (Hôtel des Postes).
Tiron (rue).................	7...........	13 (Hôtel de ville).
Titien (rue)................	7...........	65 (Gobelins).
Titon (rue).................	6...........	87 (Alexandre-Dumas).
Tivoli (passage de)...........	2...........	18 (Place du Havre).
Tlemcen (passage et rue de).....	B. 55 (Belleville),......	40 (Ménilmontant).
Tocanier (passage)...........	6...........	23 (Citeaux).
Tocqueville (rue de)	B. 66 (Monceau).......	66 (Meissonnier).
Tolbiac (impasse de)	B. 65 (Maison-Blanche)..	65 (Gobelins).
Tolbiac (rue de):		
1 à 133, 2 à 122............	B. 63 (Gare d'Ivry) .	
Au-dessus.................	B. 65 (Maison-Blanche),	
1 à 83, 2 à 68.............	....	63 (Jeanne-d'Arc).
Au-dessus.................	....	65 (Gobelins).
Tombe-Issoire (impasse et rue de la)	B. 69 (Montrouge)	69 (Montrouge).
Torcy (place et rue)	B. 58 (Chapelle).......	58 (La Chapelle).
Torricelli (rue)...............	B. 74 (Ternes)........	74 (Ternes).
Toullier (rue)...............	8...........	06 (Luxembourg).
Tour (rue et villa de la)........	B. 70 (Passy 1°).......	70 (Passy).
Touraine (rue de). *Entrepôt*.....	7...........	28 (Halle aux vins).

NOMS DES RUES, BOULEVARDS, ETC.	RAYONS OU BUREAUX DE DISTRIBUTION des correspondances postales.	BUREAUX DE DISTRIBUTION des télégrammes.
Tour-des-Dames (rue de la)	3	02 (Milton).
Tour-de-Vanves (impasse de la) . . .	B. 69 (Montrouge)	69 (Montrouge).
Tourelles (passage et rue des)	B. 55 (Belleville)	55 (Belleville).
Tourlaque (passage et rue)	B. 67 (Montmartre)	67 (Abbesses).
Tournefort (rue)	7	38 (Claude-Bernard).
Tournelle (quai de la)	7	28 (Halle aux vins).
Tournelles (rue des)	6	21 (Bastille).
Tourneux (impasse et ruelle des) . .	B. 56 (Bercy)	57 (Bercy).
Tournon (rue de)	8	06 (Luxembourg).
Tournus (passage)	B. 64 (Grenelle)	64 (Grenelle).
Tourtille (rue de)	B. 55 (Belleville)	40 (Ménilmontant).
Tourville (avenue de)	9	41 (Duquesne).
Toussaint-Féron (rue)	B. 65 (Maison-Blanche) . .	65 (Gobelins).
Toustain (rue)	8	06 (Luxembourg).
Touzet (impasse)	B. 55 (Belleville)	40 (Ménilmontant).
Tracy (rue de)	11	91 (Boulevard St-Denis).
Traeger (cité et impasse)	B. 60 (Clignancourt)	60 (Clignancourt).
Traînée (impasse)	B. 67 (Montmartre)	67 (Abbesses).
Traktir (rue de)	B. 71 (Passy 2ᵉ)	71 (Victor Hugo).
Traversière (rue)	6.	
1 à 45, 2 à 22	. . . .	93 (Gare de Lyon).
Au-dessus		23 (Citeaux).
Treilhard (rue)	1	47 (Haussmann).
Trésor (rue du)	6	13 (Hôtel de ville).
Trévise (cité et rue)	3	48 (Sainte-Cécile).
Trézel (rue)	B. 54 (Batignolles)	61 (Legendre).
Tribunaux { Commerce (de)	7	25 (Saint-Michel).
Tribunaux { Police municipale (de) . . .	7	25 (Saint-Michel).
Tribunaux { Première instance (de) . . .	7	25 (Saint-Michel).
Trinité (passage de la), 11ᵉ arr	11	90 (Hôtel des Postes).
Trinité (rue de la), 1xᵉ arr	2	18 (Place du Havre).

NOMS DES RUES, BOULEVARDS, ETC.	RAYONS ou BUREAUX DE DISTRIBUTION des correspondances postales.	BUREAUX DE DISTRIBUTION des télégrammes.
Trocadéro (avenue du)	1	34 (Marceau).
Trocadéro (place du)	....	71 (Victor-Hugo).
Palais et n° 2	1.	
4 à 10	B. 71 (Passy 2°)	
Le reste	B. 70 (Passy 1°)	
Trois-Bornes (rue des)	5	05 (Pl. de la République).
Trois-Chandelles (rue ou impasse des)	6	23 (Citeaux).
Trois-Couronnes (rue des)	5	40 (Ménilmontant).
Trois-Frères (cour des), XIᵉ arr...	6	21 (Bastille).
Trois-Frères (rue des), XVIIIᵉ arr.	B. 67 (Montmartre)	67 (Abbesses).
Trois-Portes (rue des)	7	25 (Saint-Michel).
Trois-Sœurs (impasse des)	5	36 (Voltaire).
Trois-Visages (impasse des)	11	17 (Halles).
Tronchet (rue)	2	03 (Madeleine).
Trône (avenue et passage du)	6	73 (Bel-Air).
Trône (cité du)	B. 73 (Saint-Mandé)	73 (Bel-Air).
Tronson-du-Coudray (rue)	2	03 (Madeleine).
Trou-à-Sable (rue du)	B. 56 (Bercy)	93 (Gare de Lyon).
Troyon (rue)	B. 74 (Ternes)	62 (Étoile).
Trudaine (avenue)	3	68 (Rochechouart).
Truffaut (rue)	B. 54 (Batignolles)	54 (Batignolles).
Truillot (cité ou cour)	5	36 (Voltaire).
Tuileries (Palais des)	1	11 (Théâtre-Français).
Tuileries (quai et rue des)	1	11 (Théâtre-Français).
Tunis (rue de)	6	87 (Alexandre-Dumas).
Tunnel (cité et rue du)	B. 55 (Belleville)	55 (Belleville).
Turbigo (rue de)	11.	
1 à 43, 2 à 36	....	17 (Halles).
45 à 63, 38 à 54	....	07 (Haudriettes).
Au-dessus	....	05 (Pl. de la République).

NOMS DES RUES, BOULEVARDS, ETC.	RAYONS OU BUREAUX DE DISTRIBUTION des correspondances postales.	BUREAUX DE DISTRIBUTION des télégrammes.
Turenne (rue)................	6.	
1 à 27, 2 à 22.............	....	21 (Bastille).
29 à 103, 24 à 92...........	....	07 (Haudriettes).
Au-dessus................	....	05 (Pl. de la République).
Turgot (rue)................	3.	68 (Rochechouart).
Turin (rue de).............	2............	84 (Boulevard de Clichy).
U		
Ulm (rue d')................	7............	38 (Claude-Bernard).
Union (cité de l')............	B. 55 (Belleville).......	55 (Belleville).
Union (passage de l')........	9............	27 (Gros-Caillou).
Universelle (cité)...........	B. 75 (Vaugirard)......	64 (Grenelle).
Université (rue de l').........	9.	
1 à 25, 2 à 42............	....	15 (Bonaparte).
27 à 105, 44 à 130..........	....	44 (Central).
Au-dessus................	....	27 (Gros-Caillou).
Urbain-Moulin (passage).......	6............	93 (Gare de Lyon).
Ursins (rue des)............	7............	25 (Saint-Michel).
Ursulines (rue des)..........	7............	38 (Claude-Bernard).
Usines (rue des)............	B. 64 (Grenelle)......	64 (Grenelle).
Uzès (rue d')...............	10............	01 (Bourse).
V		
Vacheron (cité).............	6............	36 (Voltaire).
Valadon (cité *ou* rue)........	9............	27 (Gros-Caillou).
Val-de-Grâce (rue du)........	8............	38 (Claude-Bernard).
Valence (rue de)...........	7............	29 (Monge).
Valenciennes (rue de)........	4............	26 (Gare du Nord).
Valentin (cour).............	B. 56 (Bercy)........	57 (Bercy).
Valentin (impasse)..........	B. 63 (Gare d'Ivry).....	65 (Gobelins).
Valette (rue)..............	7............	06 (Luxembourg).

NOMS DES RUES, BOULEVARDS, ETC.	RAYONS OU BUREAUX DE DISTRIBUTION des correspondances postales.	BUREAUX DE DISTRIBUTION des télégrammes.
Vallet (passage)................	7............	63 (Jeanne-d'Arc).
Valmy (quai de) :		
1 à 31....................	5.	
Au-dessus.................	4.	
1 à 87...................	....	05 (Pl. de la République).
Au-dessus.................	....	26 (Gare du Nord).
Valois (avenue de)...........	2............	37 (Europe).
Valois (galerie, péristyle, pl. et rue de)	11............	11 (Théâtre-Français).
Vampire (cour du)	6............	21 (Bastille).
Vandal (impasse et rue)........	B. 69 (Montrouge).....	72 (Plaisance).
Vandamme (impasse et rue)......	B. 72 (Plaisance).......	43 (Littré).
Vandeuil (impasse ou villa)	B. 55 (Belleville)......	55 (Belleville).
Vandrezanne (passage et rue)	B. 65 (Maison-Blanche)..	65 (Gobelins).
Van-Dyck (avenue)............	1............	42 (Friedland).
Vaneau (cité et rue)	9............	44 (Central).
Van-Loo (rue)...............	B. 53 (Auteuil).......	53 (Auteuil).
Vanne (rue de la)............	B. 69 (Montrouge).....	69 (Montrouge).
Vannes (rue de)	11............	90 (Hôtel des Postes).
Vanves (passage de)...........	B. 72 (Plaisance).......	72 (Plaisance).
Vanves (rue de)..............	....	72 (Plaisance).
Numéros pairs. { 2 à 182........	B. 72 (Plaisance).	
Au-dessus et numéros impairs..	B. 69 (Montrouge).	
Varenne (cité de)	9............	44 (Central).
Varenne (rue de).............	9.	
1 à 27, 2 à 34	....	10 (Vieux-Colombier).
Au-dessus.................	....	44 (Central).
Variétés (galerie des)..........	10............	01 (Bourse).
Varize (rue de).............	B. 53 (Auteuil).......	53 (Auteuil).
Vassou (impasse).............	B. 73 (Saint-Mandé)....	73 (Bel-Air).
Vauban (place)...............	9............	41 (Duquesne).

NOMS DES RUES, BOULEVARDS, ETC.	RAYONS OU BUREAUX DE DISTRIBUTION des correspondances postales.	BUREAUX DE DISTRIBUTION des télégrammes.
Vaucanson (rue)	5	91 (Boulevard S¹-Denis).
Vaucouleurs (passage)	5	40 (Ménilmontant).
Vaugelas (rue)	B. 75 (Vaugirard)	75 (Vaugirard).
Vaugirard (boulevard de)	B. 75 (Vaugirard)	43 (Littré).
Vaugirard (impasse du boulevard de)	B. 75 (Vaugirard)	43 (Littré).
Vaugirard (place de)	B. 75 (Vaugirard)	75 (Vaugirard).
Vaugirard (rue de) :		
1 à 181, 2 à 164	8.	
Au-dessus	B. 75 (Vaugirard).	
1 à 43, 2 à 74	....	06 (Luxembourg).
45 à 181, 76 à 164	....	43 (Littré).
Au-dessus	....	75 (Vaugirard).
Vaugirard-Nouveau (avenue de) ...	B. 75 (Vaugirard)	64 (Grenelle).
Vauquelin (rue)	7	38 (Claude-Bernard).
Vauvenargues (rue)	B. 60 (Clignancourt) ...	60 (Clignancourt).
Vauvilliers (rue)	11	90 (Hôtel des Postes).
Vavin (avenue et rue)	8	43 (Littré).
Véga (rue de la)	B. 73 (Saint-Mandé)	73 (Bel-Air).
Veissière (cour)	6	21 (Bastille).
Velasquez (avenue)	2	37 (Europe).
Velpeau (rue)	9	10 (Vieux-Colombier).
Vendôme (passage)	5	05 (Pl. de la République).
Vendôme (place)	1	89 (Grand-Hôtel).
Venise (rue de)	11	13 (Hôtel de ville).
Ventadour (place)	2	01 (Bourse).
Ventadour (rue)	11	11 (Théâtre Français).
Véran (impasse)	B. 59 (Charonne)	36 (Voltaire).
Vercingétorix (rue)	B. 72 (Plaisance)	72 (Plaisance).
Verdeau (passage)	3	01 (Bourse).
Verderet (rue)	B. 53 (Auteuil)	53 (Auteuil).
Verdun (impasse de)	B. 77 (Villette 2ᵉ)	99 (Marché aux bestiaux).
Vérel (impasse)	B. 69 (Montrouge)	72 (Plaisance).

12

NOMS DES RUES, BOULEVARDS, ETC.	RAYONS ou bureaux de distribution des correspondances postales.	BUREAUX DE DISTRIBUTION des télégrammes.
Vérité (passage).	11.	11 (Théâtre-Français).
Vernet (rue).	1.	34 (Marceau).
Verneuil (rue de).	9.	
1 à 35, 2 à 42.		15 (Bonaparte).
Au-dessus		44 (Central).
Vernier (rue).	B. 74 (Ternes).	74 (Ternes).
Verniquet (rue).	B. 66 (Monceaux).	66 (Meissonnier).
Véro-Dodat (galerie ou passage).	11.	90 (Hôtel des Postes).
Véron (cité).	B. 67 (Montmartre).	84 (Boulevard de Clichy).
Véron (rue).	B. 67 (Montmartre).	67 (Abbesses).
Véronèse (rue).	7.	65 (Gobelins).
Verrerie (cité de la).	B. 58 (Chapelle).	58 (La Chapelle).
Verrerie (rue de la).	7.	13 (Hôtel de ville).
Versailles (avenue de).	B. 53 (Auteuil).	53 (Auteuil).
Versigny (rue).	B. 60 (Clignancourt).	60 (Clignancourt).
Vert-Bois (passage du).	5.	91 (Boulev. Saint-Denis).
Vert-Bois (rue du).	5.	
1 à 15, 2 à 30.		05 (Pl. de la République).
Au-dessus.		91 (Boulev. Saint-Denis).
Verte (allée).	5.	21 (Bastille).
Vertus (passage et rue des).	5.	07 (Haudriettes).
Versy ou Verzy (avenue de).	B. 74 (Ternes).	62 (Étoile).
Vésale (rue).	7.	29 (Monge).
Vézelay (rue).	1.	37 (Europe).
Viaduc (rue du).	B. 69 (Montrouge).	43 (Littré).
Viala (rue).	B. 64 (Grenelle).	64 (Grenelle).
Viallet (cité et passage).	6.	36 (Voltaire).
Viarmes (rue de).	11.	90 (Hôtel des Postes).
Vicq-d'Azir (rue).	4.	39 (Écluses Saint-Martin).
Victoire (rue de la).	3.	
1 à 77, 2 à 78.		02 (Milton).
Au-dessus.		18 (place du Havre).

NOMS DES RUES, BOULEVARDS, ETC.	RAYONS OU BUREAUX DE DISTRIBUTION des correspondances postales.	BUREAUX DE DISTRIBUTION des télégrammes.
Victoires (place des)............	**10**............	01 (Bourse).
Victor (boulevard)............	B. 75 (Vaugirard)......	75 (Vaugirard).
Victor-Cousin (rue)............	**8**............	06 (Luxembourg).
Victor-Hugo (avenue)............	B. 71 (Passy 2°).	
1 à 131 bis, 2 à 120............	....	71 (Victor-Hugo).
Au-dessus............	....	78 (Dufrénoy).
Victor-Hugo (place)............	B. 71 (Passy 2°)......	71 (Victor-Hugo).
Victoria (avenue)............	**11**.	
1 à 9, 2 à 8............	....	13 (Hôtel de ville).
Au-dessus............	....	17 (Halles).
Victor-Letalle (rue	B. 55 (Belleville)......	40 (Ménilmontant).
Victor-Marchand (passage)......	B. 65 (Maison-Blanche)..	69 (Montrouge).
Vide-Gousset (rue)............	**10**............	01 (Bourse).
Vidus (passage)............	B. 72 (Plaisance)......	75 (Vaugirard).
Vieille-du-Temple (rue)........	**6**.	
1 à 69, 2 à 52............	....	13 (Hôtel de ville).
Au-dessus............	....	07 (Haudriettes).
Vieille-Estrapade (place de la)	**7**............	38 (Claude-Bernard).
Vienne (rue de)............	**2**............	18 (Place du Havre).
Vierge (passage de la)............	**9**............	27 (Gros-Caillou).
Viète (rue)................	B. 66 (Monceaux)......	66 (Meissonnier).
Vieux-Colombier (rue du)......	**8**.........	10 (Vieux-Colombier).
Vigan (passage du)............	**10**............	90 (Hôtel des Postes).
Vignes (rue des)............	B. 70 (Passy 1°)......	70 (Passy).
Vignolles (impasse, passage et rue des)	B. 59 (Charonne)......	59 (Charonne).
Vignon (impasse et passage)......	B. 64 (Grenelle)......	64 (Grenelle).
Vignon (rue)............	**2**............	03 (Madeleine).
Vigny (rue de)............	**1**............	42 (Friedland).
Viguès (cour)............	**6**............	21 (Bastille).
Vilin (passage et rue)............	B. 55 (Belleville)......	40 (Ménilmontant).
Villafranca (rue de)............	B. 72 (Plaisance)......	75 (Vaugirard).
Villars (avenue de)............	**9**............	41 (Duquesne).

12.

NOMS DES RUES, BOULEVARDS, ETC.	RAYONS OU BUREAUX DE DISTRIBUTION des correspondances postales.	BUREAUX DE DISTRIBUTION des correspondances postales.
Villedo (rue)..............	11.............	11 (Théâtre-Français).
Villehardouin (impasse et rue)....	6.............	21 (Bastille).
Villejuif (rue de)..............	7.............	63 (Jeanne-d'Arc).
Villejust (rue de)...........	B. 71 (Passy 2°)......	71 (Victor-Hugo).
Ville-l'Évêque (rue de la).......	1.............	03 (Madeleine).
Villemain (avenue *ou* rue).......	B. 69 (Montrouge).....	72 (Plaisance).
Ville-Neuve (rue de la)..........	10.............	01 (Bourse).
Villersexel (rue)..............	9.............	44 (Central).
Villette (boulevard de la) :		
1 à 87, 2 à 130..............	B. 55 (Belleville) .	
89 à 145, 132 à 204 *bis*........	B. 77 (Villette 2°).	
Au-dessus..................	B. 76 (Villette 1°).	
1 à 25, 2 à 42..............	....	40 (Ménilmontant).
27 à 87, 44 à 128.............	....	39 (Écluses-Saint-Martin).
Au-dessus	....	79 (Rotonde Villette).
Villette (rotonde de la)	B. 77 (Villette 2°)......	79 (Rotonde-Villette).
Villette (rue de la)...........	B. 55 (Belleville)......	55 (Belleville).
Villiers (avenue de) :		
1 à 103, 2 à 112..............	B. 66 (Monceaux)......	66 (Meissonier).
Au-dessus.................	B. 74 (Ternes)........	74 (Ternes).
Villiot (rue)................	6.............	93 (Gare de Lyon).
Vinaigriers (cour des)..........	4.............	91 Boulev. Saint-Denis).
Vinaigriers (rue des)...........	4.............	05 (Pl. de la République).
Vincennes (avenue *ou* cours de)...	B. 73 (Saint-Mandé)....	73 (Bel-Air).
Vincent (rue)................	B. 55 (Belleville)......	40 (Ménilmontant).
Vincent-Compoint (rue).........	B. 60 (Clignancourt)....	60 (Clignancourt).
Vindé (cité).................	2.............	03 (Madeleine).
Vineuse (rue)................	B. 70 (Passy 1°)......	70 (Passy).
Vingt-Neuf-Juillet (rue du).......	1.............	89 (Grand-Hôtel).
Vintimille (place et rue de)......	2.............	84 (Boulevard de Clichy).
Violet (passage).............	4.............	48 (Sainte-Cécile).
Violet (place et rue)..........	B. 64 (Grenelle).......	64 (Grenelle).
Violette (cité ou villa).........	B. 70 (Passy 1°)......	70 (Passy).

NOMS DES RUES, BOULEVARDS, ETC.	RAYONS ou BUREAUX DE DISTRIBUTION des correspondances postales.	BUREAUX DE DISTRIBUTION des télégrammes.
Viollet-Leduc (rue).............	3.	68 (Rochechouart).
Virginie (rue)................	B. 64 (Grenelle).......	64 (Grenelle).
Visconti (rue)...............	8.	15 (Bonaparte).
Vistule (rue de la)............	B. 65 (Maison-Blanche)..	65 (Gobelins).
Vital (rue)..................	B. 70 (Passy 1°).......	70 (Passy).
Vitruve (rue)................	B. 59 (Charonne)......	59 (Charonne).
Vivienne (galerie *ou* passage).....	11.	01 (Bourse).
Vivienne (rue)...............	10.	01 (Bourse).
Voie-Verte (rue de la),........	B. 69 (Montrouge).....	69 (Montrouge).
Volga (impasse et rue du)	B. 59 (Charonne)......	73 (Bel-Air).
Volney (rue)	2.	89 (Grand-Hôtel).
Volontaire (ruelle)............	B. 75 (Vaugirard).....	75 (Vaugirard).
Volontaires (rue des)..........	B. 75 (Vaugirard).....	75 (Vaugirard).
Volta (rue)................	5.	
1 à 15, 2 à 32...............	....	07 (Haudriettes).
Au-dessus..................	....	91 (Boulev. Saint-Denis).
Voltaire (boulevard) :		
1 à 105, 2 à 128.............	5.	
Au-dessus.................	6.	
1 à 53, 2 à 58..............	....	05 (Pl. de la République).
55 à 165, 60 à 182...........	....	36 (Voltaire).
Au-dessus..................	....	87 (Alexandre-Dumas).
Voltaire (place)...............	6.	36 (Voltaire).
Voltaire (cité et rue)...........	6.	87 (Alexandre-Dumas).
Voltaire (quai)	9.	15 (Bonaparte).
Vosges (place et rue des).......	6.	21 (Bastille).
Vouillé (rue de).............	....	75 (Vaugirard).
1 à 11, 2 à 28.............	B. 75 (Vaugirard).	
Au-dessus.................	B. 72 (Plaisance).	
Voulzie (rue de la)........	B. 59 (Charonne)......	55 (Belleville).
Voûte (rue de la)............	B. 73 (Saint-Mandé)....	73 (Bel-Air).
Vouvray (rue de)............	B. 56 (Bercy)........	57 (Bercy).

NOMS DES RUES, BOULÉVARDS, ETC.	RAYONS ou BUREAUX DE DISTRIBUTION des correspondances postales.	BUREAUX DE DISTRIBUTION des télégrammes.
W		
Wagner (cité)................	B. 60 (Clignancourt)....	60 (Clignancourt).
Wagram (avenue de) :		
1 à 87, 2 à 80................	B. 74 (Ternes).	
Au-dessus..................	B. 66 (Monceaux).	
1 à 57, 2 à 46	....	62 (Étoile).
59 à 87, 48 à 78.............	....	74 (Ternes).
Au-dessus.................	....	66 (Meissonnier).
Wagram (place de)	B. 66 (Monceaux)......	66 (Meissonnier).
Walhubert (place)	7.............	33 (Boulev. de l'Hôpital).
Washington (rue)...........	1.............	42 (Friedland).
Waterloo (passage).........	B. 72 (Plaisance).......	75 (Vaugirard).
Watiaux (passage).........	B. 76 (Villette 1ᵉ).....	76 (Crimée).
Watt (rue).................	B. 63 (Gare d'Ivry).....	63 (Jeanne-d'Arc).
Watteau (rue).............	7.............	65 (Gobelins).
Wattignies (rue de)	B. 56 (Bercy).........	57 (Bercy).
Wauxhall (cité du)..........	4.............	05 (Pl. de la République).
Weber (rue)...............	B. 71 (Passy 2ᵉ).......	62 (Étoile).
Werquin (cité).............	B. 60 (Clignancourt)....	60 (Clignancourt).
Westermann (rue).........	B. 59 (Charonne)......	55 (Belleville).
Wilhem (rue)..............	B. 53 (Auteuil)........	53 (Auteuil).
X		
Xaintrailles (rue)..........	B. 63 (Gare d'Ivry).....	63 (Jeanne-d'Arc).
Y		
Yonne (rue de l')...........	B. 56 (Bercy).........	57 (Bercy).
Yvart (rue)...............	B. 75 (Vaugirard)......	75 (Vaugirard).
Yvette (rue de l').........	B. 53 (Auteuil)........	53 (Auteuil).
Yvon-Villarceau (rue).......	B. 71 (Passy 2ᵉ).......	71 (Victor-Hugo).
Z		
Zacharie (passage et rue).......	7.............	25 (Saint-Michel).

2ª PARTIE.

NOMENCLATURE

DES BOULEVARDS, PASSAGES, RUES, ETC.

QUI ONT CHANGÉ DE DÉNOMINATION.

NOMS ANCIENS.	NOMS NOUVEAUX.

A

A (avenue)......................	Eylau (avenue d').
Abbatucci (rue).	La Boétie (partie de la rue).
Abbé-de-la-Salle (avenue de l').........	Saint-François-Xavier (place).
Abbé-de-l'Épée (partie de la rue de l'), v^e arr.	Mirbel (rue)
Abbé-de-l'Épée (partie de la rue de l') vi^e arr.	Auguste-Comte (rue).
Acacias (rue des), xviiie arr...........	Orsel (rue d').
Acacias (ruelle des), xve arr...........	Dombasle (passage).
Adam (rue)......................	Adolphe-Adam (rue).
Aiguillerie (rue de l')...............	Lombards (partie de la rue des).
Albe (rue d'),....................	Lincoln (rue).
Alma (passage de l'), viie arr.	Exposition (rue de l').
Alma (passage de l'), xxe arr...........	Eupatoria (passage d').
Amandiers (avenue des)..............	République (avenue de la).
Ambigu (rue de l')	Taylor (rue).
Andrieu (passage ou rue), xviiie arr......	Jacques-Cartier (rue).
Anglaises (rue des), xiiie arr..........	Tanneries (rue des).
Angoulême (place d')...............	Amelot (rue).
Anjou-au-Marais (rue d').............	Pastourelle (partie de la rue).
Annonciades (rue des)..............	Guilhem (rue).
Antin (cité ou passage d'), xive arr......	Vanves (passage de).
Antin (impasse d'), xviiie arr..........	Défense (impasse de la)
Arcade (passage de l')	Abbesses (passage des).
Arcet (rue d'). Boul. des Batignolles, 52...	Puteaux (rue).
Arcet (rue d'). Boul. des Batignolles, 18, 20.	Darcet (rue).
Argenson (impasse d')...............	Hôtel-d'Argenson (impasse de l').
Argout (partie de la rue d'), i^{er} arr.........	Hérold (rue).
Arsenal (place de l')................	Cerisaie (rue de la).
Artistes (impasse des).	Cloys (impasse des).
Artistes (rue des), xvie arr...........	Gavarni (rue).
Artistes (villa des)..................	Arts (villa des).
Asile (passage de l'), xxe arr.	Mûriers (passage des).
Asnières (rue d').................	Tocqueville (rue de).

NOMS ANCIENS.	NOMS NOUVEAUX.
Aubert (passage)...................	Sainte-Foy (passage).
Aubin (impasse)...................	Tourelles (passage des).
Audriettes (rue des), xxe arr..........	Rondonneaux (rue des).
Auteuil (partie de la rue d').........	Rémusat (rue de).

B

Bac (impasse du)...................	Baudricourt (impasse ou passage).
Bagnolet (rue de), xixe arr...........	Léman (rue du).
Bains (impasse des)................	Baigneur (impasse du).
Bamboul (villa)...................	Excelmans (villa).
Barbette (cité)....................	Tunnel (cité du).
Barnaut (impasse).................	Tourelles (passage des).
Barthélemy (cité), xviiie arr..........	Moskowa (cité de la).
Barthélemy (cité ou villa), xixe arr......	Adour (villa de l').
Bas-Montibœufs (rue des)...........	Montibœufs (rue des).
Basse-des-Ursins (rue)..............	Ursins (rue des).
Basse-du-Rempart (partie de la rue).....	Capucines (boulevard des).
Basses-Dives (rue des).............	Ramus (passage et rue).
Basses-Gatines (rue des)............	Gatines (rue des).
Basses-Vignolles (rue des)...........	Vignolles (rue des) et Buzenval (rue de).
Batignollaises (rue des).............	Mont-Dore (rue du).
Baudelique (passage)...............	Duhesme (passage).
Bayard (impasse)..................	Presles (impasse de).
Bazeilles (rue de).................	Lambert (rue).
Beaujolais (cour du)..............	Margaux (cour).
Beaune (rue de), xiie arr...........	Meursault (rue de).
Beaunier (partie de la rue)..........	Coulmiers (rue de).
Bel-Air (impasse du), xiiie arr.......	Damesme (impasse).
Bel-Air (impasse du), xive arr.........	Nansouty (impasse).
Belleville (vieille route de)...........	Le Bua (rue).
Bellièvre (partie de la rue de).........	Salpêtrière (rue de la).
Bénard (passage)..................	Bains (passage des), xiiie arr.
Benjamin-Constant (rue), xie arr.......	Guilhem (rue).
Benjamin-Delessert (rue).......... ..	Delessert (boulevard).

NOMS ANCIENS.	NOMS NOUVEAUX.
Béranger (impasse), XVe arr............	Astrolabe (impasse de l').
Béranger (impasse et passage), XVIIIe arr..	Deux-Nèthes (impasse et passsage des).
Berges (chemin ou impasse des)........	Leblanc (impasse).
Berges (sentier des).................	Dessous-des-Berges (rue du).
Bertheau (passage).................	Charles-Bertheau (passage).
Bès (impasse).....................	Rothschild (impasse).
Biaise (rue)......................	Léon-Cogniet (rue).
Billault (rue).....................	Washington (rue).
Bitche (place de), XVIe arr...........	États-Unis (place des).
Bizioux (impasse ou passage)..........	Canada (rue du).
Blanchard (passage).................	Allemagne (passage d').
Boffrand (rue).....................	Daunou (rue).
Boileau (rue), Ier arr..............	Mathieu-Molé (rue).
Bois (rue des), XXe arr............	Planchat (rue).
Boishalbran (cité)..................	Bayvet (cité).
Bonaparte (partie de la rue)...........	Luxembourg (rue du).
Bonvoisin (cité)...................	Damrémont (rue).
Boudon (rue et partie de l'avenue).......	Georges-Sand (rue).
Boufflers (cité ou impasse)...........	Dupetit-Thouars (cité).
Bouillé (rue de)...................	Duban (rue).
Boulevard (rue du).................	Darcet (rue).
Boulogne (rue de).................	Ballu (rue).
Bourgogne (rue de), V^e arr...........	Graves (rue de).
Bourgogne (rue de), XIIe arr.........	Nuits (rue de).
Bourguignons (cité des), XIIIe arr......	Desange (cité).
Bretagne (cour de), X^e arr..........	Bretons (cour des).
Bretagne (impasse de), IIIe arr........	Froissard (impasse).
Bretagne (passage de), Ier arr.........	Richelieu (passage de).
Breteuil (rue de)...................	Général-Morin (rue du).
Brochet (cité).....................	Bayen (impasse).
Bua (chemin ou sentier des)..........	Hauts-Montibœufs (rue ou sentier des).
Buffetrille (passage).................	Alésia (cité d').
Buis (place du)....................	Auteuil (rue d').
Butte-Chaumont (rue de la)..........	Louis-Blanc (rue).
Buzelin (passage), XIIe arr..........	Brie (passage de la).

NOMS ANCIENS.	NOMS NOUVEAUX.

C

Cabanis (cour).....................	Saint-Émilion (cour ou rue).
Cadix (rue de).....................	Gœthe (rue).
Calais (impasse et rue de), XX' arr........	Pixerécourt (impasse et rue).
Cambrai (place).....................	Collège-de-France (place du).
Capron (impasse)...................	Défense (impasse de la).
Carnot (rue).......................	Bara (rue).
Caroline (rue), XV' arr..............	Lemoult (rue).
Carpentier (rue)...................	Pape-Carpentier (rue).
Carrière (rue de la), XVIII' arr........	Seveste (rue).
Carrières (passage des), XVIII' arr......	Deux-Nèthes (passage des).
Carrières (passage des), XIX' arr.......	Fours-à-Chaux (passage des).
Carrières (rue des), XVIII' arr.........	Ganneron (rue).
Carrières (rue des), XX' arr..........	Plâtrières (rue des).
Carrières-Fondary (chemin des)........	Orphelins projetée (rue des).
Centre (rue du), VIII' arr...........	Lamennais (rue).
Chabrol (impasse de), XVIII' arr.......	Philippe de-Girard (impasse).
Chabrol (impasse de), XX' arr.........	Bergame (impasse de).
Chabrol (rue de), XVI' arr...........	Benouville (rue).
Chalabre (rue de)..................	Clichy (avenue de),
Champs (rue des)..................	Prairies (rue des), Malte-Brun (rue), et Bidassoa (rue de).
Chapon (passage)..................	Gravilliers (passage des).
Chardonnière (rue de la)............	Simplon (rue du).
Charlot (impasse), XV' arr...........	Mont-Tonnerre (impasse du).
Charlot (passage), XVII' arr..........	Bayen (passage).
Charlot (rue), XVII' arr.............	Troyon (rue).
Chartres (impasse de), XVII' arr.......	Jacquemont (impasse).
Château (cour du)..................	Saint Éloi (cour).
Château-d'Eau (place du)............	République (place de la).
Chauvelot (passage ou rue), XIV' arr......	Perceval (passage).
Chemin-de-Fer (impasse du), XIV' arr....	Vandamme (impasse).
Chemin-de-Fer (impasse du), XV' arr....	Vaugirard (impasse de).
Chemin-de-Fer (rue du), XIV' arr.......	Reille (impasse).

NOMS ANCIENS.	NOMS NOUVEAUX.
Chemin-de-Fer (rue du), xivᵉ et xvᵉ arr...	Château (rue du).
Chemin-de-Fer (petite rue du), xxᵉ arr...	Croix-Saint-Simon (rue de la).
Chemin-de-Fer (sentier du), xiiᵉ arr.....	Gabon (rue du).
Chemins-de-Fer (rue des), xivᵉ arr.....	Lacaze (rue).
Chemin-Vicinal (rue du).............	Jaucourt (rue).
Chopinette (rue de la)...............	Sambre-et-Meuse (rue de).
Cimetière (impasse du)...............	Oran (impasse d').
Cité-d'Antin (passage de la).	Vanves (passage de).
Clary (rue).	Charras (rue).
Cloître-Saint-Benoît (rue du)..........	Cluny (rue de).
Cloître-Saint-Jacques (rue du)..........	Pierre-Lescot (partie de la rue).
Clos (avenue et impasse des).	Claude-Lorrain (rue et impasse).
Clos-Réglisse (rue du)...............	Mouraud (rue).
Clos-Rosselin (rue du)...............	Rasselins (rue des).
Coches (cour des).	Retiro (cité du).
Colombier (rue du).................	Caron (rue).
Commerce-Saint-Martin (cour du)......	Vinaigriers (cour des).
Constance (impasse).................	Marie-Blanche (impasse).
Constantine (avenue de)........	Lutèce (rue de).
Constantine (impasse de).	Guelma (impasse de).
Constantine (rue de), xivᵉ arr.........	Vercingétorix (rue).
Coopérative (villa).................	Pavillons (villa des).
Corderie (impasse de la).............	Rouet (impasse du).
Cormier (cité).....................	Huilerie (cité de l').
Coron (cour)......................	Alsace-Lorraine (cour d').
Corvisart (passage)	Vignon (passage).
Côte-d'Or (imp. et rue de la), xiiᵉ arr....	Canonge (cour) et Romanée (rue de)
Coucous (rue des)..................	Colonel-Oudot (rue du).
Courcelles (place de)................	Pereire (place).
Cour-de-Rohan (impasse de la)........	Jardinet (rue du).
Croix-Rouge (petite rue de la).........	Richemont (rue de).
Croix-Rouge (vieux chemin de la).......	
Cure (partie de la rue de la)..........	Jasmin (rue).
Curial (passage et petite rue).........	Labois-Rouillon (rue) et Escaut (rue de l').

NOMS ANCIENS.	NOMS NOUVEAUX.

D

Dames-de-la-Visitation-Ste-Marie (rue des).	Saint-Simon (rue de).
Dante (rue du), V^e arr................	Domat (rue).
Dauphin (rue du)...................	Saint-Roch (rue).
David (rue)....................	Louis-David (rue).
Decaen (rue)....................	Claude-Decaen (rue).
Delaye (cité).....................	Postel (cité).
Delesse (impasse ou rue).............	Équerre (rue de l').
Delessert (rue), IIe arr..............	Uzès (rue d').
Delots (rue)....................	Sophie-Germain (rue).
Dépôt (impasse du).	Montfaucon (impasse de).
Desaix (quai).....................	Cité (quai de la).
Desange (passage), XIIIe arr...........	Victor-Marchand (passage).
Desgenettes (rue).................	Montessuy (rue de).
Deux-Portes-Saint-Sauveur (rue des).....	Dussoubs (rue).
Dhuys (rue de la), *Quartier St-Fargeau*...	Pelleport (cité).
Dhuys (*partie de la rue*). *Père-Lachaise*...	République (avenue de la), XXe arr.
Diderot (rue)....................	Arquebusiers (rue des).
Dives (sentier des)................	Ramus (rue) et Stendhal (rue).
Dublin (rue *dite* de)...............	Pelouze (rue).
Dubois (impasse).................	Pressoir (impasse du).
Dubois (passage), XIIIe arr...........	Barrault (passage).
Dubois (passage), XXe arr............	Vilin (passage).
Dumas (passage), XIIe arr...........	Mousquetaires (passage des).
Dupuis (impasse ou rue), XIVe arr.......	Lebouis (impasse).
Dutot prolongée (rue)...............	Dutot (rue).

E

Eaux (ruelle des)..................	Gérard (passage).
Échiquier (impasse de l').............	Sainte-Avoye (impasse).
École (impasse de l')...............	Rodier (impasse).

NOMS ANCIENS.	NOMS NOUVEAUX.
École-Polytechnique (place de l')......	Descartes (rue).
Écoles-Communales (passage des)......	Écoliers (passage des).
Écuries-d'Artois (partie de la rue des)....	Berryer (rue).
Église (place de l'), *XVIIIe arr*.........	Sainte-Euphrasie (place).
Église (place de l'), *XIXe arr*..........	Bitche (place de).
Église (place de l'), *XXe arr*...........	Sainte-Blaise (place).
Émélie (impasse), *XVe arr*...........	Brancion (impasse).
Émery (impasse *ou* passage)..........	Messine (square de).
Empereur (avenue de l')...	Trocadéro (aven. du) et Henri-Martin (aven.)
Encheval (passage *ou* sentier de l').....	Longcheval (passage).
Enfants-Rouges (rue des)............	Archives (rue des).
Enfer (cité ou passage d'), *XIIIe arr*.......	Patay (passage de).
Enfer (place et rue d')....	Denfert-Rochereau (place et rue).
Entrepôt (impasse de l').............	Aubervilliers (impasse d').
Entrepreneurs (imp. *ou* pass. des), *XIXe arr*.	Escaut (rue de l').
Envierges (passage des).............	Julien-Lacroix (passage).
Épinette (sentier de l').............	Colonel-Oudot (rue du).
Épinettes (chemin des).............	Navier (rue).
Espérance (impasse de l')...........	Souhaits (impasse des).
Essling (avenue d')...............	Carnot (avenue).
Est (cité de l'), *X^e arr*..............	Levant (cité du).
Est (passage de l'), *XXe arr*...........	Ermitage (villa de l').
Est-Pradier (impasse et rue de l').......	Équerre (rue de l').
Estrapade (place de l')..............	Vieille-Estrapade (place de la).
Étienne-Dolet (rue), *XIe arr*..........	Rochebrune (rue).
Étoile (impasse de l').............	Thévenot (impasse).
Eugénie (villa)................	Redan (villa du).
Eylau (ancienne avenue et place d').....	Victor-Hugo (avenue et place).

F

Faucheux (partie de l'allée des)........	Rebeval (impasse).
Fauconnier (impasse).............	Lévis (impasse de).
Fauvet (passage). *Q^r de la Goutte-d'Or*....	Léon (passage).
Félix-Hurez (rue)...............	Chevreul (rue).

NOMS ANCIENS.	NOMS NOUVEAUX.
Ferdinand-Bal (rue)...................	Hauteville (cité d').
Ferdinand-Ville (cité)...............	Saint-Joseph (villa).
Ferme (cour de la).................	Métairie (cour de la).
Ferme-de-Grenelle (rue de la).........	Cavalerie (rue de la).
Ferme-des-Mathurins (rue de la).......	Vignon (rue).
Feuillantines (partie de la rue des)......	Claude-Bernard (rue).
Feuillants (rue des)...............	Rouget-de-l'Isle (rue).
Florence (passage).................	Ganneron (passage).
Florence, (rue) *XIX*e arr.............	Dunes (rue des).
Fondary (impasse). *Quartier de Javel*.....	Vignon (impasse).
Fondary (impasse), quartier St-Lambert).	Marmontel (impasse).
Fontaine (cité), *XVII*e arr............	Lemercier (cité).
Fontaine-des-Ternes (impasse de la)......	Berthier (impasse).
Fontaine-des-Ternes (rue de la)........	Héliopolis (rue d').
Fontaine-Molière (rue de la)...........	Molière (rue).
Fontaines (cour des)................	Valois (place).
Fontaine-Saint-Georges (rue)...........	Fontaine (rue).
Fontanes (rue)....................	Cluny (rue de).
Fontenelle (rue de la)...............	De-la-Barre (rue).
Fosse-aux-Chevaux (rue de la).........	Tibre (rue du).
Four (rue du), *XVI*e arr.............	Yvette (rue de l').
Fourcade (rue)....................	Jeanne-Hachette (rue).
Fournier (cour *ou* impasse)...........	Choquet (impasse).
Foy (rue).......................	Renault (rue).
Frère-Philippe (rue du)..............	Pierre-Leroux (rue).
Friry (rue)	Burnouf (rue).

G

Gare (chemin de ronde de la).........	Giffard (rue).
Genève (rue de)...................	Ledru-Rollin (avenue), *XI*e arr.
Génie (rue du)....................	Tage (rue du).
Gentilly (rue de), *XIV*e arr...........	Aude (rue de l').
Geoffroy-Château (rue).............	Congo (rue du).
Géorama (rue du)..................	Mouton-Duvernet (rue).
Georges-Sand (rue), *XI*e arr...........	Pache (rue).

NOMS ANCIENS.	NOMS NOUVEAUX.
Gindre (rue du).....................	Madame (rue de).
Glacières (rue des)....,...........	Longues-Raies (rue des).
Goutte-d'Or (impasse de la)...........	Volga (impasse du).
Goutte-d'Or (ruelle de la)...........	Philidor (rue).
Goutte-d'Or (sentier de la)..........	Grands-Champs (rue des).
Gozlin (place).....................	Saint-Germain (boulevard).
Grados (passage)..................	Dubail (passage).
Grand-Chantier (rue du).............	Archives (rue des).
Grande-Rue-de-Montreuil.............	Avron (rue d').
Grenelle (partie du boulevard de).......	Garibaldi (boulevard).
Grosse-Tête (impasse de la)..........	Filles-Dieu (rue des).
Guyot prolongée (rue)...............	Fortuny (rue).

H

Harlay (passage)..................	Ramey (passage).
Harlay (rue de), *III* arr......	Arquebusiers (rue des).
Hasard (rue du)....................	Thérèse (rue).
Hautes-Gâtines (impasse des)..... ...	Orfila (impasse).
Hautes-Gâtines (part. de la rue des)......	Orfila (rue).
Hautes-Vignolles (rue des), *XX* arr......	Terre-Neuve (rue de).
Hautes-Vignolles (ruelle des), *XI* arr.....	Bureau (passage du).
Hébert (passage)..................	Brunoy (passage).
Hélène (rue), *XIII* arr...............	Bullant (rue).
Henri-Martin (rue), quartier de la Muette.	Siam (rue de).
Henri-Martin (rue), quart. Porte-Dauphine.	Gustave-Courbet (rue).
Henriot (impasse)...................	Werquin (cité).
Hérold (rue), *XVI* arr...............	Félicien-David (rue).
Heymes (avenue *ou* passage)..........	Georges-Sand (rue).
Hoche (rue).......................	Presle (rue de).
Hôpital des Mariniers...............	*Hôpital Broussais.*
Hôpital des Tournelles..............	*Hôpital Andral.*
Hottinger (villa)...................	Amiral-Courbet (rue de l').
Houdon (rue), *XVI* arr...............	Vignes (rue des).

NOMS ANCIENS.	NOMS NOUVEAUX.

I

Iéna (rue d')......................	Constantine (rue de).
Impératrice (avenue de l')............	Bois-de-Boulogne (avenue du).
Industrie (cité ou impasse de l')........	Vignolles (passage et rue des).
Industrie (passage de l'), xve arr.......	Duranton (rue).
Industrie-Saint-Antoine (rue de l')......	Immeubles-Industriels (rue des).
Isly (impasse de l'), xviiie arr..........	Jessaint (impasse).
Isly (impasse de l'), xixe arr............	Tanger (rue de).
Isly (passage de l'), xie arr............	Bouchardy (passage).
Isly (passage de l'), xve arr............	Olivier-de-Serres (passage).
Isly (passage de l')', xxe arr............	Marc (passage de la), Piat (passage) et Notre-Dame-de-la-Croix (passage).

J

Jacob (passage), xviie arr............	Épinettes (passage des).
Jacques-de-Brosse (rue)..............	Brosse (rue de).
Jardinets (impasse des)..............	Charmilles (impasse des).
Jardiniers (impasse des), xve arr.......	Bardou (impasse).
Jardiniers (impasse des). *Boul. Voltaire*...	Dumas (passage).
Jardiniers (impasse des). *Rue Amelot*....	Amelot (impasse).
Jardins (passage des)...............	Dareau (passage).
Javel (chemin de)..................	Leblanc (rue).
Joinville (passage de), x^e arr..........	Corbeau (passage).
Joséphine (avenue).................	Marceau (avenue).
Juigné (rue de)...................	États-Unis (place des).
Jules-Proust (cour)	Beaugency (rue de).

K

Kléber (rue).....................	Fédération (rue de la).
Kracher (impasse)............	Clignancourt (impasse).

NOMS ANCIENS.	NOMS NOUVEAUX

L

Lacroix (passage).....................	Davy (passage).
Lacuée (avenue).....................	Ledru-Rollin (avenue).
Lafontaine (cité).....................	Lemercier (cité).
Lalande (rue), *XVIIIe arr*............	Lambert (rue).
Lamoureux (cité).....................	Poncelet (passage).
Latéral (chemin), *XVIIIe arr*.........	Leibnitz (rue),
Latérale (rue), *XIVe arr., q^r Petit-Montrouge*.	Coulmiers (rue de).
Latérale (rue), *XIVe arr., q^r de Plaisance*..	Giordano-Bruno (rue).
Latérale-à-la-Ceinture (rue)...........	Regnault (rue).
Lavoir (impasse du), *XXe arr*..........	Île-de-France (impasse de l').
Lavoir (passage du), *XIIIe arr*..........	Bains (passage des), *XIIIe arr*.
Lécuyer (passage).....................	Poteau (passage du).
Lée (passage).....................	Maraîchers (rue des).
Lefuel (rue).....................	Son-Tay (rue de).
Lemoine (passage), *XIVe arr*..........	Gergovie (passage de).
Lepilleur (impasse ou rue)...........	Brune (passage).
Lesage (cité).....................	Lesage-Bullourde (cité) et Bullourde (passage).
Letellier prolongée (rue)............	Smala (rue de la).
Levert (passage).....................	Basfroi (passage).
Lilas (cité des).....................	Bluets (cité des).
Lilas (ruelle des).....................	Primevères (impasse des).
Lille (rue de), *XIVe arr*............	Grancey (rue de).
Lombard (impasse).....................	Javotte (impasse).
Longchamp (boulevard de)...........	Franklin (rue).
Louvain (rue de), *XVIIe arr*..........	Guillaume-Tell (rue).
Luc-Lambin (rue).....................	André-del-Sarte (rue).
Lugand (cité).....................	Baleine (impasse de la).
Luxembourg (impasse du)...........	Ronsin (impasse).
Luxembourg (rue de)............	Cambon (rue).

M

Madame (impasse), *XXe arr*...........	Orteaux (impasse des).
Magenta (avenue ou rue de), *XVe arr*....	Fourneaux (rue des).
Magenta (rue de), *XXe arr*...........	Boyer (rue).
Magnan (rue).....................	Beaurepaire (rue).

NOMS ANCIENS.	NOMS NOUVEAUX.
Mailly (rue de).....................	Villersexel (rue).
Maindron (passage).................	Gandon (ruelle).
Maine (place du)...................	Vaugirard (boulevard de).
Mairie (cité et rue de la), *XVIIIe arr*....	La Vieuville (cité et rue).
Malakoff (impasse), *XVe arr*............	Éloi-Thiébault (impasse).
Malassis (impasse).................	Ruisseau (impasse du).
Malesherbes (rue).................	Général-Foy (rue du).
Manoir (rue du)...................	Hermel (rue).
Marais (impasse des), *XIVe arr*........	Châtillon (impasse de).
Marais (impasse des), *XVIIIe arr*........	Dupuy (impasse).
Marceau (rue).....................	Wattignies (rue de).
Marché (cité du)...................	Orsel (cité d').
Marché (passage du), *XVe arr*..........	Gasparin (passage).
Marché (rue du), *XVe arr*.............	Lakanal (rue).
Marché (rue du), *XVIe arr*............	Duban (rue).
Marché (rue du), *XVIIIe arr*...........	L'Olive (rue).
Marché-aux-Porcs (rue du)...........	Vistule (rue de la).
Marché-aux-Veaux (place du).........	Cochin (rue).
Marguerites (rue des)...............	Cévennes (rue des).
Marie-Antoinette (rue).............	Antoinette (rue).
Marmousets (rue des), *IVe arr*........	Chanoinesse (rue).
Marsouland (cité).................	Gare de Reuilly (rue de la).
Martin (rue), *XVIIIe arr*.............	Caillié (rue).
Martin-Bernard (rue), *XIVe arr*........	Huygens (rue).
Martyrs (passage des)..............	Morée (rue de).
Mauconseil (impasse)..............	Saint-Denis (impasse).
Mazagran (rue de), *XIVe arr*..........	Sauvageot (rue).
Mazagran (ruelle de)...............	Duée (passage de la).
Mazas (boulevard).................	Diderot (boulevard).
Mégissiers (cité des)...............	Isely (cité).
Ménilmontant (chemin neuf de)........	Surmelin (rue du).
Ménilmontant (place de).............	Mare (rue de la).
Meunier (impasse).................	Confiance (impasse de la).
Mexico (rue de)....................	Manin (rue).
Mignard (rue), *quartier Porte-Dauphine*...	Lamartine (square).

13.

NOMS ANCIENS.	NOMS NOUVEAUX.
Milan (impasse)	Vignolles (impasse des).
Missions (rue des)	Abbé-Grégoire (rue de l').
Molay (rue)	Archives (rue des).
Mondétour (rue), xxe arr	Indre (rue de l').
Mongenot (rue)	Niger (rue du).
Montebello (impasse de)	Casteggio (impasse de).
Montier (passage)	Épargne (passage de l').
Montparnasse (impasse)	Robiquet (impasse).
Montreuil (rue de), xxe arr	Avron (rue d').
Montreuil (vieille rue de)	Volga (rue du).
Montrouge (boulevard de)	Edgar-Quinet (boulevard).
Moreau (cité et impasse)	Talus (cité et impasse du).
Morny (rue de)	Pierre-Charron (rue) et La Boétie (rue).
Morse (rue)	Pomard (rue de).
Mosnier (rue)	Berne (rue de).
Moulin (chemin ou rue du)	Dantzig (passage et rue de).
Moulin (passage)	Urbain-Moulin (passage).
Moulin-des-Prés (chemin du)	Fontaine-à-Mulard (rue de la).
Moulin-des-Prés (sentier du)	Vandrezanne (passage).
Moulin-Saquet (impasse du)	Onfroy (impasse).
Moulins (impasse des), xive arr	Tombe-Issoire (impasse de la).
Moulins (impasse ou rue des), xviiie arr	Hélène (impasse).
Moulins (petite rue des)	Mire (rue de la).
Moyencourt (rue de)	Lakanal (rue).
Mulhouse (passage de)	Melun (passage de).
Municipalité (rue de la)	Point-du-Jour (rue du).

N

Napoléon (cité ou impasse), xive arr	Annibal (cité).
Napoléon (cité ou villa), xiie arr	Daumesnil (villa).
Napoléon (quai)	Fleurs (quai aux).
Napoléon (square)	Palikao (partie de la rue de), Sénégal (rue du) et Pékin (passage de).
Nation (impasse de la)	Loi (impasse de la).
Nationale (avenue)	Trocadéro (avenue du).
Nativité (rue de la)	Proud'hon (rue).

NOMS ANCIENS.	NOMS NOUVEAUX.
Neufchâteau (rue)...................	François-de-Neufchâteau (rue).
Neuilly (boulevard de)..............	Villiers (avenue de).
Neuve-Balagny (rue)................	Lacaille (rue).
Neuve-Bossuet (rue)................	Milton (cité et partie de la rue).
Neuve-Bourg-l'Abbé (rue)............	Bourg-l'Abbé (rue).
Neuve-Coquenard (rue).............	Rodier (partie de la rue).
Neuve-de-la-Goutte-d'Or (rue)..........	Islettes (rue des).
Neuve-de-Picpus (rue)..............	Taïti (rue de).
Neuve-des-Capucines (rue)...........	Capucines (rue des).
Neuve-Désirée (rue)................	Michal (rue).
Neuve-des-Martyrs (ancienne rue).......	Morée (rue de).
Neuve-des-Martyrs (nouvelle rue)..	Viollet-Leduc (rue).
Neuve-des-Mathurins (rue)...........	Mathurins (rue des).
Neuve-des-Petits-Champs (rue).........	Petits-Champs (rue des).
Neuve-Fénelon (rue)................	Milton (rue).
Neuve-Fortin (rue).................	Bastiat (rue).
Neuve-Fontaine (rue)................	Fromentin (rue).
Neuve-Saint-Augustin (rue)...........	Daunou (rue) et Saint-Augustin (rue).
Neuve Saint-Médard (rue)............	Saint-Médard (rue).
Neuve Saint-Merri (rue).............	Saint-Merri (rue).
Neveux (passage)..................	Jarry (cité).
Nice-la-Frontière (rue de)............	Nice (rue de), XVe arr.
Nicolet (rue), VIIe arr..............	Desgenettes (rue).
Nicot (rue)......................	Jean-Nicot (rue).
Nillsonn (rue)....................	Weber (rue).
Nord (cité du), XVIIe arr............	Bastion (cité du).
Nord (passage du) XVIIIe arr.........	Mont-Cenis (passage du).
Nouvelle-Boissière (rue).............	Yvon-Villarceau (rue)
Nouvelle-Marceau (rue).............	Léonce-Reynaud (rue).

O

Obélisque (place et rue de l')...........	Fourneaux (rue des).
Orient (passage d').................	Austerlitz (passage d').
Orléans (impasse et petite rue d'), XIIe arr.	Corton (rue de) et Sauterne (rue de).
Orléans (rue d'), XIIe arr............	Thorins (rue de).
Orléans (rue d'), XVe arr............	Lhuillier (rue)

NOMS ANCIENS.	NOMS NOUVEAUX.
Ornano (partie du boulevard)	Barbès (boulevard).
Ortolan (rue)	Antoine-Vramant (rue)
Oseille (rue de l')	Poitou (rue de).
Osiaux (partie de la rue des)	Westermann (rue).
Osiaux (partie de la rue des)	Voulzie (rue de la).
Oudot (rue), XVIIIe arr	Championnet (rue).
Ours (rue aux), Ier et IIe arr	Étienne-Marcel (rue.

P

Pagevin (rue)	Étienne-Marcel (rue).
Paix (petite rue de la), XVe arr	Carcel (rue).
Palestro (partie de la rue de), XVe arr	Camulogène (rue).
Papier (passage), *Quartier Saint-Fargeau* .	Surmelin (passage du).
Paradis-Poissonnière (rue)	Paradis (rue de).
Parmentier (impasse)	Lacharrière (impasse et rue).
Partants (sentier des)	Annam (rue d').
Pauvres (impasse des)	Boileau (impasse).
Percée (impasse)	Hautefeuille (impasse).
Percée (rue)	Prévôt (rue du).
Père-Lachaise (chemin de ronde du)	Lisfranc (rue) et Ramus (rue).
Pernety (impasse)	Lourmel (impasse).
Petit (passage)	Tlemcen (passage de).
Petit-Champ (rue du)	Champ-de-l'Alouette (rue du).
Petite-Corderie (rue de la)	Corderie (rue de la).
Photographie (rue dite de la)	Latérale-à-la-Bièvre (rue).
Piat (partie du passage)	Notre-Dame-de-la-Croix (passage).
Pierre-Charron (partie de la rue)	La Boëtie (rue).
Place (rue de la), XIXe arr	Fêtes (place des).
Planchette (impasse de la), XIIe arr	Rabot (impasse du).
Plantes (cité des)	Eure (rue de l').
Platanes (cour des)	Barsac (cour ou rue de).
Poirier (rue du), XVIIIe arr	Berthe (partie de la rue).
Poiriers (rue des), XVIIIe arr	Chapelle (impasse de la).
Pompe (rue de la), XVIIIe arr	Cloys (partie de la rue des).
Portalès (rue)	Thorel (rue).
Porte-des-Vaches (chemin de la)	Haxo (impasse).

NOMS ANCIENS.	NOMS NOUVEAUX.
Porte-Maillot (rue de la).............	Ruhmkorff (rue).
Port-Saint-Ouen (rue du).............	Pouchet (rue).
Pouillet (rue)	Claude-Pouillet (rue).
Prairies (partie de la rue des).........	Maltebrun (rue) et Bidassoa (rue de la).
Pré (rue du),....................	Pré-Saint-Gervais (rue du).
Pré-Saint-Gervais (impasse du)........	Hautpoul (impasse d').
Prêtres (chemin des)...............	Saint-Gothard (rue du).
Prince-Eugène (boulevard, cité et place du)	Voltaire (boulevard, cité et place).
Procession (rue de la), XIV⁵ arr.......	Gergovie (rue de).
Progrès (passage du), XIII⁵ arr........	Ivry (passage d').
Progrès (passage du), XX⁵ arr.........	Robineau (passage).
Puebla (place de)..................	Pyrénées (place des).
Puebla (rue de), XX⁵ arr.............	Pyrénées (rue des).
Puebla (rue de), XIX⁵ arr.............	Bolivar (rue) et Secrétan (rue).
Puits (impasse ou rue du), XIV⁵ arr.....	Lebouis (impasse).
Puteaux (passage).................	Pasquier (passage).

Q

Quatre-Chemins (rue des)............	Dubrunfaut (rue).

R

Ratrait (rue du), *Belleville.*	Retrait (rue du).
Ratrait (rue du), *Charonne.*	Cambodge (rue du) et Cher (rue du).
Ratrait (sentier du)................	Annam (rue d').
Ratté (impasse)....................	Popincourt (impasse).
Rebéval (ancienne impasse)...........	Atlas (passage et rue de l').
Recurt (rue).....................	Madagascar (rue de).
Reine-Hortense (avenue de la).........	Hoche (avenue).
Renard (passage du), XIX⁵ arr.........	Lauzin (passage).
Renard-Saint-Sauveur (passage du), II⁵ arr.	Greneta (cour).
République (rue de la)...............	Lambert (rue).
Reuilly (chemin de).................	Claude-Decaen (rue).
Reuilly (cité de)	Gare-de-Reuilly (rue de la).
Réunion (impasse de la), XVI⁵ arr.......	Jouvenet (impasse).
Richer (cité ou passage), XIX⁵ arr......	Melun (passage de).
Richer (rue), XIX⁵ arr...............	Atlas (rue de l').

NOMS ANCIENS.	NOMS NOUVEAUX.
Richer (rue), xxᵉ arr.	Muriers (rue des).
Richer prolongée (rue), xxᵉ arr.	Coudriers (impasse des).
Rivoli (cité et impasse de)	Gênes (cité et impasse de).
Robert (villa)	Biberon-Robert (rue).
Robine (impasse)	Roli (rue).
Roi-de-Rome (avenue du)	Kléber (avenue).
Roi-de-Rome (place du)	Trocadéro (place du).
Rollin (partie de la rue)	Navarre (rue de).
Rondeaux (sentier des)	Annam (rue d').
Roquette (avenue de la)	Godefroy-Cavaignac (rue).
Rosiers (rue des), xvⅢᵉ arr. Montmartre.	De-la-Barre (partie de la rue de la).
Rosiers (rue des), xvⅢᵉ arr. Chapelle.	Roses (rue des).
Rosiers (rue des), xxᵉ arr.	Églantiers (rue des).
Rosselins (rue des)	Rasselins (rue des).
Rotonde (place de la), Ⅲᵉ arr.	Picardie (partie de la rue de) et Perrée (partie de la rue).
Roubaix (place)	Dunkerque (rue de).
Rovigo (rue de)	Bienfaisance (rue de la).
Royale (place)	Vosges (place des).
Rumkorff (avenue)	Renault (rue).
S	
Santé (imp. ou chemin de la), xvⅢᵉ arr.	Mont-Viso (impasse du).
Saules (passage des)	Darwin (rue).
Sauvage (passage)	Allemagne (passage d').
Sébastopol (rue de)	Lally-Tollendal (rue).
Sept-Voies (rue des)	Valette (rue).
Servet (rue)	Lacharrière (rue).
Servitude (chemin de)	Montbrun (passage).
Sèvres (passage de)	Charbonniers (passage des).
Singes (cité des)	Vignolles (passage et rue des).
Sirot (impasse)	Tourelles (passage des).
Sonnerie (impasse de la)	Alouettes (impasse des).
Sorbier (partie de la rue)	Belgrand (rue) et République (avenue de la).
Source (rue de la), xxᵉ arr.	Bretonneau (rue).
Spontini (rue). Quartier de la Muette	Mignard (rue).
Square-Parmentier (rue du)	Blaise (rue).

NOMS ANCIENS.	NOMS NOUVEAUX.
Square-Popincourt (rue du)...........	Blaise (rue).
Stockholm (partie de la rue de)........	Amsterdam (impasse d').
Suffren (rue de), *XVIᵉ arr*.............	Le Nôtre (rue).
Sulleau (impasse)...................	Laugier (impasse).
Syndicat (passage du)...............	Thionville (passage de).

Sᵀˢ.

Saint-Allais (villa).................	Excelmans (villa).
Saint-André (rue), *XVIIIᵉ arr*..........	André-del-Sarte (rue).
Saint-André (rue), *XXᵉ arr*............	Repos (rue du).
Sainte-Anne (cité)...................	Marcadet (cité).
Sainte-Anne (rue), *XIIᵉ arr*...........	Pomard (rue de).
Saint-Anne (petite rue), *XIIIᵉ arr*.......	Èbre (rue de l').
Saint-Antoine (petite rue)...........	Bastille (rue de la).
Saint-Arnaud (rue de)...............	Volney (rue).
Saint-Augustin (impasse ou passage).....	Sainte-Monique (impasse).
Sainte-Blaise prolongée (rue).........	Stendhal (rue).
Sainte-Catherine-d'Enfer (rue).........	Le Goff (rue).
Sainte-Cécile (rue), *XVᵉ arr*..........	Harmonie (rue de l')
Saint-Charles (impasse), *XIVᵉ arr*......	Aude (impasse de l').
Saint-Charles (passage), *XIIIᵉ arr*......	Debille (passage).
Saint-Charles (sentier), *XIVᵉ arr*.......	Grisons (passage des).
Sainte-Claire (rue).................	Faustin-Hélie (rue).
Sainte-Croix (impasse)..............	Partants (impasse des).
Sainte-Élisabeth (impasse ou rue), *XIVᵉ arr*.	Boissonnade (rue).
Sainte-Élisabeth (impasse), *XVIIIᵉ arr*....	Letort (impasse).
Sainte-Eugénie (impasse)............	Decrès (impasse).
Sainte-Geneviève (rue), *XIXᵉ arr*.......	Petitot (rue).
Saint-Georges (cité).................	Alleray (impasse d').
Saint-Georges (rue), *XVIIᵉ arr*.........	Apennins (rue des).
Saint-Hilaire (passage)...............	Crimée (passage de).
Saint-Hilaire (rue).................	Lanneau (rue de).
Saint-Irénée (impasse et rue)...........	La Charrière (impasse et rue).
Saint-Jacques (cour), *XIᵉ arr*..........	Jacques-Viguès (cour).
Saint-Jacques (impasse), *XVIIᵉ arr*......	Pèlerin impasse du).

NOMS ANCIENS.	NOMS NOUVEAUX.
Saint-Jacques-l'Hôpital (rue)	Pierre-Lescot (partie de la rue).
Saint-Jean (passage)	Jean-Nicot (passage).
Saint-Jean-de-Latran (rue)	Collège-de-France (rue du).
Saint-Joseph (impasse)	Questre (impasse).
Saint-Joseph (passage)	Chalet (rue du).
Saint-Louis (cité et passage), xxᵉ arr	Champlain (cité et rue).
Saint-Louis (impasse ou passage), xviiᵉ arr.	Nollet (passage).
Saint-Louis (passage), ivᵉ arr	Saint-Paul (passage).
Saint-Louis-du-Temple (passage), xᵉ arr..	Loos (rue de).
Sainte-Marie (avenue), xivᵉ arr	Villemain (avenue ou rue).
Sainte-Marie (cour), passage Thierré	Veissière (cour).
Sainte-Marie (impasse), xiiiᵉ arr	Tolbiac (impasse de).
Sainte-Marie (passage), xxᵉ arr	Retrait (passage du).
Sainte-Marie (place)	Calvaire (place du).
Sainte-Marie (rue), xvᵉ arr	Lacordaire (rue).
Sainte-Marie-Blanche (impasse)	Marie-Blanche (impasse).
Sainte-Marie-du-Temple (passage), xᵉ arr.	Sainte-Marthe (rue).
Sainte-Marie-du-Temple (rue), xiᵉ arr ...	Présentation (rue de la).
Sainte-Marie-Saint-Antoine (passage)	Thierré (passage).
Sainte-Marie-Saint-Germain (passage)	Paul-Louis-Courrier (rue).
Saint-Maur (impasse)	Hebrar (impasse ou passage).
Saint-Médard (rue), xivᵉ arr	Texel (rue du).
Saint-Nicolas (impasse), xvᵉ arr	Cambronne (impasse).
Saint-Nicolas (impasse), xixᵉ arr	Montferrat (impasse de).
Sainte-Opportune (impasse)	Lancry (impasse de).
Saint-Paul (passage), xviiᵉ arr	Legendre (passage).
Saint-Paul (rue), xivᵉ arr	Henri-Regnault (rue).
Saint-Paul (rue), xvᵉ arr	Cauchy (rue).
Saint-Pierre (cour)	Leby (cour).
Saint-Pierre (impasse et passage), xviiiᵉ arr.	Clichy (impasse et passage de).
Saint-Pierre (impasse ou petite rue), xvᵉ arr.	Favorites (partie du passage des).
Saint-Pierre (villa)	Bosquet (passage).
Saint-Pierre-du-Temple (passage)	Reuss (passage de la).
Sainte-Thérèse (rue)	Clairaut (rue).

NOMS ANCIENS.	NOMS NOUVEAUX.
Saint-Victor (passage), XIVe arr........	Didot (passage).
Saint-Victor (passage), XVIIIe arr.......	Championnet (passage).
Saint-Victor (partie de la rue).........	Jussieu (rue de).

T

Taranne (rue)......................	Saint-Germain (partie du boulevard).
Terres-Fortes (rue des).............	Lacuée (rue).
Terrier-aux-Lapins (rue du)..........	Didot (rue).
Théâtre (cité du)...................	Dancourt (cité).
Théâtre (cour du)..................	Lesage (cour).
Tivoli (rue de)....................	Athènes (rue d').
Tonkin (rue du)...................	Civiale (rue).
Tournemire (impasse)..............	Cabanis (impasse).
Tourtille (impasse)................	Ramponeau (partie de la rue).
Traînée (rue).....................	Rambuteau (rue).
Transversale (rue).................	Barye (rue).
Traverse (rue)....................	Frère-Philippe (rue du).
Trocadéro (partie de l'avenue du).......	Henri-Martin (avenue).
Trois-Chandelles (partie de la rue des)..	Élisa-Lemonnier (rue).
Trois-Chandelles (ruelle des).........	Durance (rue de la).
Trois-Couronnes (passage des)........	Vaucouleurs (passage de).
Trois-Sœurs (passage des), XVIIe arr.....	Bessières (passage).
Trois-Sœurs (rue des), XIVe arr........	Ducange (rue).
Trône (place du)..................	Nation (place de la).
Turgot (avenue)...................	Anvers (place d').

V

Vaissière (cour)...................	Veissière (cour).
Vanves (chemin de)................	Augustie-Mie (rue).
Vaucanson (passage)...............	Charles-Dallery (passage).
Vaudoyer (rue)...................	Sfax (rue de).
Vera-Cruz (rue de la)...............	Botzaris (rue).
Versailles (route de)..............	Versailles (avenue de).

NOMS ANCIENS.	NOMS NOUVEAUX.
Victor-Hugo (square).............	Lamartine (square).
Vidus (impasse), *XIVe arr*...........	Gaules (impasse des).
Vieille-Estrapade (rue de la)..........	Estrapade (rue de l').
Vieilles-Étuves (rue des)............	Étuves-Saint-Martin (rue des).
Vieilles-Haudriettes (rue des).........	Haudriettes (rue des).
Vieux-Marché-Saint-Martin (place du)...	Bailly (rue).
Vignes (impasse ou passage des), *V^e arr*..	Rataud (rue).
Vignes (rue des), *XVIIIe arr*..........	Bonnet (rue).
Vignolles partie de la rue des)........	Buzenval (rue de).
Vignon (rue), *XVe arr*..............	Cauchy (rue).
Villette (passage de la).............	Flandre (passage de).
Villiers (rue de)...................	Guersant (rue).
Vincennes (rue de). *Charonne*........	Balkans (rue des).
Violet (impasse), *XVe arr*...........	Delecourt (avenue).
Violet (impasse), *XXe arr*...........	Étienne-Dolet (rue).
Virginie (rue), *XVIIIe arr*...........	Steinkerque (rue de).
Visitation (passage de la)...........	Paul-Louis-Courrier (rue).
Visitation (rue de la)..............	Saint-Simon (rue).
Vosges (rue ou impasse des), *XVIIIe arr*..	Amiraux (rue des).
Voûte (passage de la), *Ier arr*...	Vérité (passage).
Voûte-du-Cours (rue de la)...........	Michel-Bizot (rue), Véga (rue de la) et Voûte (rue de la).

Z

Zangiacomi (rue)..................	Labrouste (rue).
Zouaves (sentier des)...............	Duclos (passage).

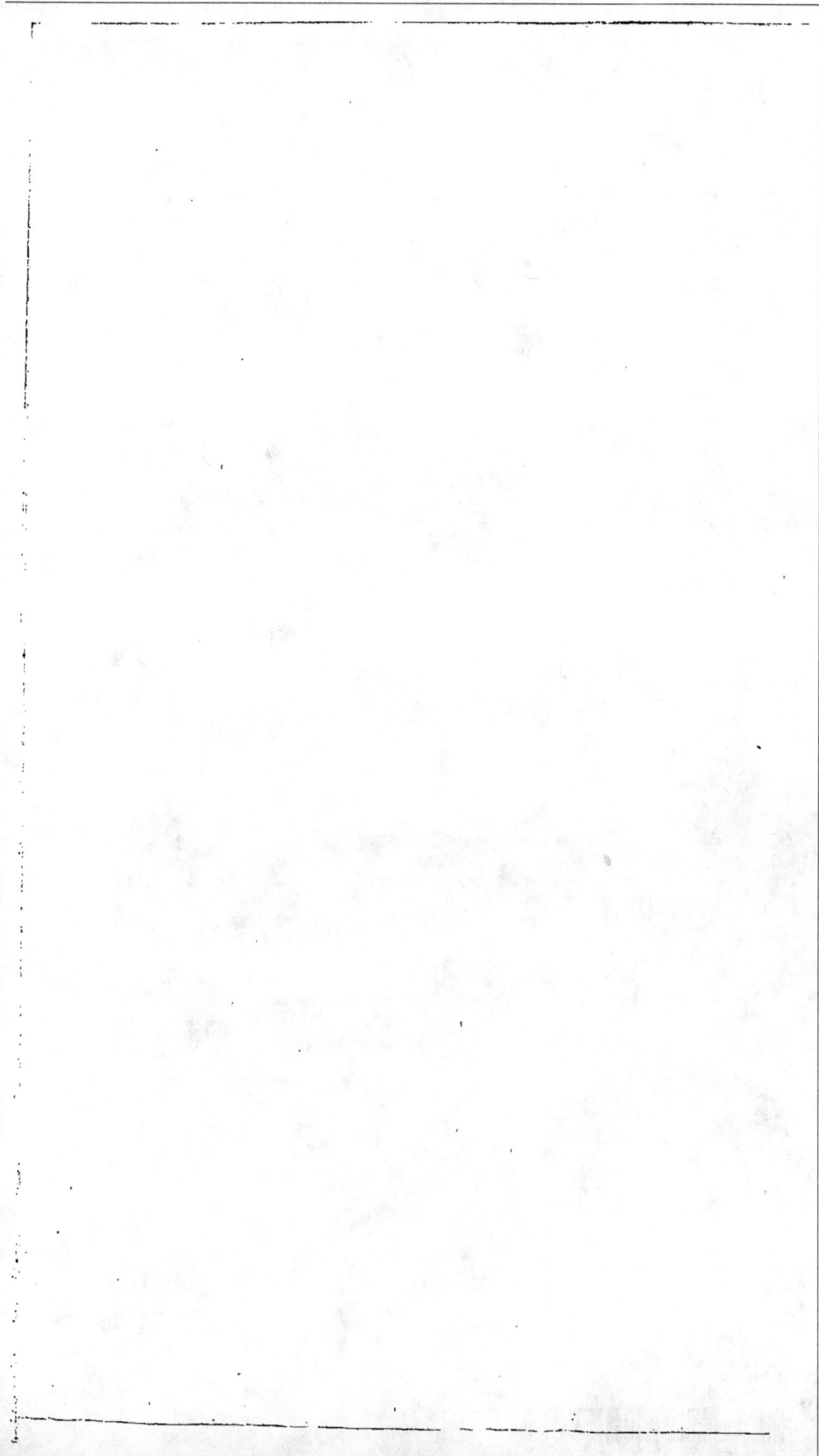

www.ingramcontent.com/pod-product-compliance
Lightning Source LLC
Chambersburg PA
CBHW072221270326
41930CB00010B/1948